すぐに使える
中国語会話

ミニフレーズ
2000

郭海燕
Guo Haiyan

Jリサーチ出版

はじめに

2000フレーズ以上を収録、ビジネス表現も充実

　本書は、中国語の会話表現を2000以上収録したフレーズ集です。基本的なあいさつから、日常会話、旅行表現、電話やビジネスでよく使う表現までを網羅しています。

　表現は簡易なものから本格的なものまでバランスに配慮して組み込んでいますので、初級者から中級者までレベルに応じて使用することができます。例えば、初級者が「谢谢」（ありがとうございます）なら、中級者はより心を込めて「太谢谢你了」（本当にどうもありがとうございます）、「非常感谢」（心より感謝いたします）というように、より豊かな表現を活用していただきたいと思います。

　中国語にも丁寧な言い回しがあります。本書では、電話編をはじめ、必要と思われるケースについては、友人同士で使う表現と目上の人やビジネスで使う丁寧な表現を両方収録しています。会話の相手との関係や自分自身が置かれている状況に応じて、適当なほうを選んで使ってください。どんな中国語を使うかを上手に選択できれば、お互いの気持ちがよりしっかりと通じ合うでしょう。

　また、本書はビジネスの会話表現がとても充実しています（300フレーズ以上）。オフィス会話をはじめ、取引先の訪問や商談、打ち合わせ、面接など、さまざまなビジネスシーンで活躍する実用的な表現を幅広く集めています。ビジネス表現は比較的パターン化されたものが多いので覚えやすいと思います。一方で、正確に自分の意図を伝えるため、単語や表現の選択に注意を払ってください。

　本書を手に取られた方の中には、初級者の方もおられるでしょう。そん

なビギナーの方のために、冒頭のコーナーで、「発音の基本」と「中国語の文のルール」を紹介しています。会話フレーズを覚える前にまずこれらのページを参照されることをお勧めします。特に少し長い表現などは、文の構造を理解すると覚えやすくなります。

中国語を話すときの心構え

中国語を実際に話すときには、次の点に留意するといいでしょう。

中国語は日本語のように男女で異なる言い回しはほとんど存在しません。一方で、ビジネスの場面や目上の人に対しては、丁寧な表現を用いることが非常に重視されます。これは男女を問いません。

また、中国語は日本語のように主語を省略することがあまりないので、相手に対して「您」、「你」を使うように心がけましょう。

中国語で何より大切なものは語順です。「我吃鱼」（私は魚を食べます）を、「鱼吃我」（魚は私を食べます）のように並べたら、大変なことになります。基本的な語順はしっかり覚えておきましょう。

四声も要注意です。「我问你」(wǒ wèn nǐ)を、「我吻你」(wǒ wěn nǐ)と発音してしまうと、「私はあなたに質問します」が「私はあなたに接吻します」になってしまいます。このように四声を間違えると誤解を招くことがあるので、気をつけましょう。

本書を活用して、ぜひ中国での旅行・生活・ビジネスを実りあるものにしてください。また、本書が読者の皆さんの中国語学習の一助となり、中国語の楽しさ、面白さ、奥深さを発見できることを切に願っています。

著者

Contents

はじめに	2
目次	4
本書の利用法	8
中国語の基本ルール	9

■四声とピンイン 10 ■中国語の文のしくみ 12 ■人称代名詞 16
■指示代名詞 17 ■家族の呼び方 18

第1章　あいさつ・自己紹介編　19

1. あいさつ　20

■あいさつの基本 20 ■常用フレーズ 22 ■初対面のあいさつ 25
■久しぶりに会ったとき 26 ■近況を話す 27 ■偶然に会ったとき 29
■近隣の人とのあいさつ 30 ■待ち合わせる 31 ■職場でのあいさつ 32
■別れる 33 ■時候のあいさつ 35

2. 自己紹介　36

■名前について 36 ■年齢について 36 ■出身地について 38
■居住地について 38 ■出身校について 39 ■趣味について 41
■得意なことについて 42 ■家族について 42
■プライベートについて 45 ■職業について 46

第2章　日常生活編　47

1. 生活の会話　48

■朝 48 ■夜 50 ■食事 51 ■片づけ 54 ■洗濯 55
■買い物 56 ■掃除 58

2. 家族と子供　59

■家族で出かける 59 ■自宅に招待する 61 ■子供について 64

3. 時間と天気　68

■月日・曜日・時間 68 ■天気 71

第3章　食事・喫茶編　73

1. レストラン　74

■予約する 74 ■料理について聞く 76 ■注文する 77
■料理についての要求 81 ■追加注文 82 ■催促する 83
■味と好みについて 84 ■持ち帰り 88 ■勘定 88

2. 食事会 　　　　　　　　　　　　　　　　　　　　　　　　　91
- 飲みに行く 91　■カラオケ 94　■同窓会 95

3. 喫茶店・ファストフード 　　　　　　　　　　　　　　　　　98
- 喫茶店で 98　■ファストフード店で 99

第4章　ショッピング編　　　　　　　　　　　　　　　　　101

1. 商品を探す・決める　　　　　　　　　　　　　　　　　　102
- 売り場を探す 102　■商品を探す 103　■素材について 104
- サイズについて 105　■色について 106　■値段について 106
- 商品についての感想 107　■試着する 108
- オーダーメイドする 109

2. 購入する　　　　　　　　　　　　　　　　　　　　　　　114
- 代金の支払い 114　■返品・交換・配達 114

第5章　空港・機内・ホテル編　　　　　　　　　　　　　119

1. 出発する空港で　　　　　　　　　　　　　　　　　　　　120
- 搭乗手続き 120　■セキュリティ検査 123　■免税店 124

2. 飛行機　　　　　　　　　　　　　　　　　　　　　　　　126
- 機内での会話 126　■機内食 128

3. 到着した空港で　　　　　　　　　　　　　　　　　　　　131
- 入国審査 131　■荷物を受け取る 133

4. ホテル　　　　　　　　　　　　　　　　　　　　　　　　136
- ホテルに向かう 136　■ホテルでの会話 137　■ホテルの食事 140
- ホテルの設備・サービス 141　■部屋で受けるサービス 142

第6章　交通編　　　　　　　　　　　　　　　　　　　　145

1. 切符を買う　　　　　　　　　　　　　　　　　　　　　　146
- 航空券／バス・電車の切符 146　■領収書をもらう 150
- 乗り場を聞く 150　■行き先を確かめる（バス・列車）153
- フライトのリコンファーム 155

2. タクシーを利用する　　　　　　　　　　　　　　　　　　160
- タクシーに乗る 160　■乗車中のトラブル 162

Contents

第7章　観光・レジャー編　165

1. 地図と道順　166
- 地図を買う　166　■行き方を聞く　167　■道を教える　168

2. 観光する　170
- ツアーに参加する　170　■日本語のガイド　172　■写真を撮る　173
- レジャーを楽しむ　174　■遺失物　177

3. お金と両替　180
- お金の両替　180　■支払う　183　■入場券を購入する　185

第8章　電話編　189

1. 電話をかける・受ける　190
- 基本表現　190　■相手を呼び出す（一般）　190
- 相手を呼び出す（ビジネス）　191
- 都合の悪い電話をかける（一般・ビジネス）　194
- 電話を受ける（ビジネス）　194　■本人に取り次ぐ（ビジネス）　196

2. 応対と伝言　197
- 本人が出られないとき（一般）　197
- 本人が出られないとき（ビジネス）　198
- 伝言をお願いする（一般・ビジネス）　200　■間違い電話・迷惑電話　203

3. 電話でのやりとり　205
- アポイントを取る（一般・ビジネス）　205
- 日程の調整・変更（一般・ビジネス）　206
- 確認・説明を求める（一般・ビジネス）　208
- 同意する・受け入れる（一般・ビジネス）　211
- 断る（一般・ビジネス）　212
- すぐに連絡を取りたい（一般・ビジネス）　214

4. 電話を終える　215
- 電話を終える（一般・ビジネス）　215
- 電話を途中で切り上げる（一般・ビジネス）　217

第9章　ビジネス編　219

1. 取引先に会う　220
- 会社を訪問する　220　■担当者に会う　221　■自己紹介　223
- 自社の紹介　226　■自社商品の紹介　230

2. 注文とアフターケア　234
- 商品の発注・受注　234　■クレームと対応　238

3. 会社の業務　　　　　　　　　　　　　　　　　　　　　　　240
- 書類業務 240　■報告・連絡 242　■会議（司会・進行役）246
- 商談・交渉 253　■残業・休暇 256　■求職・面接 257
- ビジネスの決まり文句 261

第10章　男女交際編　　　　　　　　　　　　　　　　　267

1. 恋愛と恋人　　　　　　　　　　　　　　　　　　　　　268
- 独身 268　■結婚相手の紹介 270　■馴れ初め 272
- デートの誘い 273　■告白 274　■失恋 275　■失恋の慰め 276
- セクシャル・ハラスメント 277

2. 結婚と夫婦　　　　　　　　　　　　　　　　　　　　　278
- プロポーズ 278　■結婚式で 279　■結婚 280　■夫婦 282
- 浮気・離婚 282

第11章　医療・健康編　　　　　　　　　　　　　　　　285

1. 病院に行く　　　　　　　　　　　　　　　　　　　　　286
- 不調を訴える 286　■医師との会話 287　■医師の診断 291
- 支払い 293　■お見舞い 294

2. 薬局とマッサージ　　　　　　　　　　　　　　　　　　297
- 薬局で 297　■マッサージ 301

第12章　感情表現編　　　　　　　　　　　　　　　　　305

1. 感謝する・褒める・願う　　　　　　　　　　　　　　　306
- 感謝する 306　■おめでたい 308　■嬉しい 309　■羨ましい 309
- 褒める 310　■願う 311　■恥ずかしい・謙遜 312

2. 詫びる・慰める・怒る　　　　　　　　　　　　　　　　313
- 詫びる 313　■悲しみ・落胆 314　■お悔やみ 315
- 慰める 315　■怒る 316　■相手のことを怒る 318
- 文句・クレーム 319　■疲れた 320

日本語逆引き索引　　　　　　　　　　　　　　　　　　　　321

[単語コラム]
- 干支の言い方 72　■料理・飲み物 80　■ファッション 113
- 色の言い方 118　■機内 130　■空港 135　■お金 182　■会社 266
- 身体 300　■時間表現 303

本書の使い方

本書は、基本的なあいさつから、日常表現、旅行表現、電話やビジネスでよく使う表現までを網羅しています。会話フレーズの数は2000以上あります。発音については、すべてのフレーズにピンインとカタカナを付けてあります。初級者の方はまず「中国語の基本ルール」(p.9)を参照されることをお勧めします。

■会話フレーズのページ

第1~12章に収録した会話フレーズは、次のような紙面構成になっています。

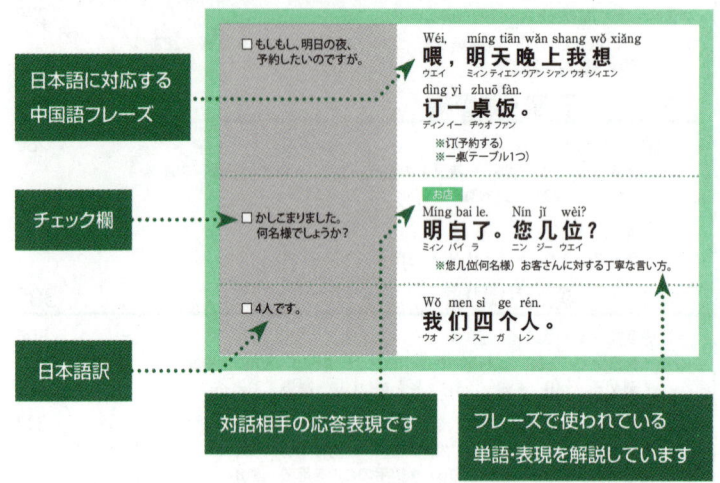

※フレーズ中の(　　)は省略可を、[　　]は置き換え語句を示します。

■CDについて

　CDにはすべてのフレーズ(チェック欄のある中国語フレーズ)を収録しています。CDのトラックは各章の小見出しごとに区切られています。
　使いたいフレーズを見つけたら、CDで音声を確認してみましょう。中国語らしい発音で、自分の意志・気持ちを伝えられるようになるでしょう

中国語の
基本ルール

会話フレーズの各章に入る前に、中国語の基本ルールを知っておきましょう。
まず「四声とピンイン」の基本を知り、「中国語の文のしくみ」を覚えておきましょう。他に、会話で必須の「人称代名詞」、「指示代名詞」、「家族の呼び方」を紹介します。

1 四声とピンイン

■「ピンイン」とは?

中国語の発音記号を「ピンイン」と呼びます。ピンインは次のようなしくみになっています。このしくみを頭に入れて、発音の基礎を学んでください。

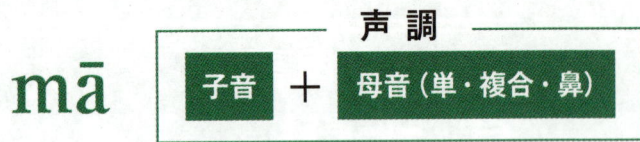

■四声とは?

四声とは中国語の音の高低アクセントのことで、中国語発音学習の第一歩です。

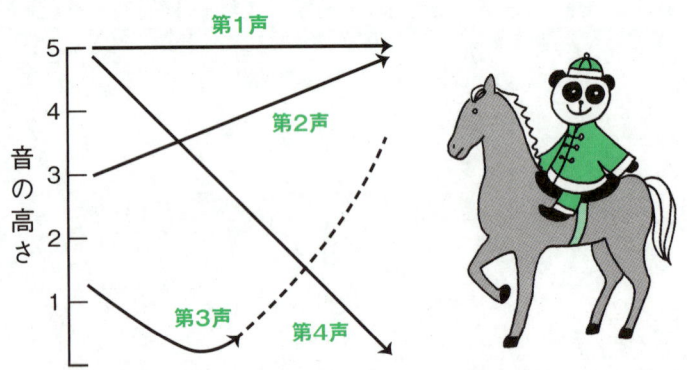

> **第1声**（高く平らにのばす）
> $$m\bar{a} \quad （妈） \quad → \quad 母$$
> **第2声**（急激に上げる）
> $$má \quad （麻） \quad → \quad 麻$$
> **第3声**（低く抑える）
> $$mǎ \quad （马） \quad → \quad 馬$$
> **第4声**（急激に下げる）
> $$mà \quad （骂） \quad → \quad 叱る$$

解説：
① 「四声」とは4種類の「声調」のことを指します。
② 第何声であるかを示すマークを「声調符号」と言います。
③ 第1声から第4声まで mā má mǎ mà のように母音の上に付けます。
④ 軽く短く発音される「軽声」もありますが、軽声は声調符号を付けません。

▪声調の組み合わせ

	第1声	第2声	第3声	第4声	軽声
第1声	→→	→↗	→↶	→↘	→・
第2声	↗→	↗↗	↗↶	↗↘	↗・
第3声	↶→	↶↗	↶↶	↶↘	↶・
第4声	↘→	↘↗	↘↶	↘↘	↘・

2 中国語の文のしくみ

文の成分

【中国語の文の成分は】

主語 述語 目的語
定語（連体修飾語）
状語（連用修飾語）
補語　　　　　　　　　の6種類があります。

【文の成分の語順】

定語 + 主語　　状語 + 述語 + 補語 + 定語 + 目的語

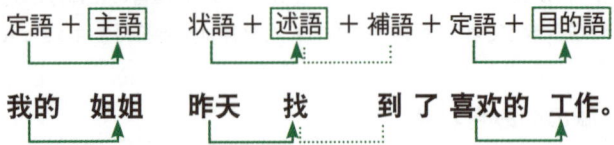

我的　姐姐　　昨天　找　　到 了 喜欢的 工作。

（私の姉は昨日好きな仕事を見つけました）

文のタイプ

【中国語の文のタイプは】

1. 動詞述語文
2. 形容詞述語文
3. 名詞述語文
4. 主述述語文

の4つに分類され、
それぞれ異なる構造をしています。

1. 動詞述語文

述語が動詞から成っている文のことです。次のいくつかの構造が見られます。

① 主語 ＋ 動詞　▶ 我们去。　　　　他们看。
　　　　　　　　　（私たちは行く）　（彼らは見る）

② 主語 ＋ 動詞 ＋ 目的語

　▶ 我们看电影。　　　他们听音乐。
　　（私たちは映画を見る）（彼らは音楽を聞く）

③ 主語 ＋ 動詞 ＋ 間接目的語 ＋ 直接目的語
　　　　　　　　　　　└ヒトが先に　　└モノが後に

　▶ 妈妈给我生日礼物。
　　（母は私にお誕生日プレゼントをくれる）

　▶ 我告诉朋友电话号码。
　　（私は友達に電話番号を教える）

④ 主語 ＋ 状語 ＋ 動詞 ＋ 目的語
　　　　　　└動詞の前に置く

　▶ 我明天去北京。
　　（私は明日、北京に行く）

　▶ 田中在食堂吃饭。
　　（田中さんは食堂でご飯を食べる）

⑤ 主語 ＋ 動詞 ＋ 補語 ＋ 目的語
　　　　　　　　　　└動詞の後に置く

　▶ 我吃完饭了。
　　（私はご飯を食べ終わった）

　▶ 他想学好汉语。
　　（彼は中国語をマスターしたい）

2. 形容詞述語文

述語が形容詞から成っている文のことです。

① 主語 ＋ **很** ＋ 形容詞

▶ 这个**很**便宜。　　汉语**很**难。　　她**很**漂亮。
　（これは安い）　（中国語は難しい）　（彼女はきれいだ）

※否定の時には「很」が消えます。
　　这个**不**便宜。　　汉语**不**难。

② 主語 ＋ 形容詞 ＋ **補語**

▶ 今天冷**极了**。　　我累**死了**。　　物价贵**得要命**。
　（今日はとても寒い）（私はひどく疲れた）（物価が高くてたまらない）

③ 主語 ＋ **状語** ＋ 形容詞
　　　　　└形容詞の前に置く

▶ 这个比那个**更**贵。　　他比社长**还**忙。
　（これはあれより高い）　（彼は社長より忙しい）

3. 名詞述語文

「是」を伴わず名詞がそのまま述語（動詞や形容詞の代わりに）になる文で、主に時刻、日付、曜日、金額、年齢、本籍、学年などを言う時に用いられます。

構造：主語 ＋ 名詞（時間、金額、年齢、本籍、学年など）

① 主語 ＋ **時刻** ▶ 现在**五点**。　　（今は5時です）

② 主語 ＋ **日付** ▶ 今天**一月一号**。　（今日は1月1日です）

③ 主語 ＋ **曜日** ▶ 明天**星期三**。　　（明日は水曜日です）

④ 主語 ＋ **金額** ▶ 这个**四百块钱**。　（これは400元です）

⑤ 主語 ＋ **年齢** ▶ 我三十五岁。　　（私は35歳です）

⑥ 主語 ＋ **本籍** ▶ 他北京人。　　（彼は北京の人です）

⑦ 主語 ＋ **学年** ▶ 我四年级。　　（私は4年生です）

※否定の時には、「不是」とします。これは名詞述語文ではなくなります。

▶ 明天**不是**星期三。
▶ 他**不是**北京人。

4. 主述述語文

この種の文の特徴は、述語が「主語 ＋ 述語」から成っていることです。日本語の「象さんは鼻が長い」構文に相当します。

主語 ＋ 「**主語 ＋ 述語**」

▶ 北京**交通很方便**。　　（北京は交通が便利です）
▶ 我**身体很好**。　　（私は体が健康です）
▶ 今天**天气很好**。　　（今日は天気がとてもいいです）

※否定は形容詞述語文と同様に、「很」が消えます。

▶ 北京**交通不方便**。

3 人称代名詞

wǒ
我 私
ウオ

wǒ men
我们 私たち
ウオ メン

zán men
咱们 私たち
ヅァン メン

※「我们」と「咱们」は同じ意味ですが、「咱们」は自分と相手双方を含む、親しみを感じさせる言い方です。

nǐ
你 あなた
ニー

nǐ men
你们 あなたたち
ニー メン

nín
您 あなた様
ニン

nín men
您们 あなた方
ニン メン

※「您」は「你」の敬称です。目上や年配の人に使います。

tā
他 彼
ター

tā men
他们 彼ら
ター メン

tā
她 彼女
ター

tā men
她们 彼女たち
ター メン

tā
它 これ；それ；あれ
ター

tā men
它们 これら；それら；あれら
ター メン

※人間以外の物・事に使います。

dà jiā
大家 みんな；みなさん
ダー ヂィア

zì jǐ
自己 自分；自分自身
ヅー ヂー

bié rén
别人 他人；他の人
ビエ レン

shéi / shuí
谁 だれ
シェイ / シウイ

4 指示代名詞

zhè / zhèi
这 これ
ヂァー / ヂェイ

zhè ge / zhèi ge
这个 これ
ヂァーガ / ヂェイガ

nà / nèi
那 それ；あれ
ナー / ネイ

nà ge / nèi ge
那个 それ；あれ
ナーガ / ネイガ

nǎ / něi
哪 どれ
ナー / ネイ

nǎ ge / něi ge
哪个 どれ
ナーガ / ネイガ

zhè xiē / zhèi xiē
这些 これら
ヂァーシィエ / ヂェイシィエ

nà xiē / nèi xiē
那些 あれら
ナーシィエ / ネイシィエ

nǎ xiē / něi xiē
哪些 どれ（複数）
ナーシィエ / ネイシィエ

zhè li / zhèi li
这里 ここ
ヂァーリ / ヂェイリ

zhèr
这儿 ここ
ヂァール

nà li / nèi li
那里 そこ；あそこ
ナーリ / ネイリ

nàr
那儿 そこ；あそこ
ナール

nǎ li
哪里 どこ
ナーリ

nǎr
哪儿 どこ
ナール

※「这里」「那里」「哪里」は、文章を書くときに使う言葉です。
※「这儿」「那儿」「哪儿」は、話をするときに使う言葉です。

5 家族の呼び方

爷爷 yé ye イエ イエ	おじいさん	**奶奶** nǎi nai ナイ ナイ	おばあさん
爸爸 bà ba バー バ	お父さん	**父亲** fù qin フゥー チィン	父親
妈妈 mā ma マー マ	お母さん	**母亲** mǔ qin ムー チィン	母親

注:自分の両親に関しては、人前で自分の両親を言う場合と直接呼びかける場合で、言い方が違います。これはあくまでも両親に限ります。

　　直接呼びかける　　　　爸爸　/妈妈
　　人前で言う　　　　　　我父亲 / 我母亲

哥哥 gē ge ガー ガ	お兄さん	**姐姐** jiě jie ヂィエ ヂィエ	お姉さん
弟弟 dì di ディー ディ	弟	**妹妹** mèi mei メイ メイ	妹
爱人 ài rén アイ レン	配偶者（夫 / 妻）		
孩子 hái zi ハイ ヅ	子供		
儿子 ér z アル ヅ	息子	**女儿** nǚ ér ニュイ アル	娘

第1章

あいさつ・自己紹介編

コミュニケーションの基本はあいさつです。日常のあいさつ、初対面のあいさつのほか、質問をしたり、近況を話したりするときによく使うフレーズをまとめて紹介します。自己紹介は、名前、年齢、出身地、職業など項目別に表現をまとめています。

1 あいさつ

あいさつと日常表現はまず決まった言い方を覚えましょう。

あいさつの基本

Disc 1　2

□ こんにちは。

Nǐ hǎo.
你好。
ニー　ハオ

Nín hǎo.
您好。
ニン　ハオ

※您（あなたがた）丁寧な言い方。

□ みなさん、こんにちは。

Dà jiā hǎo.
大家好。
ダー　ジア　ハオ

※大家（みんな；皆さん）

Nǐ men hǎo.
你们好。
ニー　メン　ハオ

□ ありがとうございます。

Xiè xie.
谢谢。
シィエ シィエ

Xiè xie nǐ.
谢谢你。
シィエ シィエ ニー

Duō xiè.
多谢。
ドゥオ シィエ

Tài xiè xie nǐ le.
太谢谢你了。
タイ シィエ シィエ ニー ラ

Fēi cháng gǎn xiè.
非常感谢。
フェイ チャン ガン シィエ

□ どういたしまして。	Bú kè qi. **不客气。** ブー カー チー Bié kè qi. **别客气。** ビエ カー チー ※别（〜しないでください） Nǐ tài kè qi le. **你太客气了。** ニー タイ カー チー ラ ※太〜了（非常に〜）程度の大きいことを指す。
□ かまいません。	Méi guān xi. **没关系。** メイ グゥアンシー Méi shén me. **没什么。** メイ シェンマ
□ すみません。	Duì bu qǐ. **对不起。** ドゥイ ブー チー Bào qiàn. **抱歉。** バオ チィエン Fēi cháng bào qiàn. **非常抱歉。** フェイ チャン バオ チィエン Zhēn guò yì bú qù. **真过意不去。** ヂェングゥオ イー ブー チュイ
□ ご迷惑をおかけしました。	Má fan nǐ le. **麻烦你了。** マー ファン ニー ラ Gěi nǐ tiān má fan le. **给你添麻烦了。** ゲイ ニー ティエンマー ファンラ

第1章 あいさつ・自己紹介編

☐ どうぞ、お許しください。	Qǐng yuán liàng. **请原谅。** チィン ユアン リィアン
	Qǐng liàng jiě. **请谅解。** チィン リィアン ヂィエ
☐ 少々お待ちください。	Qǐng shāo děng. **请稍等。** チィン シャオ デン
	Qǐng děng yí xià. **请等一下。** チィン デン イー シィア
☐ お待たせしました。	Ràng nín jiǔ děng le. **让您久等了。** ラン ニン ヂゥデン ラ
☐ さようなら。	Zài jiàn. **再见。** ヅァイ ヂィエン

常用フレーズ　　　　　　　　　　Disc 1　3

☐ お尋ねします。	Qǐng wèn. **请问。** チィン ウエン
	Duì bu qǐ. **对不起。** ドゥイ ブー チー
	Láo jià. **劳驾。** ラオ ヂィア
☐ お疲れ様です。	Nín xīn kǔ le. **您辛苦了。** ニン シィン クゥー ラ ※辛苦（苦劳：苦労する）

22

ご苦労さま。	Xīn kǔ le. **辛苦了。** シィン クゥー ラ	
よくやりました。	Nǐ gàn de zhēn bàng. **你干得真棒。** ニー ガン ダ ヂェン バン ※棒（素晴らしい；最高）	
	Nǐ gàn de zhēn bú cuò. **你干得真不错。** ニー ガン ダ ヂェン ブー ツゥオ	
大したもんです。	Nǐ zhēn liǎo bu qǐ. **你真了不起。** ニー ヂェン リィアオ ブ チー	
	Nǐ zhēn yǒu běn shi. **你真有本事。** ニー ヂェン イオウ ベン シー	
	Nǐ zhēn yǒu liǎng xià zi. **你真有两下子。** ニー ヂェン イオウ リィアン シィア ヅ	
がんばってください。	Jiā yóur. **加油儿。** ヂィア イオウル	
	Jiā yóur, jiā yóur. **加油儿，加油儿。** ヂィア イオウル　ヂィア イオウル	
お仕事、がんばってください。	Hǎo hāor gàn. **好好儿干。** ハオ ハオル　ガン	
勉強、がんばってください。	Hǎo hāor xué. **好好儿学。** ハオ ハオル　シュエ	
もう一度言ってください。	Qǐng zài shuō yí biàn. **请再说一遍。** チィン ヅァイ シュオ イー ビィエン	

第1章 あいさつ・自己紹介編

□ 少しゆっくり言ってください。	Qǐng màn yì diǎnr shuō. **请慢一点儿说。** チィン マン イー ディエル シュオ
□ 無理をしないでください。	Bié miǎn qiǎng. **别勉强。** ビエ ミィエン チィアン ※勉强（無理する；無理である） Bié tài miǎn qiǎng le. **别太勉强了。** ビエ タイ ミィエン チィアン ラ
□ お体を大事にしてください。	Bǎo zhòng shēn tǐ. **保重身体。** バオ ヂォン シェン ティー ※保重（大事にする） Qǐng duō duo bǎo zhòng shēn tǐ. **请多多保重身体。** チィン ドゥオ ドゥオ バオ ヂォン シェン ティー Qǐng zhù yì shēn tǐ. **请注意身体。** チィン ヂゥー イー シェン ティー
□ お大事に。	Hǎo hāor yǎng bìng. **好好儿养病。** ハオ ハオル ヤン ビン ※养病（病気を治す；静養する） Hǎo hāor xiū xi. **好好儿休息。** ハオ ハオル シィウ シー
□ ご健康をお祈りします。	Zhù nín shēn tǐ jiàn kāng. **祝您身体健康。** ヂゥー ニン シェン ティー ヂィエン カン
□ 1日も早いご回復を 　お祈りします。	Zhù nín zǎo rì huī fù jiàn kāng. **祝您早日恢复健康。** ヂゥー ニン ヅァオ リー ホゥイ フゥー ヂィエン カン ※早日（早く）

☐ ちょっとお願いしたいことがあります。	Má fan nín yí xià. **麻烦您一下。** マー ファン ニン イー シィア	
☐ ちょっと手伝っていただけますか。	Yǒu jiàn shì xiǎng qǐng nín bāng ge máng. **有件事想请您帮个忙。** イオウ ヂィエン シー シィアン チィン ニン バン ガ マン	
☐ 承知しました。	Zhī dao le. **知道了。** ヂー ダオ ラ ※知道（分かる；承知する）	第1章 あいさつ・自己紹介編
	Wǒ zhī dao le. **我知道了。** ウオ ヂー ダオ ラ	
☐ ご安心ください。問題ないです。	Fàng xīn ba, méi wèn tí. **放心吧，没问题。** ファン シィン バ メイ ウエン ティー	

初対面のあいさつ　　　　　　　　　　　　　Disc 1　　4

☐ ご紹介させていただきます	Ràng wǒ lái jiè shào yí xià. **让我来介绍一下。** ラン ウオ ライ ヂィエ シャオ イー シィア
	Wǒ lái jiè shào yí xià. **我来介绍一下。** ウオ ライ ヂィエ シャオ イー シィア
☐ こちらは田中さんです。	Zhèi wèi shì Tián zhōng xiān sheng. **这位是田中先生。** ヂェイ ウエイ シー チィエン ヂォン シィエン ション ※先生（〜さん）男性に使う。
	Zhèi wèi shì Tián zhōng xiǎo jiě. **这位是田中小姐。** ヂェイ ウエイ シー チィエン ヂォン シィアオ ヂィエ ※小姐（〜さん）女性に使う。

☐ お名前を存じあげています。	Jiǔ wén dà míng. **久闻大名。** ヂィウ ウエンダー ミン
☐ はじめまして、 　どうぞよろしくお願いします。	Chū cì jiàn miàn qǐng duō guān zhào. **初次见面，请多关照。** チゥーツゥー ヂィエンミィエン チィン ドゥオ グゥアン ヂャオ
☐ こちらこそ、 　どうぞよろしくお願いします。	Yě qǐng nǐ duō guān zhào. **也请你多关照。** イエ チィン ニー ドゥオ グゥアン ヂャオ
☐ お会いできて、光栄です。	Jiàn dào nǐ hěn gāo xìng. **见到你很高兴。** ヂィエンダオ ニー ヘン ガオ シィン
☐ お会いできて、私も光栄です。	Jiàn dào nǐ wǒ yě hěn gāo xing. **见到你我也很高兴。** ヂィエンダオ ニー ウオ イエ ヘン ガオ シィン

久しぶりに会ったとき　　　　　　　　　　　Disc 1　5

☐ お久しぶりです。	Hǎo jiǔ bú jiàn le. **好久不见了。** ハオ ヂィウブー ヂィエンラ
☐ ずいぶんお会いして 　いませんね。	Yǒu rì zi méi jiàn dào nǐ le. **有日子没见到你了。** イヨウ リーヅ メイ ヂィエンダオ ニー ラ Zěn me hǎo jiǔ méi jiàn nǐ ya. **怎么好久没见你呀。** ヅェンマ ハオ ヂィウ メイ ヂィエン ニーヤ
☐ お会いするのは 　2年ぶりでしょうか？	Wǒ men yǒu liǎng nián méi jiàn le ba? **我们有两年没见了吧？** ウオ メン イオウ リィアン ニィエンメイ ヂィエンラバ
☐ いかがお過ごしですか？	Rì zi guò de hái hǎo ma? **日子过得还好吗？** リーヅ グゥオダ ハイ ハオ マ

☐ まあまあです。	Hái xíng ba. **还行吧。** ハイ シン バ	
	Còu he ba. **凑合吧。** ツォウ ハー バ ※凑合（良くも悪くもない）	

近況を話す　　　　　　　　　　　　　　　　Disc 1　6

☐ お仕事は順調ですか？

Gōng zuò hái shùn lì ma?
工作还顺利吗？
ゴウン ヅゥオ ハイ シゥン リー マ

☐ 相変わらずです。

Hái shì lǎo yàng zi.
还是老样子。
ハイ シー ラオ ヤン ヅ

※老样子（昔と変わらない様子）

☐ 今どこにいますか？
（勤務先を聞く）

Nǐ xiàn zài zài nǎr ne?
你现在在哪儿呢？
ニー シィエン ツァイ ツァイ ナール ナ

☐ 今何をしているのですか？
（仕事を聞く）

Nǐ xiàn zài gàn shén me ne?
你现在干什么呢？
ニー シィエン ツァイ ガン シェン マ ナ

☐ 変わっていませんね。

Nǐ méi biàn ya.
你没变呀。
ニー メイ ビィエン ヤ

☐ 相変わらずお元気ですね。

Nǐ hái shì nà me nián qīng.
你还是那么年轻。
ニー ハイ シー ナー マ ニィエンチン

Nǐ hái shì mà me jīng shen.
你还是那么精神。
ニー ハイ シー ナー マ ヂィンシェン

※精神（元気はつらつ）

□ ますますきれいに なりましたね。	Nǐ yuè biàn yuè hǎo kàn le. **你越变越好看了。** ニー ユエ ビィエン ユエ ハオ カン ラ	
	Nǐ yuè lái yuè piào liang le. **你越来越漂亮了。** ニー ユエ ライ ユエ ピアオリィアン ラ	
	※越~越~/越来越~(ますます)	
□ ちょっと太りましたね。	Nǐ pàng le. **你胖了。** ニー パン ラ	
	Nǐ fā fú le. **你发福了。** ニー ファー フゥー ラ	
	※发福(貫禄が出る;太る)	
□ ちょっと痩せましたね。	Nǐ shòu le. **你瘦了。** ニー シォウ ラ	
□ お元気ですか?	Nǐ shēn tǐ hǎo ma? **你身体好吗?** ニー シェン ティー ハオ マ	
□ ありがとう、元気です。	Xiè xie, wǒ hěn hǎo. **谢谢,我很好。** シィエ シィエ ウオ ヘン ハオ	
□ ずいぶん変わりましたね。	Nǐ biàn huà tǐng dà de. **你变化挺大的。** ニー ビィエン ホゥア ティン ダー ダ	
	※挺(とても;非常に) 口語で使う。	
□ ご両親はお元気でしょうか?	Nǐ fù mǔ dōu hǎo ma? **你父母都好吗?** ニー フゥー ムー ドウ ハオ マ	

偶然に会ったとき　Disc 1　7

□ 張さんじゃありませんか？

Zhèi bu shì Xiǎo Zhāng ma?
这不是小张吗？
ヂェイ ブー シー シィアオ ヂャンマ

□ 私のことを覚えていないの？
　王です。

Zěn me bú rèn shi wǒ le,
怎么不认识我了，
ヅェンマ　ブー　レン　シー　ウオ　ラ

wǒ shì Xiǎo Wáng ya.
我是小王呀。
ウオ　シー　シィアオ　ウアンヤ

※怎么（なぜ；どうして）

□ こんなところであなたに
　会うとは思いませんでした。

Méi xiǎng dào néng zài zhèr pèng jiàn nǐ.
没想到能在这儿碰见你。
メイ　シィアンダオ　ネン　ヅァイ　ヂァール　ペン　ヂィエン　ニー

※没想到（予想外である；思いもよらない）
※碰见（偶然に会う）

Zěn me zài zhèr pèng jiàn nǐ le.
怎么在这儿碰见你了。
ヅェンマ　ヅァイ ヂァール　ペン　ヂィエン ニー ラ

□ どちらにお出かけですか？

Nǐ zhèi shi yào qù nǎr a?
你这是要去哪儿啊？
ニー　ヂェイシー　ヤオ　チュイ　ナール　ア

□ 仕事が変わったそうですが。

Tīng shuō nǐ diào dòng gōng zuò le?
听说你调动工作了？
ティン シゥオ ニー　ディアオ ドゥン ゴゥン ヅゥオ ラ

※调动（転職；転職する）

Tīng shuō nǐ tiào cáo le?
听说你跳槽了？
ティン シゥオ ニー ティアオ ツァオ ラ

※跳槽（より良い待遇を求めるために転職する）

□ 引っ越したと聞きましたが。

Tīng shuō nǐ bān jiā le?
听说你搬家了？
ティン シゥオ ニー バン ヂィア ラ

※搬家（引っ越し；引っ越しする）

□ マイホームを買った そうですね?	Tīng shuō nǐ mǎi fáng le? **听说你买房了?** ティン シゥオ ニー マイ ファン ラ	
□ 遊びに来てください。 大歓迎ですよ。	Huān yíng nǐ lái wǒ jiā zuò kè. **欢迎你来我家做客。** ホゥアン イン ニー ライ ウオ ヂィア ヅゥオ カー ※做客(遊びに来る)	
	Yǒu shí jiān huān yíng lái wánr. **有时间欢迎来玩儿。** イオウ シー ヂィエン ホゥアン イン ライ ウアル	
□ ご結婚なさったそうですね?	Tīng shuō nǐ jié hūn le? **听说你结婚了?** ティン シゥオ ニー ヂィエ ホゥン ラ ※结婚(結婚;結婚する)	

近隣の人とのあいさつ　　　Disc 1　8

□ どこに行くの?	Gàn shén me qù ya. **干什么去呀。** ガン シェン マ チュイ ヤ	
□ お仕事ですか?	Shàng bān qù ya. **上班去呀。** シァン バン チュイ ヤ	
□ 買い物ですか?	Mǎi dōng xi qù ya. **买东西去呀。** マイ ドゥン シ チュイ ヤ	
□ お出かけですか?	Chū qu ya. **出去呀。** チゥー チュイ ヤ	

☐ 今日はお休みですか？	Jīn tiān xiū xi ya. **今天休息呀。** ヂンティエンシィウシーヤ	
	Jīn tiān méi shàng bān ya. **今天没上班呀。** ヂンティエンメイシアンバンヤ	
☐ 会社からのお帰りですか？	Xià bān le? **下班了？** シィアバンラ	
☐ お帰りですか？	Huí lái le? **回来了？** ホウイライラ	

待ち合わせる　　　　　　　　　　　　　　　　Disc 1　9

☐ お待たせして申し訳ありませんでした。	Duì bu qǐ,　ràng nǐ jiǔ děng le. **对不起，让你久等了。** ドゥイブーチー　ランニーヂィウデンラ
☐ お待たせしましたね？	Děng le bàn tiān le ba. **等了半天了吧。** デンラバンティエンラバ
☐ かまいません、いま来たばかりです。	Méi guān xi,　wǒ yě shì gāng dào. **没关系，我也是刚到。** メイグゥアンシー　ウオイエシーガンダオ
☐ 遅いよ！	Nǐ zěn me cái lái? **你怎么才来？** ニーヅェンマ　ツァイライ ※才（遅いことを表す）
	Zěn me lái zhè me wǎn. **怎么来这么晚。** ヅェンマ　ライ　ヂァーマ　ウアン

第1章　あいさつ・自己紹介編

☐ ごめんなさい、渋滞に遭っちゃって。	Duì bu qǐ, lù shang dǔ chē le. **对不起，路上堵车了。** ドゥイ ブー チー ルー シァン ドゥー チャー ラ ※路上（目的地に向かう途中） ※堵车（渋滞する）

職場でのあいさつ　　　　　　　　　　　Disc 1　10

☐ おはようございます。	Nǐ zǎo. **你早。** ニー ヅァオ Nín zǎo. **您早。** ニン ヅァオ Zǎo shang hǎo. **早上好。** ヅァオ シァン ハオ
☐ 早かったですね。	Zhè me zǎo jiù lái le. **这么早就来了。** ヂァーマ ヅァオ ヂィウ ライ ラ Lái de gòu zǎo de ya. **来得够早的呀。** ライ ダ ゴウ ヅァオ ダ ヤ
☐ 今日は渋滞はなかったです。	Jīn tiān lù shang méi dǔ chē. **今天路上没堵车。** ヂン ティエン ルー シァン メイ ドゥー チャー Jīn tiān lù shang hěn shùn. **今天路上很顺。** ヂン ティエン ルー シァン ヘン シゥン ※顺（順調な）
☐ 遅くなりました、すみません。	Wǒ lái wǎn le, duì bu qǐ. **我来晚了，对不起。** ウォ ライ ウアンラ ドゥイ ブー チー
☐ どうして遅刻したんですか？	Zěn me lái wǎn le? **怎么来晚了？** ヂェンマ ライ ウアンラ

- ☐ 寝坊してしまいました。

Shuì guò tóu le.
睡过头了。
シウイ グゥオ トウ ラ

※过头了（〜し過ぎる）

Qǐ wǎn le.
起晚了。
チー ウアン ラ

別れる　　　　　　　　　　　　　　　　　Disc 1　11

- ☐ さようなら。

Zài jiàn.
再见
ヅァイ ヂィエン

- ☐ また、明日。

Míng tiān jiàn.
明天见。
ミン ティエン ヂィエン

- ☐ では、後ほど。

Huí tóu jiàn.
回头见。
ホゥイ トウ ヂィエン

Dāi huìr jiàn.
呆会儿见。
ダイ ホゥル ヂィエン

- ☐ すみません。
  そろそろ失礼します。

Duì bu qǐ, wǒ gāi zǒu le.
对不起，我该走了。
ドゥイ ブー チー ウオ ガイ ヅォウ ラ

※该〜了（そろそろ〜する；まもなく〜する）

- ☐ お気をつけてください。

Màn zǒu.
慢走。
マン ヅォウ

Dāng xīn a.
当心啊。
ダン シィン ア

Xiǎo xīn diǎnr.
小心点儿。
シィアオ シィン ディエル

※当心 / 小心（気をつける）

□ では、そういうことで。	Jiù zhè me zhāo ba. **就这么着吧。** ヂィウ ヂァーマ ヂャオバ
□ ご成功をお祈りします。	Zhù nǐ chéng gōng. **祝你成功。** ヂゥーニー チェンゴン
□ すべてが順調に行くように祈ります。	Zhù nǐ zǒu ge hǎo yùn. **祝你走个好运。** ヂゥーニー ヅォウガ ハオ ユン ※走个好运（運気が良い）走运とも言う。
	Zhù nǐ yí qiè shùn lì. **祝你一切顺利。** ヂゥーニー イー チィエ シゥンリー
□ どうぞ、道中ご無事で。	Zhù nǐ yí lù píng ān. **祝你一路平安。** ヂゥーニー イールー ピンアン
	Zhù nǐ lǚ tú yú kuài. **祝你旅途愉快。** ヂゥーニー ルートゥー ユイクゥアイ
□ 時間があったら、ご連絡ください。	Yǒu shí jiān cháng lián xì ba. **有时间常联系吧。** イヨウシー ディエンチャンリィエンシーバ
□ 何かあったら、遠慮なく言ってください。	Yǒu shìr qǐng bié kè qi. **有事儿请别客气。** イヨウシール チンビエ カーチー
□ ご両親によろしくお伝えください。	Xiàng nǐ fù mǔ wèn hǎo. **向你父母问好。** シィアンニー フームー ウエンハオ
	Gěi nǐ mā ma dài ge hǎo. **给你妈妈带个好。** ゲイニー マーマ ダイガ ハオ
□ お体に気をつけてください。	Duō bǎo zhòng. **多保重。** ドゥオ バオ ヂォン

時候のあいさつ

- 新年、明けまして おめでとうございます。

Xīn nián kuài lè.
新年快乐。
シン ニィエン クゥアイラー

Xīn nián hǎo.
新年好。
シン ニィエン ハオ

- メリークリスマス。

Shèng dàn kuài lè!
圣诞快乐！
ション ダン クゥアイラー

Zhù nǐ shèng dàn jié kuài lè!
祝你圣诞节快乐！
ヂゥー ニー ション ダン ディエ クゥアイラー

- ゴールデンウイークを 楽しんでね。

Zhù nǐ huáng jīn zhōu wánr de kāi xīn.
祝你黄金周玩得开心。
ヂゥー ニー ホゥアン ヂン ヂォウ ウアルダ カイ シィン

- 清明節はお墓参りをします。

Qīng míng jié qù sǎo mù.
清明节去扫墓。
チン ミィン ディエ チュイ サオ ムー

- 明日の清明節は、 父母の墓参りをします。

Míng tiān qīng míng jié,
明天清明节，
ミィン ティエン チン ミィン ディエ

wǒ qù gěi fù mǔ sǎo mù.
我去给父母扫墓。
ウオ チュイ ゲイ フー ムー サオ ムー

- 中秋節、おめでとうございます。

Zhōng qiū kuài lè!
中秋快乐！
ヂォン チィウ クゥアイラー

Zhōng qiū jiā jié, hé jiā tuán jù.
中秋佳节，合家团聚。
ヂォン チィウ ディア ディエ ハー ディア トゥアン ヂュイ

第1章 あいさつ・自己紹介編

2 自己紹介

ここで紹介する例文を参考に、自分の自己紹介文をあらかじめ考えておきましょう。

名前について

Disc 1　13

- □ お名前は何とおっしゃいますか？

Nín guì xìng?
您贵姓？

- □ 李と言います。李と呼んでください。

Miǎn guì, xìng Lǐ. Jiào wǒ Lǎo Lǐ ba.
免贵，姓李。叫我老李吧。

※免贵（日本語にない、丁寧な言い方）

- □ すみませんが、何とお呼びしたらよろしいですか？

Qǐng wèn, zěn me chēng hu nín?
请问，怎么称呼您？

※称呼（呼び方；呼ぶ）

- □ お名前は何と言いますか？

Nǐ jiào shén me míng zi?
你叫什么名字？

- □ 私は田です。田一平と言います。

Wǒ xìng Tián, jiào Tián Yī píng.
我姓田，叫田一平。

年齢について

Disc 1　14

- □ 今年でおいくつですか？

Nín jīn nián gāo shòu le?
您今年高寿了？

※年配の人に対する非常に丁寧な言い方。

☐ 今年おいくつになりますか？	Nín jīn nián duō dà suì shu le? **您今年多大岁数了？** ニン ヂン ニィエンドゥオ ダースゥイ シューラ
	Nín jīn nián duō dà nián jì le? **您今年多大年纪了？** ニン ヂン ニィエンドゥオ ダーニィエンヂーラ ※ある程度年配の人に対する丁寧な言い方。
☐ 今年でいくつですか？	Nǐ jīn nián duō dà le? **你今年多大了？** ニー ヂン ニィエンドゥオ ダーラ ※最も一般的な言い方。
☐ お姉ちゃん、いくつなの？	Xiǎo mèi mei, jǐ suì le? **小妹妹，几岁了？** シィアオ メイメイ ヂー スゥイラ
☐ 干支は何ですか？	Nǐ shì shǔ shén me de? **你是属什么的？** ニー シー シューシェンマ ダ ※属（干支を言うときに使う）
☐ 竜年です。	Wǒ shì shǔ lóng de. **我是属龙的。** ウオ シー シューロゥン ダ
☐ そうですか？ 　私はいのししです。	Shì ma? Wǒ shì shǔ zhū de. **是吗？ 我是属猪的。** シー マ ウオ シー シューヂゥーダ ※日本の「いのしし」は中国では「豚」である。
☐ 私はあなたよりちょうど一回り 　大きいです。	Wǒ zhèng hǎo bǐ nǐ dà yì lún. **我正好比你大一轮。** ウオ ヂェンハオ ビー ニー ダー イー ルン ※一轮（一回り：12歳）
☐ 私は今年、年男(女)です。	Jīn nián shì wǒ de běn mìng nián. **今年是我的本命年。** ヂン ニィエンシーウオ ダ ベン ミン ニィエン ※本命年（性別を問わず、年男、年女という意味）

第1章 あいさつ・自己紹介編

出身地について Disc 1 15

□ どちらの国の方ですか？

你是哪国人？
Nǐ shì něi guó rén?
ニー シー ネイ グゥオ レン

□ どこの方ですか？

你是哪儿的人？
Nǐ shì nǎr de rén?
ニー シー ナール ダ レン

□ ご出身はどちらですか？

你老家在哪儿？
Nǐ lǎo jiā zài nǎr?
ニー ラオ ディア ヅァイ ナール

※老家（ふるさと）

□ 私は北京の人です。

我是北京人。
Wǒ shì Běi jīng rén.
ウォ シー ベイ ヂィン レン

□ どこから来ているのですか？

你从哪儿来？
Nǐ cóng nǎr lái?
ニー ツォン ナール ライ

居住地について Disc 1 16

□ お宅はどこですか？

你家在哪儿？
Nǐ jiā zài nǎr?
ニー ディア ヅァイ ナール

□ 家は市内です。

我家在市内。
Wǒ jiā zài shì nèi.
ウォ ディア ヅァイ シー ネイ

□ どこに住んでいるのですか？

你住在哪儿？
Nǐ zhù zài nǎr?
ニー ヂゥー ヅァイ ナール

□ 市内に住んでいます。

我住在市内。
Wǒ zhù zài shì nèi.
ウォ ヂゥー ヅァイ シー ネイ

□ 東京にどれくらい住んでいるのですか？	Nǐ zài Dōng jīng zhù le duō cháng shí jiān le? **你在东京住了多长时间了？** ニー ヅァイ ドゥン ヂィン ヂゥー ラ ドゥオ チャン シー ヂィエン ラ ※多长时间（どのくらいの時間）
□ 家から会社まで遠いですか？	Nǐ jiā lí gōng sī yuǎn ma? **你家离公司远吗？** ニー ヂィア リー ゴゥン スー ユアン マ ※A离B（AからBまで；AとBの間）
□ それほど遠くありません、1時間程度です。	Bú tài yuǎn, yí ge xiǎo shí zuǒ yòu. **不太远，一个小时左右。** ブー タイ ユアン イー ガ シィアオ シー ヅゥオ イオウ
□ 通勤は便利ですか？	Shàng bān fāng biàn ma? **上班方便吗？** シァン バン ファン ビィエン マ ※方便（便利である）
□ まあまあですね。	Hái xíng ba. **还行吧。** ハイ シィン バ

出身校について　　　　　　　　　　Disc 1　17

□ どちらの大学を卒業したのですか？	Nǐ shì něi suǒ dà xué bì yè de? **你是哪所大学毕业的？** ニー シー ネイ スゥオ ダー シュエ ビー イエ ダ ※毕业（卒業；卒業する）
□ 私は早稲田大学を卒業しました。	Wǒ shì Zǎo dào tián dà xué bì yè de. **我是早稻田大学毕业的。** ウオ シー ヅァオ ダオ ティエン ダー シュエ ビー イエ ダ
□ いつごろ卒業しましたか？	Nǐ shì shén me shí hou bì yè de? **你是什么时候毕业的？** ニー シー シェンマ シー ホウ ビー イエ ダ

第1章　あいさつ・自己紹介編

□ いつごろ卒業しますか？	Nǐ shén me shí hou bì yè? **你什么时候毕业？** ニー シェンマ シーホウ ビーイエ
□ あと1年で卒業です。	Hái yǒu yì nián jiù bì yè le. **还有一年就毕业了。** ハイ イオウイー ニィエンヂィウビーイエ ラ
□ 何を勉強しましたか？	Nǐ shì xué shén me de? **你是学什么的？** ニー シー シュエ シェンマ ダ Nǐ de zhuān yè shì shén me? **你的专业是什么？** ニー ダ ヂゥアンイエシー シェンマ ※专业(専門；専攻)
□ 私の専門は 　コンピュータ科学です。	Wǒ xué jì suàn jī de. **我学计算机的。** ウオ シュエジー スゥアンジーダ Wǒ de zhuān yè shì jì suàn jī. **我的专业是计算机。** ウオ ダ ヂゥアンイエシー ジー スゥアンジー

趣味について　　　　　　　　　　　　　　　　　　　　Disc 1　18

- [ ] 趣味は何ですか？

Nǐ yǒu shén me ài hào?
你有什么爱好？
ニー イオウ シェンマ アイ ハオ

※爱好（趣味；好きなこと）「好」の発音に注意。

Nǐ de ài hào shì shén me?
你的爱好是什么？
ニー ダ アイ ハオ シー シェンマ

Nǐ xǐ huan shén me?
你喜欢什么？
ニー シー ホゥアン シェンマ

※喜欢（好きである）

- [ ] 私の趣味はゴルフです。

Wǒ de ài hào shì dǎ gāo ěr fū qiú.
我的爱好是打高尔夫球。
ウオ ダ アイ ハオ シー ダー ガオ アル フゥー チィウ

Wǒ xǐ huan dǎ gāo ěr fū qiú.
我喜欢打高尔夫球。
ウオ シー ホゥアンダー ガオ アル フゥー チィウ

- [ ] 休みの時には何をしますか？

Yè yú shí jiān nǐ dōu gàn shén me?
业余时间你都干什么？
イエ ユイ シー ディエン ニー ドウ ガン シェンマ

※业余时间（プライベートの時間）

- [ ] 私はカラオケに行くのが好きですね。

Wǒ ài qù chàng kǎ lā O K.
我爱去唱卡拉 OK。
ウオ アイ チュイ チャン カー ラー オーケー

- [ ] 私はサッカーファンです。

Wǒ shì ge zú qiú mí.
我是个足球迷。
ウオ シー ガ ヅゥ チィウ ミー

※迷（〜のファン）

- [ ] 私は趣味がありません。

Wǒ méi yǒu shén me ài hào.
我没有什么爱好。
ウオ メイ イオウ シェンマ アイ ハオ

第1章 あいさつ・自己紹介編

得意なことについて　　　　　　　　　　　　Disc 1　19

□ 得意なことは何ですか？

Nǐ yǒu shén me tè cháng?
你有什么特长？
ニー イオウ シェンマ タアー チャン

Nǐ yǒu shén me zhuān cháng?
你有什么专长？
ニー イオウ シェンマ ヂュアン チャン

Nǐ shén me zuì ná shǒu?
你什么最拿手？
ニー シェンマ ヅゥイナー ショウ

※特长 / 专长 / 拿手（得意なこと）

□ 私は将棋ができます。

Wǒ huì xià xiàng qí.
我会下象棋。
ウオ ホゥイ シィア シィアン チー

※会（〜できる）

□ 私は料理が得意です。

Wǒ zuò cài zuò de hěn hǎo chī.
我做菜做得很好吃。
ウオ ヅゥオ ツァイ ヅゥオ ダ ヘン ハオ チー

□ 得意料理は何ですか？

Nǐ de ná shǒu cài shì shén me?
你的拿手菜是什么？
ニー ダ ナー ショウ ツァイシー シェンマ

※拿手菜（得意な料理）

□ 私は得意なことがありません。

Wǒ méi yǒu shén me tè cháng.
我没有什么特长。
ウオ メイ イオウ シェンマ タアー チャン

家族について　　　　　　　　　　　　　　Disc 1　20

□ あなたは何人家族ですか？

Nǐ jiā yǒu jǐ kǒu rén?
你家有几口人？
ニー ヂィア イオウ ジー コウ レン

□ 私は4人家族です。

Wǒ jiā yǒu sì kǒu rén.
我家有四口人。
ウオ ヂィア イオウ スー コウ レン

□ どんな家族構成ですか?	Nǐ jiā dōu yǒu shén me rén? **你家都有什么人?** ニー ヂィア ドウ イオウ シェン マ レン	

你家都有谁?
Nǐ jiā dōu yǒu shéi?
ニー ヂィア ドウ イオウ シェイ

□ 父、母、1人の姉と私です。

Wǒ jiā yǒu fù qin, mǔ qin,
我家有父亲，母亲，
ウオ ヂィア イオウ フー チン　ムー チン

yí ge jiě jie hé wǒ.
一个姐姐和我。
イー ガ ヂィエ ヂィエ ハー ウオ

□ 兄弟はいますか?

Nǐ yǒu xiōng dì jiě mèi ma?
你有兄弟姐妹吗?
ニー イオウ シィオン ディー ヂィエ メイ マ

□ 兄弟は何人ですか?

Nǐ xiōng dì jiě mèi jǐ ge?
你兄弟姐妹几个?
ニー シィオン ディー ヂィエ メイ ジー ガ

□ 私は兄と妹がいます。

Wǒ yǒu yí ge gē ge hé
我有一个哥哥和
ウオ イオウ イー ガ ガー ガ ハー

yí ge mèi mei.
一个妹妹。
イー ガ メイ メイ

□ あなたは何番目ですか?

Nǐ shì lǎo jǐ?
你是老几?
ニー シー ラオ ヂー

※老几(兄弟の順番を尋ねるときに使う)

□ 私は一番上です。

Wǒ shì lǎo dà.
我是老大。
ウオ シー ラオ ダー

※老大(男女を問わず、一番上)

第1章 あいさつ・自己紹介編

- ☐ 私は2番目です。

Wǒ shì lǎo èr.
我是老二。
ウオ シー ラオ アル

※老二（男女を問わず、2番目）

- ☐ 私は末っ子です。

Wǒ shì lǎo xiǎo.
我是老小。
ウオ シー ラオ シィアオ

Wǒ shì zuì xiǎo de.
我是最小的。
ウオ シー ヅゥイ シィアオ ダ

※老小 / 最小（男女を問わず、末っ子）

- ☐ 私は一人っ子です。

Wǒ shì dú shēng zǐ.
我是独生子。
ウオ シー ドゥー ション ヅー

※独生子（一人っ子）

- ☐ ご両親と一緒に住んでいるのですか？

Nǐ gēn fù mǔ yì qǐ zhù ma?
你跟父母一起住吗？
ニー ゲン フゥー ムー イー チー ヂゥー マ

- ☐ 私は一人暮らしです。

Wǒ yí ge rén zhù.
我一个人住。
ウオ イー ガ レン ヂゥー

- ☐ 私は会社の寮に住んでいます。

Wǒ zhù zài dān wèi de sù shè li.
我住在单位的宿舍里。
ウオ ヂゥー ヅアイ ダン ウエイ ダ スゥー シァー リ

※单位（勤務先；会社）

プライベートについて

Disc 1 — 21

- ご結婚なさっているのですか？

  Nǐ jié hūn le ma?
  你结婚了吗？
  ニー ディエ ホゥン ラ マ

  Nǐ chéng jiā le ma?
  你成家了吗？
  ニー チェン ディア ラ マ

  ※成家（家庭を持つ）

- 私は結婚しています。

  Wǒ yǐ jing jié hūn le.
  我已经结婚了。
  ウオ イー ディン ディエ ホゥン ラ

  Wǒ yǐ jing chéng jiā le.
  我已经成家了。
  ウオ イー ディン チェン ディア ラ

- 私はまだ結婚していません。

  Wǒ hái méi jié hūn ne.
  我还没结婚呢。
  ウオ ハイ メイ ディエ ホゥン ナ

- 今付き合っている人がいますか？

  Nǐ yǒu duì xiàng le ma?
  你有对象了吗？
  ニー イオウ ドゥイ シィアンラ マ

  ※对象（男女を問わず、彼氏または彼女）

  Nǐ yǒu nán [nǚ] péng you le ma?
  你有男[女]朋友了吗？
  ニー イオウナン [ニュイ] ペン イオウラ マ

- お子さんはいますか？

  Yǒu hái zi ma?
  有孩子吗？
  イオウハイ ヅ マ

- 男の子ですか、それとも女の子ですか？

  Shì nán háir, hái shi nǚ háir?
  是男孩儿，还是女孩儿？
  シー ナン ハール ハイ シー ニュイ ハール

第1章 あいさつ・自己紹介編

- [ ] うちは子供はまだです。

Wǒ men hái méi yǒu hái zi.
我们还没有孩子。
ウオ メン ハイ メイ イオウ ハイ ツ

Wǒ men hái méi yào hái zi.
我们还没要孩子。
ウオ メン ハイ メイ ヤオ ハイ ツ

※要孩子（子供を作る）

職業について　　　　　　　　　　　　　　Disc 1　22

- [ ] どこで働いていますか？

Nǐ zài nǎr shàng bān?
你在哪儿上班？
ニー ツァイ ナール シァン バン

- [ ] 職業は何ですか？

Nǐ shì zuò shén me de?
你是做什么的？
ニー シー ヅゥオ シェン マ ダ

Nǐ zuò shén me gōng zuò?
你做什么工作？
ニー ヅゥオ シェン マ ゴゥン ヅゥオ

- [ ] 銀行で働いています。

Wǒ zài yín háng shàng bān.
我在银行上班。
ウオ ツァイ イン ハン シァン バン

- [ ] 私は高校の教師です。

Wǒ shì gāo zhōng lǎo shī.
我是高中老师。
ウオ シー ガオ ヂォン ラオ シー

第2章

日常生活編

朝や夜に家庭で話すフレーズをはじめ、洗濯、買い物、掃除、料理などの家事についての表現が中心です。会話では必須の時間と天気に関するフレーズもまとめて紹介します。

1 生活の会話

起きてから寝るまでの基本的な行動を会話フレーズで紹介します。

朝

Disc 1　23

□ おはようございます。

Nǐ zǎo.
你 早。
ニー ヅァオ

※中国では、日本のように家族間で「おはようございます」「お休みなさい」などのあいさつをする習慣はありません。その代わりに、相手の様子を聞くことがよくあります。

□ 起きたの。

Qǐ lai la.
起 来 啦。
チー ライ ラ

Qǐ chuáng la.
起 床 啦。
チー チゥアン ラ

□ よく寝た？

Shuì de hǎo ma?
睡 得 好 吗？
シゥイ ダ ハオ マ

Shuì de zěn me yàng?
睡 得 怎 么 样？
シゥイ ダ ヅェンマ ヤン

□ よく寝た。

Shuì de hěn hǎo.
睡 得 很 好。
シゥイ ダ ヘン ハオ

□ すぐ寝ちゃった。

Yí xià zi jiù shuì zháo le.
一 下 子 就 睡 着 了。
イー シィア ヅ ディウ シゥイ チャオ ラ

※一下子就（すぐに）

☐ ぐっすり寝ちゃった。	Shuì de hěn xiāng. **睡得很香。** シゥイ ダ ヘン シィアン	

※香(美味しく食べた様子とともに、よく寝た様子も表す)

☐ なかなか眠れなくて。
Zěn me yě shuì bù zháo.
怎么也睡不着。
ヅェンマ イエ シゥイ ブー ヂャオ

☐ 早く起きなさい。
Kuài qǐ lai ba.
快起来吧。
クゥアイ チー ライ バ

Kuài qǐ chuáng ba.
快起床吧。
クゥアイ チー チゥアン バ

☐ 起きなさい。
Gāi qǐ lai la.
该起来了。
ガイ チー ライ ラ

☐ もうちょっと寝たい。
Hái xiǎng zài shuì yí huìr.
还想再睡一会儿。
ハイ シィアン ヅァイ シゥイ イー ホゥル

☐ まだ眠いよ。
Hái kùn zhe ne.
还困着呢。
ハイ クン ヂァ ナ

※困(眠い；寝たい)

☐ 怖い夢を見た。
Zuò le yí ge è mèng.
做了一个噩梦。
ヅゥオ ラ イー ガ エー メン

※噩梦(悪い夢；怖い夢)

☐ 歯を磨きなさい。
Qù shuā yá ba.
去刷牙吧。
チュイ シゥア ヤー バ

※刷牙(歯を磨く)

第2章 日常生活編

☐ 顔を洗いなさい。	Gāi xǐ liǎn le. **该洗脸了。** ガイ シー リィアンラ ※洗脸（顔を洗う）	
☐ まずひげを剃って、 それからトイレに行く。	Xiān guā hú zi, rán hou zài shàng cè suǒ. **先刮胡子，然后再上厕所。** シィエングゥア ホゥ ヅ　ラン ホウ ヅァイ シァン ツァースゥオ ※刮胡子（ひげを剃る） ※上厕所（トイレに行く）	
☐ 髪を梳かします。	Bǎ tóu fa shū yi shū. **把头发梳一梳** バー トウ ファーシュー イー シュー ※梳（梳かす）	

夜　　　　　　　　　　　　　　　　　　　Disc 1　24

☐ もう遅いから お風呂に入りましょう。	Shí jiān bù zǎo le, qù xǐ zǎo ba. **时间不早了，去洗澡吧。** シー ヂィエンブー ヅァオラ　チュイ シー ヅァオ バ ※洗澡（シャワーを浴びる；お風呂に入る）
☐ 早く寝ましょう。	Zǎo diǎnr shuì jiào ba. **早点儿睡觉吧。** ヅァオ ディエル　シゥイ ヂィアオ バ
☐ そろそろ寝ましょう。	Gāi shuì le. **该睡了。** ガイ シゥイ ラ
☐ 先に寝ます。	Wǒ xiān shuì le. **我先睡了。** ウオ シィエン シゥイ ラ
☐ 先に寝てください。	Nǐ xiān shuì ba. **你先睡吧。** ニー シィエン シゥイ バ

☐ 目覚まし時計を 　セットしましたか？	Shàng nào zhōng le ma? **上闹钟了吗？** シァン ナオ ヂォン ラ マ	
	※上闹钟（目覚まし時計をセットする）	
☐ 目覚まし時計を 　セットしました。	Nào zhōng yǐ jing shàng hǎo le. **闹钟已经上好了。** ナオ ヂォン イー ヂィン シァン ハオ ラ	
☐ きちんと布団を掛けてね。	Bǎ bèi zi gài hǎo a. **把被子盖好啊。** バー ベイ ヅ ガイ ハオ ア	
	※盖被子（布団をかける）	

食事　　　　　　　　　　　　　　　　　　　　　　　　　Disc 1　25

☐ 手伝いましょうか？	Yào wǒ bāng máng ma? **要我帮忙吗？** ヤオ ウオ バン マン マ
	※帮忙（手伝う；助ける）
	Wǒ bāng nǐ zuò ba? **我帮你做吧？** ウオ バン ニー ヅゥオ バ
☐ 大丈夫ですよ。	Bú yòng. **不用。** ブー イヨン
☐ 休んでください。	Nǐ xiē zhe ba. **你歇着吧。** ニー シィエ ヂァ バ
	※歇（休む；休憩する）
	Nǐ xiū xi ba. **你休息吧。** ニー シィウ シ バ
☐ ご飯はでき上がりましたか？	Fàn zuò hǎo le ma? **饭做好了吗？** ファン ヅゥオ ハオ ラ マ

第2章　日常生活編

□ もうすぐできますよ。	Mǎ shàng jiù hǎo. **马上就好。** マー シァン ヂィウ ハオ
	Zhè jiù hǎo. **这就好。** ヂァー ジィウ ハオ
□ 少し待ってください。	Qǐng děng yí xià. **请等一下。** チィン デン イー シィア
	Děng huìr. **等会儿。** デン ホゥル
□ ご飯ができましたよ。	Fàn zuò hǎo le. **饭做好了。** ファン ヅゥオ ハオ ラ
□ ご飯ですよ。	Chī fàn le. **吃饭啦。** チー ファン ラ
□ 今日はおかずが多いですね。	Jīn tiān zuò zhè me duō cài. **今天做这么多菜。** ヂン ティエン ヅゥオ ヂァーマ ドゥオ ツァイ
□ 今日のおかずはおいしいです。	Jīn tiān de cài zhēn hǎo chī. **今天的菜真好吃。** ヂン ティエンダ ツァイ ヂェン ハオ チー
□ またこれですか?	Yòu chī zhèi ge. **又吃这个。** イオウ チー ヂェイ ガ
□ これはもう飽きちゃったよ。	Zhèi ge wǒ dōu chī nì le. **这个我都吃腻了。** ヂェイ ガ ウオ ドウ チー ニー ラ ※腻(飽きる)

☐ これは教えてもらった ものなの、どう？	Zhèi ge cài shì wǒ xīn xué de, zěn me yàng? **这个菜是我新学的，怎么样？** ※新学（教わったばかり）
☐ この料理はどうですか？	Nǐ jué de zhèi ge cài zěn me yàng? **你觉得这个菜怎么样？** Nǐ jué de zhèi ge cài hǎo chī ma? **你觉得这个菜好吃吗？**
☐ 美味しいなら、また作るわよ。	Hǎo chī wǒ yǐ hou hái zuò. **好吃我以后还做。**
☐ 好きなら、また作るわよ。	Nǐ ài chī wǒ yǐ hou hái zuò. **你爱吃我以后还做。**
☐ 今日のおかずは全部好きです。	Jīn tiān de cài wǒ dōu ài chī. **今天的菜我都爱吃。**
☐ 好きならたくさん食べてね。	Ài chī jiù duō chī diǎnr ba. **爱吃就多吃点儿吧。**
☐ 温かいうちに食べましょう。	Chèn rè chī ba. **趁热吃吧。** ※趁热（温かいうちに）

第2章 日常生活編

片づけ

Disc 1　26

□ 片づけるのを
　手伝いましょうか？

Wǒ bāng nǐ shōu shi ba?
我帮你收拾吧？
ウオ　バン　ニー　シォウ シ　バ

※収拾（片づける；整理する）

□ ありがとう。
　これを下げてください。

Xiè xie, bǎ zhèi ge ná zǒu ba.
谢谢，把这个拿走吧。
シィエ シィエ　バー ヂェイ ガ　ナー ヅォウ バ

□ 大丈夫、一人でできます。

Méi guān xi, wǒ yí ge rén lái.
没关系，我一个人来。
メイ　グゥアンシ　ウオ　イー　ガ　レン　ライ

Méi guān xi,
没关系，
メイ　グゥアンシ

wǒ yí ge rén jiù kě yǐ le.
我一个人就可以了。
ウオ　イー　ガ　レン　ヂィウ カー　イー　ラ

□ 私が洗いものをしましょうか？

Wǒ lái xǐ wǎn ba.
我来洗碗吧。
ウオ　ライ　シー　ウアン バ

□ 私が拭きましょうか？

Wǒ lái cā wǎn ba.
我来擦碗吧。
ウオ　ライ　ツァー ウアンバ

※擦（ぬぐう；拭く）

□ テーブルを拭いてもらえますか？

Bǎ zhuō zi cā yí xià.
把桌子擦一下。
バー ヂゥオ ヅ　ツァー イー シィア

Bǎ zhuō zi cā le.
把桌子擦了。
バー ヂゥオ ヅ　ツァー ラ

54

洗濯

Disc 1　27

□ 洗濯しなくちゃ。

Gāi xǐ yī fu le.
该洗衣服了。
ガイ　シー　イー　フゥー　ラ

□ 洗濯物がいっぱい溜まっています。

Zāng yī fu duī le yí dà duī.
脏衣服堆了一大堆。
ヅァン　イー　フゥー　ドゥイ　ラ　イー　ダー　ドゥイ

※堆（溜まる）
※一大堆（山ほど溜まっている状態）

□ 今日は天気がいいから、布団を干しましょう。

Jīn tiān tiān hǎo, bǎ bèi zi shài yí xià.
今天天好，把被子晒一下。
ヂン　ティエン　ティエン　ハオ　バー　ベイ　ヅ　シャイ　イー　シィア

※被子（布団）
※晒（干す）

□ 洗濯が終わりました。

Yī fu xǐ wán le.
衣服洗完了。
イー　フゥー　シー　ウアン　ラ

□ 洗濯物を干します。

Bǎ yī fu shài chū qu.
把衣服晒出去。
バー　イー　フゥー　シャイ　チゥー　チュイ

□ ハンガーを持ってきてください。

Bǎ yī jià ná lai.
把衣架拿来。
バー　イー　ヂィア　ナー　ライ

※衣架（ハンガー）「衣服架」とも言う。

Bāng wǒ bǎ yī jià ná lai.
帮我把衣架拿来。
バン　ウオ　バー　イー　ヂィア　ナー　ライ

□ 洗濯物を中に取り込んでおきましょう。

Bǎ yī fu ná jìn lai.
把衣服拿进来。
バー　イー　フゥー　ナー　ヂィン　ライ

Bǎ yī fu shōu jìn lai.
把衣服收进来。
バー　イー　フゥー　シォウ　ヂィン　ライ

※收（片づける；受け取る；収める）

第2章　日常生活編

□ 洗濯物を畳んでおきましょう。

Bǎ yī fu dié hǎo.
把衣服叠好。
バー イー フゥー ディエ ハオ

※叠(畳む)

□ シャツにアイロンをかけます。

Yùn chèn shān.
熨衬衫。
ユン チェン シァン

※熨(アイロンをかける)

□ この洋服は洗濯するたびに
アイロンをかけないと。
面倒ですね。

Zhèi jiàn yī fu měi cì xǐ dōu děi yùn,
这件衣服每次洗都得熨,
ヂェイ ヂィエン イー フゥー メイ ツー シー ドウ デイ ユン

zhēn má fan
真麻烦。
ヂェン マー ファン

買い物　　　　　　　　　　　　　　　　Disc 1　28

□ 私の家の近くに
大きなスーパーがあります。

Wǒ jiā fù jìn yǒu yí ge
我家附近有一个
ウオ ヂィア フゥーヂン イオウイー ガ

hěn dà de chāo shì.
很大的超市。
ヘン ダー ダ チャオ シー

□ このスーパーが
すごく安いんですよ。

Zhèi ge chāo shì de dōng xi hěn pián yi.
这个超市的东西很便宜。
ヂェイガ チャオ シー ダ ドゥン シ ヘン ピィエン イー

□ スーパーは買い物客で
いっぱいです。

Chāo shì li rén hěn duō.
超市里人很多。
チャオ シー リ レン ヘン ドゥオ

□ 今日はセールをやっているので、
人が多いですね。

Jīn tiān dǎ zhé, rén hěn duō.
今天打折，人很多。
ヂン ティエンダー ヂァー レン ヘン ドゥオ

※打折(セール；安売り)

今日は豚肉が安いので、買って帰りましょう。	Jīn tiān zhū ròu pián yi, wǒ mǎi diǎnr huí qu. **今天猪肉便宜，我买点儿回去。**
たくさん買って豚の角煮を作ります。	Zhū ròu duō mǎi diǎnr, zuò hóng shāo ròu. **猪肉多买点儿，做红烧肉。**
白菜を買って、今晩は鍋にしましょう。	Mǎi yì diǎnr bái cài, wǎn shang chī huǒ guō. **买一点儿白菜，晚上吃火锅。** ※吃火锅（鍋にする）
日本の野菜は本当に高いですね。	Rì běn de cài zhēn guì. **日本的菜真贵。**
	Rì běn de cài tài guì le. **日本的菜太贵了。**
日本の野菜は高くて買えません。	Rì běn de cài mǎi bu qǐ. **日本的菜买不起。** ※买不起（高くて買えない）
私一人でこんなにたくさんは持てませんよ。	Wǒ yí ge rén ná bu liǎo zhè me duō. **我一个人拿不了这么多。** ※拿不了（持てない）
私が持ってあげますよ。	Wǒ bāng nǐ ná. **我帮你拿。**
半分ずつ持ちましょうか？	Zán men liǎng fēn zhe ná. **咱们俩分着拿。** ※分（分ける）

掃除

☐ 部屋が散らかっています。

房间里乱七八糟的。
Fáng jiān li luàn qī bā zāo de.

※乱七八糟（めちゃめちゃの状態）

房间里太乱了。
Fáng jiān li tài luàn le.

※乱（乱れている；めちゃめちゃの）

☐ 部屋が汚いです。

房间里太脏了。
Fáng jiān li tài zāng le.

※脏（汚れる；汚い）

☐ 今日は掃除をしなくちゃ。

今天得打扫卫生。
Jīn tiān děi dǎ sǎo wèi shēng.

※打扫卫生（掃除をする）目的語がある場合は打扫だけでいい。

☐ 今日は部屋をきれいに掃除しなさい。

今天好好儿把房间打扫一下。
Jīn tiān hǎo hāor bǎ fáng jiān dǎ sǎo yí xià.

今天把房间好好儿打扫一下。
Jīn tiān bǎ fáng jiān hǎo hāor dǎ sǎo yí xià.

☐ 窓をきれいに拭きなさい。

把窗户擦干净。
Bǎ chuāng hu cā gān jìng.

☐ 床に掃除機をかけなさい。

把地板用吸尘器吸吸。
Bǎ dì bǎn yòng xī chén qì xī xi.

※用（用いる；使用する）

2 家族と子供

家族での外出、来客の応対、子供についての話題に使うフレーズです。

家族で出かける

Disc 1　30

第2章　日常生活編

□ 今日はどうしましょうか？
今天怎么安排？
Jīn tiān zěn me ān pái?
ヂン ティエン ヅェンマ アン パイ

※安排（予定を立てる）

今天干什么？
Jīn tiān gàn shén me?
ヂン ティエン ガン シェン マ

□ 今日はどこかに遊びに行きましょうか？
今天出去玩儿吧。
Jīn tiān chū qu wánr ba.
ヂン ティエン チューチュイ ウアル バ

□ 今日は一緒に買い物に行きませんか？
今天一起去买东西吧。
Jīn tiān yì qǐ qù mǎi dōng xi ba.
ヂン ティエン イーチー チュイマイ ドゥン シ バ

□ 久しぶりに映画でも見に行きましょうか？
好久没看电影啦，
Hǎo jiǔ méi kàn diàn yǐng la,
ハオ ヂィウ メイ カン ディエンインラ
去看电影吧。
qù kàn diàn yǐng ba.
チュイ カン ディエンイン バ

□ 今日はぶらぶらしましょうか？
今天出去逛逛吧。
Jīn tiān chū qu guàng guang ba.
ヂン ティエン チュー チュイ グゥアングゥアンバ

※逛逛（街をブラブラする）

□ 支度ができましたか？
准备好了吗？
Zhǔn bèi hǎo le ma?
ヂュン ペイ ハオ ラ マ

☐ 忘れ物をしないでね。	Dōng xi dōu ná hǎo. **东西都拿好。** ドゥン シ ドウ ナー ハオ
☐ 必要なものは全部持ちましたか？	Gāi dài de dōng xi dōu dài hǎo le ma? **该带的东西都带好了吗？** ガイ ダイ ダ ドゥン シ ドウ ダイ ハオ ラ マ
☐ 早く行かないと遅れちゃうわよ。	Zài bù zǒu jiù lái bù jí le. **再不走就来不及了。** ツァイ ブー ヅォウ ヂィウ ライ ブー ヂー ラ Zài bù zǒu jiù gǎn bú shàng le. **再不走就赶不上了。** ツァイ ブー ヅォウ ヂィウ ガン ブー シァン ラ
☐ 何時に出かけますか？	Jǐ diǎn zǒu? **几点走？** ヂー ディエン ヅォウ Jǐ diǎn chū fā? **几点出发？** ヂー ディエン チゥー ファー
☐ 準備ができたら出かけます。	Zhǔn bèi hǎo le jiù zǒu. **准备好了就走。** ヂュン ベイ ハオ ラ ヂィウ ヅォウ
☐ どのくらい時間がかかりますか？	Lù shang xū yào duō cháng shí jiān? **路上需要多长时间？** ルー シァン シュイヤオ ドゥオ チャン シー ディエン ※需要（必要である；かかる）
☐ だいたい1時間かかります。	Dà yuē yí ge xiǎo shí zuǒ yòu. **大约一个小时左右。** ダー ユエ イー ガ シィアオ シー ヅゥオ イオウ
☐ 行きましょう。	Zǒu ba. **走吧。** ヅォウ バ

□ カギをきちんとかけてください。	Mén suǒ hǎo. **门锁好。** メン スゥオ ハオ
	※锁门（ドアにカギをかける）
	Suǒ hǎo mén. **锁好门。** スゥオ ハオ メン
	Bǎ mén suǒ hǎo. **把门锁好。** バー メン スゥオ ハオ
□ 窓をちゃんと閉めてください。	Bǎ chuāng hu guān hǎo. **把窗户关好。** バー チュアン ホゥ グゥアン ハオ
	Guān hǎo chuāng hu. **关好窗户。** グゥアン ハオ チュアン ホゥ

自宅に招待する (Disc 1 31)

□ 我が家にようこそ。	Huān yíng, huān yíng. **欢迎，欢迎。** ホゥアン イン　ホゥアン イン
	Huān yíng lái wǒ jiā zuò kè. **欢迎来我家做客。** ホゥアン イン ライ ウオ ヂィア ヅゥオ カー
□ さあ、お入りください。	Qǐng jìn. **请进。** チィン ヂン
	Gǎn kuài jìn lai ba. **赶快进来吧。** ガン クゥアイ ヂン ライ バ
	※赶快（速く）
□ どうぞ、おかけください。	Qǐng zuò. **请坐。** チィン ヅゥオ

第2章　日常生活編

□ どうぞ、ご遠慮なくおかけください。	Qǐng suí biàn zuò. **请随便坐。** チィン スゥイ ビィエン ヅゥオ ※随便（遠慮せず）
□ ほんの気持ちです。	Yì diǎnr xiǎo yì si. **一点儿小意思。** イー ディエル シィアオ イース Yì diǎnr xīn yì. **一点儿心意。** イー ディエル シン イー
□ 贈り物までいただいて、ありがとうございます。	Kàn nǐ zhè me kè qi, hái dài dōng xi lái. **看你这么客气，还带东西来。** カン ニー ヂァーマ カーチー ハイ ダイ ドゥン シ ライ ※带（持つ）
□ どうぞ手ぶらでいらしてください。	Kōng shǒu lái jiù kě yǐ le, **空手来就可以了，** クゥン シォウ ライ ヂィウ カー イー ラ hái dài shén me dōng xi. **还带什么东西。** ハイ ダイ シェン マ ドゥン シ ※空手（手ぶらで）
□ 何を飲みますか？	Nǐ hē diǎnr shén me? **你喝点儿什么？** ニー ハー ディエル シェン マ
□ 何でもいいですよ。	Shén me dōu xíng. **什么都行。** シェン マ ドウ シィン Shén me dōu kě yǐ. **什么都可以。** シェン マ ドウ カー イー

□ どうぞおかまいなく。	Qǐng bú yào zhāng luo le. **请不要张罗了。** チン ブー ヤオ ヂャン ルオ ラ ※张罗（かまう） Bié zhāng luo le. **别张罗了。** ビエ ヂャン ルオ ラ
□ お茶をどうぞ。	Qǐng hē chá. **请喝茶。** チン ハー チァー
□ コーヒーをどうぞ。	Qǐng hē kā fēi. **请喝咖啡。** チン ハー カー フェイ
□ 自宅に帰ったのと同じように おくつろぎください。	Jiù xiàng dào zì jǐ jiā yí yàng. **就象到自己家一样。** ヂウ シィアンダオ ヅー ヂー ヂィア イー ヤン ※来客にくつろいでもらうための言い方。
□ ご飯を食べていってください。	Chī le fàn zài zǒu ba. **吃了饭再走吧。** チー ラ ファン ヅァイ ヅォウ バ
□ では、お言葉に甘えて ご馳走になります。	Nà wǒ jiù bú kè qi le. **那我就不客气了。** ナー ウオ ヂウ ブー カー チ ラ
□ 今日はあなたの手料理を 食べさせていただきます。	Jīn tiān cháng chang nǐ de shǒu yì. **今天尝尝你的手艺。** ヂン ティエンチャンチャン ニー ダ シォウ イー
□ 私はまだ用事がありますので、 今度にしましょう。	Wǒ hái yǒu shì, xià cì zài shuō ba. **我还有事，下次再说吧。** ウオ ハイ イオウシー シィア ツー ヅァイ シゥオ バ

第2章 日常生活編

□ もう遅いので、そろそろ帰ります。	Bù zǎo le, wǒ gāi zǒu le. **不早了，我该走了。** ブー ツァオラ ウオ ガイ ヅォウラ Tài wǎn le, wǒ děi zǒu le. **太晚了，我得走了。** タイ ウアンラ ウオ デイ ヅォウラ
□ まだ大丈夫ですよ。 　せっかくいらしたのに。	Zài zuò yí huìr ba, **再坐一会儿吧，** ヅァイ ヅゥオ イー ホウル バ hǎo bu róng yì lái yí tàng. **好不容易来一趟。** ハオ ブー ロゥン イー ライ イー タン
□ お邪魔しました。	Dǎ rǎo le. **打扰了。** ダー ラオ ラ Dǎ rǎo nǐ le. **打扰你了。** ダー ラオ ニー ラ

子供について　　　　　　　　　　　Disc 1　32

□ お子さんは何人いますか？	Nǐ yǒu jǐ ge hái zi? **你有几个孩子？** ニー イオウ ヂー ガ ハイ ヅ
□ 2人います。 　男の子と女の子です。	Liǎng ge. Yí ge nán háir, **两个。一个男孩儿，** リィアン ガ　イー ガ ナン ハール yí ge nǚ háir. **一个女孩儿。** イー ガ ニュイ ハール
□ 上は男の子、 　下は女の子です。	Lǎo dà shì nán háir, **老大是男孩儿，** ラオ ダー シー ナン ハール lǎo èr shì nǚ háir. **老二是女孩儿。** ラオ アル シー ニュイ ハール

□ お子さんは何歳ですか？	Hái zi jǐ suì le? **孩子几岁了？** ハイ ツ ヂー スゥイ ラ
□ もう歩けるようになりました。	Yǐ jing huì zǒu lù le. **已经会走路了。** イー ヂィン ホゥイ ヅォウ ルー ラ ※走路(歩く)「走」だけでもいい。
□ もう話せるようになりました。	Yǐ jing huì shōu huà le. **已经会说话了。** イー ヂィン ホゥイ シォウ ホゥア ラ
□ この子は少し人見知りします。	Zhèi ge hái zi yǒu diǎnr rèn shēng. **这个孩子有点儿认生。** ヂェイガ ハイ ヅ イオウ ディエル レン ション ※认生(人見知りする)
□ この子は本当に可愛いですね。	Zhèi ge hái zi zhēn hǎo wánr. **这个孩子真好玩儿。** ヂェイガ ハイ ヅ ヂェン ハオ ウアル ※好玩儿(面白い;可愛い)
	Zhèi ge hái zi zhēn dòu. **这个孩子真逗。** ヂェイガ ハイ ヅ ヂェン ドウ ※逗(面白い) 好玩儿と同じ。
□ この子はとても 　愛嬌があります	Zhèi ge hái zi zhēn zhāo rén xǐ huan. **这个孩子真招人喜欢。** ヂェイガ ハイ ヅ ヂェン ヂャオ レン シー ホゥアン ※招人喜欢(愛嬌がある;人に好かれる)
□ この子はおとなしいですね。	Zhèi ge hái zi zhēn tīng huà. **这个孩子真听话。** ヂェイガ ハイ ヅ ヂェン ティン ホゥア ※听话(おとなしくて、言うことを聞く)
	Zhèi ge hái zi zhēn guāi. **这个孩子真乖。** ヂェイガ ハイ ヅ ヂェン グゥアイ ※乖(おとなしい) 子供に使う。

第2章 日常生活編

□この子はしっかりしています。	Zhèi ge hái zi zhēn jiē shi. **这个孩子真结实。** ヂェイガ ハイ ヅ ヂェンヂィエシー	

※结实(たくましい;体がしっかりしている)

□この子はいたずらっ子ですね。

Zhèi ge hái zi zhēn táo qì.
这个孩子真淘气。
ヂェイガ ハイ ヅ ヂェン タオ チー

※淘气(いたずらである)

Zhèi ge hái zi zhēn tiáo pí.
这个孩子真调皮。
ヂェイガ ハイ ヅ ヂェンティアオ ピィー

※调皮(いたずらである) 淘气と同じ。

□この子は言うことを
　聞かないですね。

Zhèi ge hái zi zhēn bù tīng huà.
这个孩子真不听话。
ヂェイガ ハイ ヅ ヂェンブー ティン ホゥア

Zhèi ge hái zi zhēn bù dǒng shì.
这个孩子真不懂事。
ヂェイガ ハイ ヅ ヂェンブー ドゥン シー

※懂事(物わかりがいい)

□私の子供は今年10歳で、
　小学校3年生です。

Wǒ hái zi jīn nián shí suì,
我孩子今年十岁,
ウオ ハイ ヅ ヂン ニィエンシースウイ

shàng xiǎo xué sān nián jí.
上小学三年级。
シァン シィアオ シュエ サン ニィエンヂー

□私の子供はもう大学生です。

Wǒ hái zi yǐ jing shàng dà xué le.
我孩子已经上大学了。
ウオ ハイ ヅ イー ヂィン シァン ダー シュエ ラ

□子供を抱っこします。

Bào hái zi.
抱孩子。
バオ ハイ ヅ

※抱(抱っこする;抱きしめる)

☐ 子供をおんぶします。

Bēi hái zi.
背孩子。
ベイ ハイ ヅ

※背（おんぶする；背負う）

☐ 子供を連れて外に遊びに行きます。

Dài hái zi dào wài biān qù wánr.
带孩子到外边去玩儿。
ダイ ハイ ヅ ダオ ワイ ビィエン チュイ ウアル

※带（連れる）

Lǐng hái zi dào wài biān qù wánr.
领孩子到外边去玩儿。
リン ハイ ヅ ダオ ワイ ビィエン チュイ ウアル

※领（連れる）子供に使う。

☐ 子供の面倒を見ます。

Kān hái zi.
看孩子。
カン ハイ ヅ

※看（子供や病人の面倒を見る）

☐ 子供をあやします。

Dòu hái zi.
逗孩子。
ドウ ハイ ヅ

※逗（あやす）

☐ 隠れんぼをして遊びます。

Wánr zhuō mí cáng.
玩儿捉迷藏。
ウアル ヂュオ ミー ツァン

※捉迷藏（隠れんぼ）

☐ ままごと遊びをします。

Wánr guò jiā jia.
玩儿过家家。
ウアル グゥオ ヂィア ヂィア

※过家家（ままごと）

第2章　日常生活編

3 時間と天気

日常会話でよく話題になる時間と天気についての基本表現を紹介します。

月日・曜日・時間　　　　　　　　　　　　　　Disc 1　33

☐ 今日は何月何日ですか？

Jīn tiān jǐ yuè jǐ hào?
今天几月几号？
ヂンティエンヂーユエジーハオ

☐ 今日は3月10日です。

Jīn tiān sān yuè shí hào.
今天三月十号。
ヂンティエンサンユエシーハオ

☐ 今日は何曜日ですか？

Jīn tiān xīng qī jǐ?
今天星期几？
ヂンティエンシィンチーヂー

☐ 今日は金曜日です。

Jīn tiān xīng qī wǔ.
今天星期五。
ヂンティエンシィンチーウー

☐ 来週の火曜日は給料日です。

Xià ge xīng qī èr fā gōng zī.
下个星期二发工资。
シィアガシィンチーアルファーゴゥンヅー

※发工资（給料が出る）

☐ 明日は彼女とデートです。

Míng tiān gēn nǚ péng you yuē huì.
明天跟女朋友约会。
ミィンティエンゲンニュイペンイオウユエホゥイ

※约会（約束・デートをする）

☐ 今、何時ですか？

Xiàn zài jǐ diǎn?
现在几点？
シィエンヅァイヂーディエン

☐ もうすぐ12時です。

Kuài shí èr diǎn le.
快十二点了。
クゥアイシーアルディエンラ

☐ 12時過ぎです。	Shí èr diǎn duō le. **十二点多了。** シー アル ディエン ドゥオ ラ
☐ もうこんな時間ですか？	Dōu zhè me wǎn le? **都这么晚了？** ドウ ヂァーマ ウアンラ
☐ まだ早いですよ。	Hái zǎo ne. **还早呢。** ハイ ヅァオ ナ
☐ 私の時計は正確ではありません。	Wǒ de shǒu biǎo bù zhǔn. **我的手表不准。** ウオ ダ シォウ ビィアオ ブー ヂュン ※准（正確である）
☐ 私の時計は少し進んでいます。	Wǒ de shǒu biǎo yǒu diǎnr kuài. **我的手表有点儿快。** ウオ ダ シォウ ビィアオ イオウ ディエル クゥアイ ※快（時計の場合、進んでいるという意味）
☐ 私の時計は少し遅れています。	Wǒ de shǒu biǎo yǒu diǎnr màn. **我的手表有点儿慢。** ウオ ダ シォウ ビィアオ イオウ ディエル マン ※慢（時計の場合、遅れているという意味）
☐ 私の時計は5分早いです。	Wǒ de shǒu biǎo kuài wǔ fēn zhōng. **我的手表快五分钟。** ウオ ダ シォウ ビィアオ クゥアイ ウー フェン ヂォン
☐ 私の時計は3分遅いです。	Wǒ de shǒu biǎo màn sān fēn zhōng. **我的手表慢三分钟。** ウオ ダ シォウ ビィアオ マン サン フェン ヂォン

第2章 日常生活編

📖 「時間表現」の単語コラム（p.303）も参照してください。

時間がありません。	Méi shí jiān le. **没时间了。**
	Shí jiān hěn jǐn. **时间很紧。** ※紧(余裕がない) 時間や金銭の面でよく使う。
時間が足りません。	Shí jiān bú gòu le. **时间不够了。**
時間はたくさんあります。	Shí jiān yǒu de shì. **时间有的是。** ※有的是(あまるほどある)
丸1日あります。	Yǒu yì zhěng tiān de shí jiān. **有一整天的时间。**
何時間テレビを見ましたか？	Nǐ kàn le jǐ ge xiǎo shí diàn shì? **你看了几个小时电视？**
1時間テレビを見ました。	Kàn le yí ge xiǎo shí diàn shì. **看了一个小时电视。**
丸1日かけて やっと終わりました。	Wǒ huā le yì zhěng tiān cái bǎ zhèi ge zuò wán. **我花了一整天才把这个做完。**

天気

Disc 1　34

- 今日の天気はどうですか？

  Jīn tiān tiān qì zěn me yàng?
  今天天气怎么样？

  Jīn tiān tiān qì hǎo ma?
  今天天气好吗？

- 今日はすごくいい天気です。

  Jīn tiān tiān qì tè bié hǎo.
  今天天气特别好。

  Jīn tiān shì ge dà hǎo tiān.
  今天是个大好天。

  ※大好天（とても天気がいい）

- 今日は暑くもなく、寒くもなく、ちょうどいいです。

  Jīn tiān bù lěng bú rè, zhèng hǎo.
  今天不冷不热，正好。

- 今日はよく晴れています。

  Jīn tiān shì ge dà qíng tiān.
  今天是个大晴天。

  Jīn tiān tài yáng tè bié dà.
  今天太阳特别大。

  ※太阳大（よく晴れている）

- 天気予報によると、午後は雨が降ります。

  Tiān qì yù bào shuō, jīn tiān xià wǔ xià yǔ.
  天气预报说，今天下午下雨。

  Tiān qì yù bào shuō, jīn tiān xià wǔ yǒu yǔ.
  天气预报说，今天下午有雨。

- 明日は風が強いです。

  Míng tiān guā fēng.
  明天刮风。

第2章　日常生活編

□ 天気予報はよく当たりますね。

Tiān qì yù bào hěn zhǔn.
天气预报很准。
ティエン チー ユイ バオ ヘン ヂュン

□ 最近の天気予報は
　当たりませんよ。

Zuì jìn de tiān qì yù bào bù zhǔn.
最近的天气预报不准。
ヅゥイ ヂン ダ ティエン チー ユイ バオ ブー ヂュン

単語コラム

干支の言い方

zǐ shǔ **子鼠** ツー シュー	chǒu niú **丑牛** チョウ ニィウ	yín hǔ **寅虎** イン ホゥ	mǎo tù **卯兔** マオ トゥー
chén lóng **辰龙** チェン ロゥン	sì shé **巳蛇** スー シァー	wǔ mǎ **午马** ウー マー	wèi yáng **未羊** ウエイ ヤン
shēn hóu **申猴** シェン ホウ	yǒu jī **酉鸡** イオウ ヂー	xū gǒu **戌狗** シュイ ゴウ	hài zhū **亥猪** ハイ ヂゥー

　　　私は寅年です
○ 我是属虎的。
× 我是属寅虎的。

第3章

食事・喫茶編

予約する→注文する→お勘定をするというレストランでの一連の会話フレーズを中心に、飲み会やカラオケでよく使う表現も収録しています。喫茶店やファストフード店での決まった言い方も覚えておくと便利でしょう。

1 レストラン

予約・注文からお勘定まで、レストランで食事をするときの必須フレーズです。

予約する

Disc 1　35

□ もしもし、明日の夜、予約したいのですが。

Wéi, míng tiān wǎn shang wǒ xiǎng dìng yì zhuō fàn.
喂，明天晚上我想订一桌饭。
ウエイ　ミン ティエン ウアン シァン ウオ シィアン ディン イー ヂゥオ ファン

※订（予約する）
※一桌（テーブル1つ）

□ かしこまりました。何名様でしょうか？

[お店]

Míng bai le. Nín jǐ wèi?
明白了。您几位？
ミン バイ ラ　ニン ジー ウエイ

※您几位（何名様）お客さんに対する丁寧な言い方。

□ 4人です。

Wǒ men sì ge rén.
我们四个人。
ウオ メン スー ガ レン

□ 個室と普通席、どちらがご希望でしょうか？

[お店]

Nín yào dān jiān hái shi yào sǎn zuò?
您要单间还是要散坐？
ニン ヤオ ダン ヂィエン ハイ シー ヤオ サン ヅゥオ

※单间（個室）
※散坐（一般席）

□ 個室は別料金がかかりますか？

Dān jiān lìng jiā qián ma?
单间另加钱吗？
ダン ヂィエン リン ヂィア チィエン マ

※另（さらに；別に）

□ いいえ、追加料金はありません。	**お店** Bú lìng jiā qián. **不另加钱。** ブー リン ヂィア チィエン Bú yào qián. **不要钱。** ブー ヤオ チィエン Miǎn fèi. **免费。** ミィエン フェイ
□ 10%のサービス料をちょうだいします。	**お店** Wǒ men shōu bǎi fēn zhī shí de fú wù fèi. **我们收百分之十的服务费。** ウオ メン シォウ バイ フェンヂー シー ダ フゥーウー フェイ ※收（徴収する；請求する）
□ 個室をお願いします。	Wǒ yào yí ge dān jiān. **我要一个单间。** ウオ ヤオ イー ガ ダン ヂィエン
□ 料理はどうしましょうか？	**お店** Nín yào shén me biāo zhǔn? **您要什么标准？** ニン ヤオ シェンマ ビィアオ ヂゥン ※标准（料理の値段）
□ 1人、いくらでしょうか？	Yí ge rén duō shao biāo zhǔn? **一个人多少标准？** イー ガ レン ドゥオ シァオ ビィアオ ヂゥン
□ お1人様500元でお願いします。	**お店** Yí ge rén wǔ bǎi kuài. **一个人 500 块。** イー ガ レン ウーバイ クゥアイ
□ 何時に来られますか？	**お店** Nín jǐ diǎn dào? **您几点到？** ニン ジー ディエンダオ

第3章 食事・喫茶編

☐ 夜の7時くらいになります。	Wǎn shang qī diǎn zuǒ yòu. **晚上七点左右。** ウアン シャン チー ディエン ヅゥオ ヨウ	

☐ 飲み物は着いてから
　注文します。

Jiǔ shuǐ dào le yǐ hòu zài diǎn.
酒水到了以后再点。
ヂィウ シゥイ ダオ ラ イー ホウ ヅァイ ディエン

※酒水(飲み物) 飲み物の全般的な言い方。

☐ ご来店をお待ちしております。
　さようなら。

`お店`

Gōng hòu nín de guāng lín. Zài jiàn.
恭候您的光临。再见。
ゴゥン ホウ ニン ダ グゥアン リン　ヅァイ ヂィエン

※恭候光临(ご来店をお待ちしております)

料理について聞く　　　　　　　　　　　Disc 1　36

☐ すみません、
　メニューを見せてください。

Fú wù yuán,
服务员，
フゥー ウー ユアン

qǐng bǎ cài dān gěi wǒ kàn kan.
请把菜单给我看看。
チィン バー ツァイ ダン ゲイ ウオ カン カン

Bǎ cài pǔ gěi wǒ kàn kan.
把菜谱给我看看。
バー ツァイ プゥー ゲイ ウオ カン カン

☐ メニューはありますか？

Yǒu cài dān ma?
有菜单吗？
イオウ ツァイ ダン マ

Yǒu cài pǔ ma?
有菜谱吗？
イオウ ツァイ プゥー マ

☐ この店のお勧めは何ですか？

Nǐ men zhèi ge diàn shén me hǎo chī?
你们这个店什么好吃？
ニー メン ヂェイ ガ ディエン シェン マ ハオ チー

☐ この店の得意料理を勧めてくれませんか？	Qǐng nǐ tuī jiàn jǐ ge yǒu tè sè de cài. **请你推荐几个有特色的菜。** チィンニー トゥイ ディエンジーガ イオウタァー スァ ダ ツァイ ※推荐（薦める；推薦する）
☐ シェフの得意料理は何ですか？	Chú shī de ná shǒu cài shì shén me? **厨师的拿手菜是什么？** チューシー ダ ナー ショウツァイシー シェン マ ※厨师（シェフ） ※拿手（得意である） Chú shī shén me ná shǒu? **厨师什么拿手？** チューシー シェン マ ナー ショウ
☐ 今日のサービス品は何ですか？	Jīn tiān shén me shì tè jià? **今天什么是特价？** ヂィンティエン シェンマ シー タァー ディア ※特价（サービス品）
☐ 郷土料理はありますか？	Yǒu dāng dì de fēng wèir cài ma? **有当地的风味儿菜吗？** イオウダン ディー ダ フォン ウエル ツァイ マ ※当地风味儿（地元の料理）

注文する　　　　　Disc 1　37

	接客係
☐ ご注文はお決まりでしょうか？	Nín diǎn cài ma? **您点菜吗？** ニン ディエンツァイマ Nín diǎn diǎnr shén me? **您点点儿什么？** ニン ディエンディエル シェン マ
☐ これとこれ、それからこれをください。	Yào zhèi ge, zhèi ge, hái yǒu zhèi ge. **要这个，这个，还有这个。** ヤオ ヂェイガ ヂェイガ ハイ イオウヂェイガ

☐ それから、これもください。	Zài yào yí ge zhèi ge. **再要一个这个。** ツァイヤオ イー ガ ヂェイガ
☐ 他はよろしいですか？	接客係 Nín hái yào bié de ma? **您还要别的吗？** ニン ハイ ヤオ ビエ ダ マ Nín hái yào diǎnr shén me? **您还要点儿什么？** ニン ハイ ヤオ ディエル シェンマ
☐ いいえ、これで結構です。	Bú yào le, zhèi xiē jiù gòu le. **不要了，这些就够了。** ブー ヤオ ラ ヂェイ シィエ ヂィウ ゴウ ラ ※够（足りる）
☐ 飲み物は何が よろしいでしょうか？	接客係 Yào shén me yǐn liào? **要什么饮料？** ヤオ シェン マ イン リィアオ
☐ ビールはどんなものが ありますか？	Dōu yǒu shén me pí jiǔ? **都有什么啤酒？** ドウ イオウシェンマ ピー ヂィウ
☐ 生ビールはありますか？	Yǒu zhā pí ma? **有扎啤吗？** イオウ ヂァー ピー マ ※扎啤（生ビール）
☐ 青島、燕京、それから 日本のビールもあります。	接客係 Yǒu Qīng dǎo pí jiǔ, Yàn jīng pí jiǔ, **有青岛啤酒，燕京啤酒，** イオウチィンダオ ピー ヂィウ ヤン ヂィンピー ヂィウ hái yǒu Rì běn de pí jiǔ. **还有日本的啤酒。** ハイ イオウリー ベン ダ ピー ヂィウ

☐ 日本のビールの銘柄は何ですか？	Rì běn de shén me piánr de? **日本的什么牌儿的？**
☐ スーパードライです。	接客係 Yǒu Shū bō lè. **有舒波乐。** ※舒波乐（スーパードライの中国名）
☐ 冷えているのがありますか？	Yǒu bīng zhèn de ma? **有冰镇的吗？** ※冰镇（冷えている）中国人は冷たいものを口にする習慣があまりないため、冷えていない飲み物もある。
☐ 冷えているものとそうでないもの、両方あります。	接客係 Bīng zhèn de hé méi bīng zhèn de dōu yǒu. **冰镇的和没冰镇的都有。**
☐ 冷えているものをください。	Wǒ yào bīng zhèn de. **我要冰镇的。**
☐ ワインはありますか？	Yǒu pú tao jiǔ ma? **有葡萄酒吗？**
☐ あります。赤ワインも白ワインもあります。	接客係 Yǒu. hóng de, bái de dōu yǒu. **有。红的，白的都有。**
☐ 輸入物はありますか？	Yǒu jìn kǒu de ma? **有进口的吗？** ※进口（輸入；輸入する）

第3章 食事・喫茶編

単語コラム

料理・飲み物

中文	ピンイン/カナ	日本語
北京菜	Běi jīng cài / ベイ ヂィン ツァイ	北京料理
上海菜	Shàng hǎi cài / シァン ハイ ツァイ	上海料理
川菜	Chuān cài / チュアン ツァイ	四川料理
广东菜	Guǎng dōng cài / グゥアン ドゥン ツァイ	広東料理
米饭	mǐ fàn / ミー ファン	ご飯
粥	zhōu / ヂォウ	お粥
面条	miàn tiáo / ミィエン ティアオ	めん類
北京烤鸭	Běi jīng kǎo yā / ベイ ヂィン カオ ヤー	北京ダック
饺子	jiǎo zi / ヂィアオ ヅ	餃子
馒头	mán tou / マン トウ	(中身のない)饅頭
馄饨	hún tun / ホゥン ドゥン	ワンタン
甜点	tián diǎn / ティエン ディエン	デザート
蛋糕	dàn gāo / ダン ガオ	ケーキ
冰激淋	bīng jī lín / ビン ヂー リン	アイスクリーム
杏仁豆腐	xìng rén dòu fu / シィン レン ドウ フゥー	杏仁豆腐
水果	shuǐ guǒ / シゥイ グゥオ	果物
咖啡	kā fēi / カーフェイ	コーヒー
红茶	hóng chá / ホン チァー	紅茶
绿茶	lǜ chá / リュイ チァー	緑茶
花茶	huā chá / ホゥア チァー	ジャスミン茶
乌龙茶	wū lóng chá / ウー ロゥン チァー	ウーロン茶
果汁	guǒ zhī / グゥオ ヂー	ジュース
矿泉水	kuàng quán shuǐ / クゥアン チュアン シゥイ	ミネラルウォーター
可乐	kě lè / カー ラー	コーラ
酒	jiǔ / ヂウ	お酒
啤酒	pí jiǔ / ピー ヂウ	ビール
扎啤	zhā pí / ヂャー ピー	生ビール
白酒	bái jiǔ / バイ ヂウ	白酒
烧酒	shāo jiǔ / シァオ ヂウ	焼酎
红葡萄酒	hóng pú tao jiǔ / ホン プゥー タオ ヂウ	赤ワイン
白葡萄酒	bái pú tao jiǔ / バイ プゥー タオ ヂウ	白ワイン
威士忌	wēi shì jì / ウエイ シー ヂー	ウイスキー

料理についての要求

Disc 1　38

☐ まず料理を持ってきてください。

Xiān gěi wǒ men shàng cài ba.
先给我们上菜吧。
シィエン ゲイ ウオ メン シァン ツァイ バ

※上（飲食店で注文した物を出す）

☐ まず飲み物を持ってきてください。

Xiān shàng yǐn liào ba.
先上饮料吧。
シィエン シァン イン リィアオ バ

☐ ご飯は最後にしてください。

Mǐ fàn zuì hòu zài shàng.
米饭最后再上。
ミー ファン ヅゥイ ホウ ヅァイ シァン

☐ 料理は辛さを控えめにしてください。

Cài bié zuò tài là le.
菜别做太辣了。
ツァイ ビエ ヅゥオ タイ ラー ラ

※别（〜しないで；〜するな）
※辣（辛い）
※太〜了（とても〜；非常に〜）程度を表す。

Bié tài là le.
别太辣了。
ビエ タイ ラー ラ

☐ 料理は塩気を控えめにしてください。

Cài bié zuò tài xián le.
菜别做太咸了。
ツァイ ビエ ヅゥオ タイ シィエン ラ

※咸（塩辛い）

☐ 油を少なめにしてください。

Shǎo fàng diǎnr yóu.
少放点儿油。
シァオ ファン ディエル イオウ

※放（〜の中に入れる）

第3章　食事・喫茶編

☐ 料理はどんどん 持って来てください。	Cài shàng de kuài yì diǎnr. **菜上得快一点儿。** ツァイ シァンダ クゥアイ イー ディエル ※快（速い） Kuài diǎnr shàng cài. **快点儿上菜。** クゥアイ ディエル シァン ツァイ
☐ 料理はゆっくりで お願いします。	Cài shàng de màn yì diǎnr. **菜上得慢一点儿。** ツァイ シァンダ マン イー ディエル ※慢（遅い；ゆっくりの）

追加注文　　　　　　　　　　　　　　　　Disc 1　39

☐ メニューをもう一度 見せてください。	Qǐng zài gěi wǒ kàn yí xià cài dān. **请再给我看一下菜单。** チィン ツァイ ゲイ ウオ カン イー シィア ツァイダン Zài bǎ cài dān gěi wǒ kàn kan. **再把菜单给我看看。** ツァイ バー ツァイダン ゲイ ウオ カン カン
☐ 料理が足りないので、 1つ追加してください。	Wǒ men de cài bú gòu le, **我们的菜不够了，** ウオ メンダ ツァイ ブー ゴウ ラ zài yào yí ge. **再要一个。** ツァイ ヤオ イー ガ
☐ この料理をもう1つ 追加してください。	Zhèi ge cài zài lái yì pánr. **这个菜再来一盘儿。** ヂェイ ガ ツァイ ツァイ ライ イー パール ※盘（皿） Zhèi ge cài zài yào yí ge. **这个菜再要一个。** ヂェイ ガ ツァイ ツァイ ヤオ イー ガ

☐ ビールをもう1本 　追加してください。	Zài yào yì píng pí jiǔ. **再要一瓶啤酒。** ツァイ ヤオ イー ピン ピー ヂィウ
	Pí jiǔ zài lái yì píng. **啤酒再来一瓶。** ピー ヂィウ ツァイ ライ イー ピン
☐ すみません、お茶をください。	Fú wù yuán, shàng yì hú chá. **服务员，上一壶茶。** フゥー ウー ユアン シァン イー フゥ チァー ※壶（急須）
☐ 少しお湯を足してください。	Zài duì diǎnr kāi shuǐ. **再对点儿开水。** ツァイ ドゥイ ディエル カイ シゥイ ※对（〜に足す；〜に入れる）

催促する　　　　　　　　　　　　　　　　　　Disc 1　40

☐ 注文した料理はまだですか？	Wǒ men de cài zěn me hái méi lái? **我们的菜怎么还没来？** ウオ メン ダ ツァイ ヅェンマ ハイ メイ ライ ※怎么（なぜ；どうして）
☐ どうしてこんなに時間が 　かかるのですか？	Zěn me zhè me cháng shí jiān? **怎么这么长时间？** ヅェンマ ヂァーマ チャン シー ヂィエン
	Zěn me děng zhè me cháng shí jiān? **怎么等这么长时间？** ヅェンマ デン ヂァーマ チャン シー ヂィエン ※等（待つ）
☐ すみません、 　催促してください。	Má fan nǐ, gěi wǒ men cuī yí xià. **麻烦你，给我们催一下。** マー ファン ニー ゲイ ウオ メン ツゥイ イー シィア ※催（促す；催促する）

□ わかりました、見てまいります。	接客係 Zhī dao le, **知道了，** ヂー ダオ ラ Wǒ zhèi jiù gěi nín qù kàn kan. **我这就给您去看看。** ウオ ヂェイ ヂィウ ゲイ ニン チュイ カン カン

味と好みについて　　　　　　　　　　Disc 1　41

□ 味はいかがでしょうか？	接客係 Wèi dào zěn me yàng? **味道怎么样？** ウエイ ダオ ヅェンマ ヤン ※味道（味；味つけ）
□ まあまあです。	Hái xíng ba. **还行吧。** ハイ シィン バ Yì bān ba. **一般吧。** イー バン バ ※一般（普通の）良くも悪くもない時に使う表現。 Còu he. **凑合。** ツォウ ハー ※凑合（普通の）上の表現と同様。
□ 味は悪くありません。	Bù nán chī. **不难吃。** ブー ナン チー Wèi dào bú cuò. **味道不错。** ウエイ ダオ ブー ツゥオ ※不错（悪くない）肯定的な意味。

□ 本当に美味しいですね。

Wèi dào hǎo jí le.
味道好极了。
ウエイダオ ハオ ヂー ラ

※好极了(とても良い;すごく良い)

Tǐng hǎo chī de.
挺好吃的。
ティン ハオ チー ダ

Zhēn hǎo chī.
真好吃。
ヂェン ハオ チー

※真(とても) 口語でよく使う。

Zhēn bàng.
真棒。
ヂェン バン

※真棒(素晴らしい;最高の)

Hǎo chī jí le.
好吃极了。
ハオ チー ヂー ラ

□ お口に合いますか？

接客係

Hé nín de kǒu wèi ma?
合您的口味吗？
ハー ニン ダ コウ ウエイマ

※口味(味の好み)

□ ここの海鮮料理は絶品です。

Zhèr de hǎi xiān nǎr yě bǐ bú shàng.
这儿的海鲜哪儿也比不上。
ヂァール ダ ハイ シィエンナール イエ ビー ブー シァン

Zhèr de hǎi xiān nǎr yě bǐ bù liǎo.
这儿的海鲜哪儿也比不了。
ヂァール ダ ハイ シィエンナール イエ ビー ブー リィアオ

※比不上/比不了(及ばない)

Zhèr de hǎi xiān jué le.
这儿的海鲜绝了。
ヂァール ダ ハイ シィエンヂュエラ

※绝了(この上ない)

第3章 食事・喫茶編

☐ ここの料理は 安くて美味しいです。	Zhèr de cài yòu pián yi yòu hǎo chī. **这儿的菜又便宜又好吃。** ヂァール ダ ツァイ イオウ ピィエンイー イオウ ハオ チー	

※又～又～（並列の言い方）

☐ ここの料理は美味しいけれど、ちょっと高いです。

Zhèr de cài hǎo chī shì hǎo chī,
这儿的菜好吃是好吃，
ヂァール ダ ツァイ ハオ チー シー ハオ チー

jiù shì yǒu diǎnr guì le.
就是有点儿贵了。
ヂィウ シー イオウ ディエル グゥイ ラ

☐ ここの料理は味は
いまいちだけど、安いです。

Zhèr de cài wèi dào yì bān,
这儿的菜味道一般，
ヂァール ダ ツァイ ウエイ ダオ イー バン

dàn shì fēi cháng pián yi.
但是非常便宜。
ダン シー フェイ チャン ピィエンイー

☐ ここの料理は経済的です。

Zhèr fēi cháng shí huì.
这儿非常实惠。
ヂァール フェイ チャン シー ホゥイ

Zhèr fēi cháng jīng jì shí huì.
这儿非常经济实惠。
ヂァール フェイ チャン ヂィン ヂー シー ホゥイ

※实惠 / 经济实惠（経済的な）

☐ ここの料理は見た目は
いいけれど、美味しくないですね。

Zhèr de cài hǎo kàn bù hǎo chī.
这儿的菜好看不好吃。
ヂァール ダ ツァイ ハオ カン ブー ハオ チー

☐ ここの料理は経済的では
ありません。

Zhèr de cài yì diǎnr dōu bù shí huì.
这儿的菜一点儿都不实惠。
ヂァール ダ ツァイ イー ディエル ドウ ブー シー ホゥイ

☐ ここはぼったくりですね。

Zhèr zhēn zǎi rén.
这儿真宰人。
ヂァール ヂェン ヅァイ レン

※宰（ぼったくる）本来、「殺す」という意味。

□ あなたは何料理が好きですか？	Nǐ xǐ huan chī shén me? **你喜欢吃什么？** ニー シー ホゥアン チー シェン マ	
□ 私はフランス料理が好きです。	Wǒ xǐ huan chī Fǎ guó cài. **我喜欢吃法国菜。** ウオ シー ホゥアン チー ファー グゥオ ツァイ	
□ 私は広東料理が好きです。	Wǒ xǐ huan chī Guǎng dōng cài. **我喜欢吃广东菜。** ウオ シー ホゥアン チー グゥアン ドゥン ツァイ	
	Wǒ xǐ huan chī Guǎng dōng fēng wèir. **我喜欢吃广东风味儿。** ウオ シー ホゥアン チー グゥアン ドゥン フォン ウエイル	
□ 私は辛いのが好きです。	Wǒ xǐ huan chī là de. **我喜欢吃辣的。** ウオ シー ホゥアン チー ラー ダ	
□ ここの料理が気に入ったので、また来ましょう。	Zhèr de cài bú cuò, xià cì hái lái. **这儿的菜不错，下次还来。** ヂァール ダ ツァイ ブー ツゥオ シィア ツー ハイ ライ	
□ 彼はとても食欲があります。	Tā de wèi kǒu hěn hǎo. **他的胃口很好。** ター ダ ウエイ コウ ヘン ハオ ※胃口（食欲）	
	Tā hěn néng chī. **他很能吃。** ター ヘン ネン チー ※能吃（よく食べる；たくさん食べる）	
□ 彼は食べることにこだわりがあります。	Tā duì chī hěn jiǎng jiu. **他对吃很讲究。** ター ドゥイ チー ヘン ヂィアン ヂィウ	
	Tā zài chī shang hěn jiǎng jiu. **他在吃上很讲究。** ター ヅァイ チー シァン ヘン ヂィアン ヂィウ ※讲究（気にする；こだわる）	

第3章 食事・喫茶編

持ち帰り　　　　　　　　　　　　　　　　　　　　　Disc 1　42

- [ ] すみません、
  持ち帰りをお願いします。

  Fú wù yuán, qǐng dǎ bāo.
  服务员，请打包。
  フゥー　ウー　ユアン　チン　ダー　バオ

  ※打包（残り物を持ち帰る）

- [ ] すみません、これを
  持ち帰りにしてください。

  Fú wù yuán, wǒ men zhèi ge dài huí qu.
  服务员，我们这个带回去。
  フゥー　ウー　ユアン　ウオ　メン　ヂェイガ　ダイ　ホウイチュイ

  Wǒ men zhèi ge dǎ bāo.
  我们这个打包。
  ウオ　メン　ヂェイガ　ダー　バオ

- [ ] これとこれ、それからこれを
  持ち帰ります。

  Zhèi ge, zhèi ge, hái yǒu zhèi ge dǎ bāo.
  这个，这个，还有这个打包。
  ヂェイガ　　ヂェイガ　　ハイ　イオウ　ヂェイガ　ダー　バオ

接客係

- [ ] これもお持ち帰りですか？

  Zhèi ge yě dǎ bāo ma?
  这个也打包吗？
  ヂェイガ　イエ　ダー　バオ　マ

- [ ] それは結構です。

  Zhèi ge bú yào le.
  这个不要了。
  ヂェイガ　ブー　ヤオ　ラ

  Zhèi ge jiù suàn le.
  这个就算了。
  ヂェイガ　ヂィウ　スゥアンラ

  ※算了（もういい；もう結構だ）

勘定　　　　　　　　　　　　　　　　　　　　　　Disc 1　43

- [ ] すみません、
  勘定をお願いします。

  Fú wù yuán, qǐng jié zhàng.
  服务员，请结帐。
  フゥー　ウー　ユアン　チン　ヂィエヂャン

  ※结帐（勘定する；精算する）

□ すみません、勘定はどこでするのですか？	Qǐng wèn, zài nǎr jié zhàng? **请问，在哪儿结帐？** チン ウエン ヅァイ ナール ヂエ ヂャン

接客係

□ 入口のサービスカウンターです。	Zài mén kǒu de fú wù tái. **在门口的服务台。** ヅァイ メン コウ ダ フー ウー タイ ※服务台（サービスカウンター）
□ 今日は私のおごりですよ。	Jīn tiān wǒ qǐng kè. **今天我请客。** ヂン ティエン ウオ チン カー ※请客（おごる；ごちそうする）
	Jīn tiān wǒ lái. **今天我来。** ヂン ティエン ウオ ライ ※我来（私がおごる）「我做东」も同じ意味。
□ 本当にありがとうございます。	Tài xiè xie nǐ le. **太谢谢你了。** タイ シィエ シィエ ニー ラ
	Zhēn bù hǎo yì si. **真不好意思。** ヂェン ブー ハオ イー ス
	Ràng nǐ pò fèi le. **让你破费了。** ラン ニー ポー フェイ ラ ※ごちそうしてくれた人に対する感謝の言葉。「お金を使わせてごめんなさい」の意。
□ では、お言葉に甘えて。	Nà wǒ jiù bú kè qi le. **那我就不客气了。** ナー ウオ ヂウ ブー カー チ ラ
□ 勘定は別々にしてください。	Qǐng fēn zhe suàn. **请分着算。** チン フェン ヂァ スゥアン ※分着（別々に）

第3章 食事・喫茶編

□ 私たちは割り勘です。

Wǒ men A A zhì.
我们 A A 制。
ウオ メン A A ヂー

※AA制（割り勘）新しい言葉。

Wǒ men gè fù gè de.
我们各付各的。
ウオ メン ガー フゥー ガー ダ

※各付各的（自分の分を自分で支払う）

□ 領収書をください。

Qǐng kāi zhāng fā piào.
请开张发票。
チィン カイ ヂャン ファー ピィアオ

※开发票（領収書を発行する）

2 食事会

飲み会やカラオケにも安心して参加できるように、基本フレーズを知っておきましょう。

飲みに行く   Disc 1   44

□ あなたは何を飲みますか？

Nǐ hē shén me?
你喝什么？
ニー ハー シェンマ

Nǐ hē diǎnr shén me?
你喝点儿什么？
ニー ハー ディエル シェンマ

□ とりあえずビールをください。

Xiān lái píng pí jiǔ ba.
先来瓶啤酒吧。
シィエンライ ピン ピー ヂウ バ

□ 生ビールをください。

Wǒ yào zhā pí.
我要扎啤。
ウオ ヤオ ヂャーピー

Lái yì bēi zhā pí.
来一杯扎啤。
ライ イー ペイ ヂャーピー

□ このお酒はちょっと強いですね。

Zhèi ge jiǔ jìnr tài dà le.
这个酒劲儿太大了。
ヂェイガ ヂウ ヂール タイ ダー ラ

※酒劲（お酒の度数）

□ ワインにしましょうか？

Hē diǎnr pú tao jiǔ ba.
喝点儿葡萄酒吧。
ハー ディエル プータオ ヂウ バ

Hē pú tao jiǔ zěn me yàng?
喝葡萄酒怎么样？
ハー プータオ ヂウ ヅェンマ ヤン

□ 焼酎はいかがでしょうか？

Hē diǎnr shāo jiǔ ba.
喝点儿烧酒吧。
ハー ディエル シァオ ヂウ バ

第3章 食事・喫茶編

□ 氷を入れますか？

Jiā bīng ma?
加冰吗？
ヂア ビン マ

Yào bīng kuàir ma?
要冰块儿吗？
ヤオ ビン クゥアル マ

□ 水割りにしますか？

Jiā shuǐ ma?
加水吗？
ヂア シゥイ マ

□ おつまみは何にしましょうか？

Yào diǎnr shén me xià jiǔ cài?
要点儿什么下酒菜？
ヤオ ディエル シェン マ シィア ヂゥ ツァイ

※下酒菜（お酒のつまみ）

□ 前菜を1つください。

Yào yì pánr liáng cài.
要一盘儿凉菜。
ヤオ イー パール リィアン ツァイ

※凉菜（前菜）

Lái pánr liáng cài ba.
来盘儿凉菜吧。
ライ パール リィアン ツァイ バ

□ では、私たちの
　友情のために乾杯。

Lái, wèi wǒ men de yǒu yì gān bēi.
来，为我们的友谊干杯。
ライ ウエイ ウォ メン ダ イオウ イー ガン ペイ

※友谊（友情）
※干杯（乾杯）最初の乾杯は飲み干す習慣がある。

□ では、私たちの
　集まりのために乾杯。

Lái, wèi wǒ men de xiāng jù gān bēi.
来，为我们的相聚干杯。
ライ ウエイ ウォ メン ダ シィアン デュイ ガン ペイ

※相聚（集まる；集まり）

□ では、どうぞ召し上がって
　ください。

Lái, wǒ lái jìng nǐ yì bēi.
来，我来敬你一杯。
ライ ウオ ライ ヂィン ニー イー ペイ

※中国語特有の表現。相手に敬意を払ってお酒を勧める
　時の言葉。

□ 自分のペースで飲みましょう。	Suí yì, suí yì. **随意，随意。** スゥイ イー　スゥイ イー ※随意（自分のペースで飲む）
□ もうこれ以上は飲めませんよ。	Wǒ bù néng zài hē le. **我不能再喝了。** ウオ ブー ネン ヅァイ ハー ラ
□ 私はあまりお酒が飲めません。	Wǒ méi yǒu jiǔ liàng. **我没有酒量。** ウオ メイ イオウ ヂィウ リィアン ※酒量（飲めるお酒の量） Wǒ bú huì hē jiǔ. **我不会喝酒。** ウオ ブー ホゥイ ハー ヂィウ
□ 私はお酒が弱いです。	Wǒ hē bù duō. **我喝不多。** ウオ ハー ブー ドゥオ
□ 私は少し飲んだらすぐ顔が赤くなります。	Wǒ hē yì diǎnr liǎn jiù hóng. **我喝一点儿脸就红。** ウオ ハー イー ディエル リィエン ヂィウ ホン
□ 私はちょっと酔ってしまいました。	Wǒ yǒu diǎnr hē zuì le. **我有点儿喝醉了。** ウオ イオウ ディエル ハー ヅゥイ ラ Wǒ yǒu diǎnr hē duō le. **我有点儿喝多了。** ウオ イオウ ディエル ハー ドゥオ ラ

カラオケ

Disc 1　45

- 一緒にカラオケに行きませんか？

Zán men yì qǐ qù chàng kǎ lā ＯＫ ba.
咱们一起去唱卡拉ＯＫ吧。

Zán men yì qǐ qù liàn gē fáng ba.
咱们一起去恋歌房吧。

※恋歌房（歌の練習部屋）練歌房と同音。

- あなたは歌がとても上手だと聞きましたが。

Tīng shuō nǐ chàng gēr chàng de hěn hǎo.
听说你唱歌儿唱得很好。

- そんなにうまくはありません。趣味ですよ。

Chàng bù hǎo, xiā chàng.
唱不好，瞎唱。

※褒められた時に謙遜する言い方。

- どんな歌が好きですか？

Nǐ xǐ huan chàng shén me gēr?
你喜欢唱什么歌儿？

- 私は古い歌しか知りません。

Wǒ chàng de dōu shì lǎo gēr.
我唱的都是老歌儿。

※老歌（古い歌）

Wǒ zhǐ huì chàng lǎo gēr.
我只会唱老歌儿。

- 私は今の流行歌は知りません。

Xiàn zài de gēr wǒ dōu bú huì chàng.
现在的歌儿我都不会唱。

Xiàn zài de liú xíng gē qǔ,
现在的流行歌曲，
wǒ dōu bú huì chàng.
我都不会唱。

☐ あなたの十八番は何ですか？	Nǐ de ná shǒu gēr shì shén me? **你的拿手歌儿是什么？** ニー ダ ナー ショウ ガール シー シェンマ ※拿手歌儿（得意な歌）
☐ 私は歌うと音程が ずれてしまいます。	Wǒ yí chàng jiù pǎo diàor. **我一唱就跑调儿。** ウオ イー チャンヂィウ パオ ディアオル ※跑调（音がずれる）
☐ 私は音痴ですよ。	Wǒ wǔ yīn bù quán. **我五音不全。** ウオ ウー イン ブー チュアン ※五音不全（音に鈍感な；音痴の）
☐ 1曲どうぞ。	Nǐ lái yì shǒu ba. **你来一首吧。** ニー ライ イー ショウ バ ※首（歌の数え方）
☐ あなたの番ですよ。	Gāi nǐ le. **该你了。** ガイ ニー ラ Gāi nǐ chàng le. **该你唱了。** ガイ ニー チャンラ

同窓会　　　　　　　　　　　　　　Disc 1　46

☐ 来週の同窓会に参加しますか？	Xià ge xīng qī de tóng xué jù huì **下个星期的同学聚会** シィアガ シィンチー ダ トゥン シュエ ヂュイ ホゥイ nǐ lái ma? **你来吗？** ニー ライ マ
☐ もちろん、楽しみにしています。	Dāng rán qù le, wǒ tè béi xiǎng qù. **当然去了，我特别想去。** ダン ラン チュイラ ウオ タアー ビエ シィアンチュイ

- [ ] またお会いしましたね。

Wǒ men yòu jiàn miàn le.
我们又见面了。
ウオ メン イオウ ヂィエン ミィエン ラ

- [ ] 私たちは年を取りましたね。

Wǒ men dōu lǎo le.
我们都老了。
ウオ メン ドウ ラオ ラ

- [ ] 本当ですね。だって、子供はすでに大学生ですよ。

Kě bú shì ma.
可不是吗。
カー ブー シー マ

Hái zi dōu shàng dà xué le.
孩子都上大学了。
ハイ ヅ ドウ シィアン ダー シュエ ラ

- [ ] 私たちは年をとっても気持ちは若いです。

Wǒ men rén lǎo xīn bù lǎo.
我们人老心不老。
ウオ メン レン ラオ シィン ブー ラオ

- [ ] あなたたちに会うと、20年前、一緒に勉強した時のことを思い出します。

Jiàn dào nǐ men jiù xiǎng qǐ wǒ men
见到你们就想起我们
ヂィエン ダオ ニー メン ヂィウ シィアン チー ウオ メン

èr shi nián qián yì qǐ xué xí
二十年前一起学习
アル シー ニィエン チィエン イー チー シュエ シー

shí de shì qing.
时的事情。
シー ダ シー チィン

□ 時間が経つのは本当に早いですね。	Zhēn shì guāng yīn sì jiàn a. **真是光阴似箭啊。** Rì zi guò de zhēn kuài a. **日子过得真快啊。**
□ 本当ですね。20年があっと言う間ですね。	Kě bú shì ma, **可不是吗，** yì huàng èr shi nián guò qu le. **一晃二十年过去了。**
□ 私たちは本当に変わりましたね。	Wǒ men de biàn huà tài dà le. **我们的变化太大了。** Wǒ men de biàn huà zhēn dà. **我们的变化真大。**
□ 私たちの再会のために乾杯。	Wèi wǒ men de xiāng jù gān bēi. **为我们的相聚干杯。** Wèi wǒ men de xiāng féng gān bēi. **为我们的相逢干杯。**
□ 私たちの友情のために乾杯。	Wèi wǒ men de yǒu yì gān bēi. **为我们的友谊干杯。**

第3章 食事・喫茶編

3 喫茶店・ファストフード

喫茶店でよく使う言葉、ファストフード店の独特の表現を知っておきましょう。

喫茶店で

Disc 1 47

- [ ] すみませんが、近くにコーヒーショップはありますか？

Qǐng wèn, fù jìn yǒu kā fēi tīng ma?
请问，附近有咖啡厅吗？
チン ウエン フー ヂン イオウ カー フェイ ティン マ

- [ ] すみません、近くにスターバックスはありますか？

Qǐng wèn, fù jìn yǒu Xīng bā kè ma?
请问，附近有星吧客吗？
チン ウエン フー ヂン イオウ シン バー カー マ

- [ ] ご注文をどうぞ。

店員
Nín yào diǎnr shén me?
您要点儿什么？
ニン ヤオ ディエル シェン マ

Nín yòng diǎnr shén me?
您用点儿什么？
ニン ヨン ディエル シェン マ

Nín lái diǎnr shén me?
您来点儿什么？
ニン ライ ディエル シェン マ

- [ ] 他に何か？

店員
Hái yào shén me?
还要什么？
ハイ ヤオ シェン マ

Hái yào bié de ma?
还要别的吗？
ハイ ヤオ ビエ ダ マ

- [ ] いいえ、結構です。

Bú yào le. Gòu le.
不要了。够了。
ブー ヤオ ラ ゴウ ラ

□ 紅茶とチョコレートケーキを
ください。

Wǒ yào yì bēi hóng chá hé
我要一杯红茶和
ウオ ヤオ イー ベイ ホン チャー ハー

yí ge qiǎo kè lì dàn gāo.
一个巧克力蛋糕。
イー ガ チィアオ カー リー ダン ガオ

□ サンドイッチとホットミルクを
ください。

Wǒ yào yí ge sān míng zhì hé
我要一个三明治和
ウオ ヤオ イー ガ サン ミン ヂー ハー

yì bēi rè niú nǎi.
一杯热牛奶。
イー ベイ ラー ニィウ ナイ

ファストフード店で　　　　　Disc 1　48

□ チキンバーガーセットを
ください。

Yào yí ge mài xiāng jī tào cān.
要一个麦香鸡套餐。
ヤオ イー ガ マイ シィアン ジー タオ ツァン

□ コーラの中をください。

Yào yí ge zhōng kě lè.
要一个中可乐。
ヤオ イー ガ ヂォン カー ラー

Yào yí ge zhōng hào de kě lè.
要一个中号的可乐。
ヤオ イー ガ ヂォン ハオ ダ カー ラー

□ ハンバーガーとコーヒーを
ください。それから、
フライドポテトの中を
ください。

Yào yí ge hàn bǎo hé yì bēi kā fēi,
要一个汉堡和一杯咖啡，
ヤオ イー ガ ハン バオ ハー イー ベイ カー フェイ

zài yào yí ge zhōng hào de shǔ tiáo.
再要一个中号的薯条。
ヅァイ ヤオ イー ガ ヂォン ハオ ダ シュー ティアオ

□ フライドポテトは
少々お時間がかかりますが。

【店員】
Shǔ tiáo yào děng yí huìr.
薯条要等一会儿。
シュー ティアオ ヤオ デン イー ホゥル

第3章　食事・喫茶編

□ どのくらいかかりますか?	Děng duō cháng shí jiān? **等多长时间？** デン ドゥオ チャン シー ディエン
□ 5分ほどかかります。	店員 Dà yuē wǔ fēn zhōng zuǒ yòu. **大约五分钟左右。** ダー ユエ ウー フェン ヂョン ヅゥオ イオウ
□ トマトケチャップを 　もう1つください。	Qǐng zài gěi wǒ yí dàir fān qié jiàng. **请再给我一袋儿蕃茄酱。** チン ヅァイ ゲイ ウオ イー ダイル ファン チィエ ヂィアン
	Qǐng zài gěi wǒ yí dàir xī hóng shì jiàng. **请再给我一袋儿西红柿酱。** チン ヅァイ ゲイ ウオ イー ダイル シー ホン シー ヂィアン
□ ここで召し上がりますか? 　それともお持ち帰りですか?	店員 Nín zài zhèr yòng cān hái shi dài huí qu? **您在这儿用餐还是带回去？** ニン ヅァイ ヂァール イヨン ツアン ハイ シー ダイ ホゥイ チュイ
□ ここで食べます。	Wǒ zài zhèr chī. **我在这儿吃。** ウオ ヅァイ ヂァール チー
□ 持ち帰ります。	Wǒ dài zǒu. **我带走。** ウオ ダイ ヅォウ

第 ④ 章

ショッピング編

売り場を探す→商品を探す→試着する→購入するという流れに沿って、ショッピングの基本表現を紹介します。服を購入するケースを想定していますが、多くの表現はどんな商品でも使えます。サイズ、色、値段、好みを伝えるフレーズも充実しています。

1 商品を探す・決める

自分が買いたい商品をしっかり手に入れるための基本フレーズです。

売り場を探す

Disc 1 49

□ こんにちは、いらっしゃいませ。	店員 Nín hǎo, huān yíng guāng lín. **您好，欢迎光临。** ニン ハオ ホゥアン イン グゥアン リン
□ すみません、資生堂の化粧品を扱っていますか？	Qǐng wèn, yǒu Zī shēng táng **请问，有资生堂** チン ウエン イオウ ヅー ション タン huà zhuāng pǐn ma? **化妆品吗？** ホゥア ヂゥアン ピィン マ
□ 資生堂の化粧品売り場はどこですか？	Zī shēng táng huà zhuāng pǐn de guì tái **资生堂化妆品的柜台** ヅー ション タン ホゥア ヂゥアン ピィン ダ グゥイ タイ zài nǎr? **在哪儿？** ヅァイ ナール ※柜台（売り場；カウンター）
□ 婦人服は何階ですか？	Nǚ zhuāng zài jǐ céng? **女装在几层？** ニュイ ヂゥアン ヅァイ ヂー ツェン
□ グッチの専門店はありますか？	Yǒu Kù qí de zhuān mài diàn ma? **有库其的专卖店吗？** イオウ クゥー チー ダ ヂゥアン マイ ディエン マ
□ 申し訳ありませんが、ございません。	店員 Shí zài duì bu qǐ, méi yǒu. **实在对不起，没有。** シー ヅァイ ドゥイ ブー チー メイ イオウ

商品を探す

Disc 1　50

店員

□ 何をお探しでしょうか？

Nín xiǎng mǎi shén me?
您想买什么？
ニン シィアン マイ シェン マ

□ ちょっと見ているだけです。

Wǒ zhǐ shì kàn kan.
我只是看看。
ウオ ヂー シー カン カン

※只是（〜だけ；たった〜）

Wǒ suí biàn kàn kan.
我随便看看。
ウオ スゥイ ピィエン カン カン

□ いいのがあったら買いたいです。

Yǒu hé shì de wǒ jiù mǎi.
有合适的我就买。
イオウ ハー シー ダ ウオ ヂィウ マイ

※合适（合う；似合う）

□ スーツを買いたいのですが。

Wǒ xiǎng mǎi tào zhuāng.
我想买套装。
ウオ シィアン マイ タオ ヂゥアン

※套装（男女を問わず、スーツ）

□ コートを見たいのですが。

Wǒ xiǎng kàn yí xià dà yī.
我想看一下大衣。
ウオ シィアン カン イー シィア ダー イー

□ ブランドのバッグを
　買いたいです。

Wǒ xiǎng mǎi míng páir pí bāo.
我想买名牌儿皮包。
ウオ シィアン マイ ミィン パール ピィー バオ

※名牌（ブランド）

□ ちょっといい靴を
　買いたいです。

Wǒ xiǎng mǎi yì shuāng hǎo yì diǎnr de
我想买一双好一点儿的
ウオ シィアン マイ イー シゥアン ハオ イー ディエル ダ

pí xié.
皮鞋。
ピィー シィエ

※好一点儿的（比較的良いものを指す）

第4章　ショッピング編

素材について

Disc 1 　51

☐ これは何の素材でしょうか？

Zhèi shì shén me liào zi?
这是什么料子？
デェイシー　シェンマ　リィアオヅ

※料子 (材料；素材)

☐ これはウールです。

店員

Zhèi shì máo de.
这是毛的。
デェイシー　マオ　ダ

※毛 (ウール)

Zhèi shì chún máo de.
这是纯毛的。
デェイシー　チゥンマオ　ダ

※纯 (100%を指す)

☐ これはコットンです。

店員

Zhèi shì mián de.
这是棉的。
デェイシー　ミィエンダ

Zhèi shì chún mián de.
这是纯棉的。
デェイシー　チゥンミィエンダ

☐ これはシルクです。

店員

Zhèi shì sī chóu de.
这是丝绸的。
デェイシー　スー　チォウダ

☐ カシミヤ素材のものはありますか？

Yǒu yáng róng de ma?
有羊绒的吗？
イオウヤン　ロゥンダ　マ

※羊绒 (カシミヤ)

☐ すみません、売り切れです。

店員

Duì bu qǐ, mài wán le.
对不起，卖完了。
ドゥイ　ブー　チー　マイ　ウアンラ

- 私はウール100%のものが
  ほしいのですが、
  また入荷しますか？

  Wǒ xiǎng mǎi chún máo de, hái jìn huò ma?
  我想买纯毛的，还进货吗？
  ウオ シィアンマイチゥンマオ ダ　　ハイ ヂン ホゥオ マ

  ※进货（入荷する）

- 来週あたりに入荷します。

  店员

  Xià xīng qī zuǒ yòu jìn huò.
  下星期左右进货。
  シィアシィン チー ヅゥオ イオウ ヂン ホゥオ

サイズについて　　　　　　　　　　　　　Disc 1　52

- このサイズは何号ですか？

  Zhèi shì jǐ hào de?
  这是几号的？
  ヂェイシー ヂー ハオ ダ

- もう少し小さいサイズの
  ものはありますか？

  Yǒu méi yǒu shāo wēi xiǎo yì diǎnr de?
  有没有稍微小一点儿的？
  イオウメイ イオウシアオ ウエイ シィアオ イー ディエル　ダ

  ※稍微（ほんの少し）

- 少々お待ちください。
  調べてきます。

  店员

  Qǐng shāo děng, wǒ qù kàn yí xià.
  请稍等，我去看一下。
  チン シアオ デン　　ウオ チュイ カン イー シィア

- これは私には
  ちょっと大きいです。
  少し細身のものは
  ありますか？

  Wǒ chuān zhèi ge yǒu diǎnr féi,
  我穿这个有点儿肥，
  ウオ チュアン ヂェイガ イオウディエル　フェイ
  yǒu méi yǒu shòu yì diǎnr de?
  有没有瘦一点儿的？
  イオウメイ イオウシォウ イー　ディエル　ダ

  ※肥（太い；余裕がある）
  ※瘦（細い）

- ワンサイズ大きいものは
  ありますか？

  Yǒu méi yǒu dà yí hào de?
  有没有大一号的？
  イオウメイ イオウダー イー ハオ ダ

第4章　ショッピング編

☐ これは一番大きいサイズです。	**店員** Zhèi shì zuì dà de le. **这是最大的了。** ヂェイシー ヅゥイダー ダ ラ
☐ 私は何号を着れば いいでしょうか？	Nǐ kàn wǒ chuān jǐ hào de? **你看我穿几号的？** ニー カン ウオ チュアン ヂー ハオ ダ
☐ お客様は9号がよろしいかと 思います。	**店員** Wǒ kàn nín chuān jiǔ hào de hé shì. **我看您穿九号的合适。** ウオ カン ニン チュアン ヂィウ ハオ ダ ハー シー

色について　　　　　　　　　　　　　Disc 1　53

☐ このデザインのセーターは 他にどんな色がありますか？	Zhèi ge yàng shì de máo yī hái **这个样式的毛衣还** ヂェイガ ヤン シー ダ マオ イー ハイ yǒu bié de yán sè de ma? **有别的颜色的吗？** イオウビエ ダ イエン スァ ダ マ ※样式（デザイン；形）
☐ ブルーのものはありますか？	Yǒu lán sè de ma? **有蓝色的吗？** イオウラン スァ ダ マ
☐ これより少し薄い色は ありますか？	Yǒu méi yǒu bǐ zhèi ge zài qiǎn yì diǎnr **有没有比这个再浅一点儿** イオウメイ イオウビー ヂェイガ ツァイ チィエン イー ディエル yán sè de? **颜色的？** イエン スァ ダ

☞「色」の単語コラム（p.118）も参照してください。

値段について　　　　　　　　　　　　Disc 1　54

☐ これはいくらですか？	Zhèi ge duō shao qián? **这个多少钱？** ヂェイガ ドゥオ シァオ チィエン

- もう少し安くしてもらえませんか？

Néng bu néng pián yi yì diǎnr?
能不能便宜一点儿？
ネン ブー ネン ピィエン イー イー ディエル

※能不能（相手にお願いする時によく使う）

- すみません。当店では値引き交渉をお断りしております。

【店員】

Shí zài duì bu qǐ,
实在对不起，
シー ツァイ ドゥイ ブー チー

wǒ men shāng diàn bù néng tǎo jià huán jià.
我们商店不能讨价还价。
ウオ メン シァン ディエン ブー ネン タオ ヂィア ホゥアン ヂィア

※讨价还价（値引き交渉する）

- 鍋をサービスします。

【店員】

Wǒ men kě yǐ miǎn fèi sòng
我们可以免费送
ウオ メン カー イー ミィエン フェイ ソン

nín yí ge guō.
您一个锅。
ニン イー ガ グゥオ

商品についての感想

Disc 1　55

- これは悪くありませんね。

Zhèi ge tǐng bú cuò de.
这个挺不错的。
ヂェイ ガ ティン ブー ツゥオ ダ

- 私もいいと思います。

Wǒ jué de yě kě yǐ.
我觉得也可以。
ウオ ヂュエダ イエ カー イー

- これはちょっとやぼったいですね。

Zhèi ge yǒu diǎnr chǔn le.
这个有点儿蠢了。
ヂェイ ガ イオウ ディエル チゥン ラ

※蠢（やぼったい）

- これは繊細ですね。

Zhèi ge tǐng xiù qi de.
这个挺秀气的。
ヂェイ ガ ティン シィウ チー ダ

※秀气（細くて繊細である）

- [ ] これはちょっと高いです。

Zhèi ge tài guì le.
这个太贵了。
デェイガ　タイ　グウイラ

- [ ] この洋服は
とてもおしゃれですね。

Zhèi jiàn yī fu hěn yáng qì.
这件衣服很洋气。
デェイ デェイエン イー フゥー ヘン ヤン チー

※洋气(しゃれている；あか抜けている)

- [ ] これはダサいですね。

Zhèi jiàn yī fu zhēn tǔ qì.
这件衣服真土气。
デェイ デェイエン イー フゥー デェン トゥー チー

※土气(ダサい；あか抜けていない)

試着する　　　　　　　　Disc 1　56

- [ ] これを試着してもいいですか？

Wǒ kě yǐ shì shi zhèi jiān yī fu ma?
我可以试试这件衣服吗？
ウオ カー イー シー シー デェイ デェイエン イー フゥー マ

Wǒ xiǎng shì yi shì zhèi ge kě yǐ ma?
我想试一试这个可以吗？
ウオ シィアン シー イー シー デェイガ カー イー マ

- [ ] 試着室はどこですか？

Shì yī shì zài nǎr?
试衣室在哪儿？
シー イー シー ヅァイ ナール

- [ ] これは私には
ちょっと小さいですね。

Zhèi ge wǒ chuān yǒu diǎnr xiǎo.
这个我穿有点儿小。
デェイガ　ウオ　チゥアン イオウ ディエル シィアオ

- [ ] これは私にぴったりです。
これにします。

Zhèi ge wǒ chuān zhèng hǎo,
这个我穿正好，
デェイガ　ウオ　チゥアン デェン ハオ

wǒ mǎi zhèi ge le.
我买这个了。
ウオ マイ デェイガ ラ

※正好(ちょうどいい；ぴったりである)

☐ これをどう思いますか？		Zhèi ge nǐ jué de zěn me yàng? **这个你觉得怎么样？** ヂェイガ ニー ヂュエダ ヅェンマ ヤン

☐ とてもお似合いだと 　思いますよ。	店員	Wǒ jué de tǐng hé shì de. **我觉得挺合适的。** ウオ ヂュエダ ティン ハー シー ダ
		Wǒ jué de nín chuān tǐng hǎo kàn de. **我觉得您穿挺好看的。** ウオ ヂュエダ ニン チュアンティンハオ カン ダ

☐ この洋服は私には 　ちょっと若いかしら？	Zhèi jiàn yī fu wǒ chuān yǒu diǎnr **这件衣服我穿有点儿** ヂェイ ヂィエン イー フゥーウオ チュアン イオウ ディエル tài nián qīng le ba. **太年轻了吧。** タイ ニィエンチィンラ バ

☐ この洋服は私には 　ちょっと老けているかしら？	Zhèi jiàn yī fu wǒ chuān yǒu diǎnr **这件衣服我穿有点儿** ヂェイ ヂィエン イー フゥーウオ チュアン イオウ ディエル tài lǎo qì le ba. **太老气了吧。** タイ ラオ チー ラ バ ※老气（老けている）

第4章 ショッピング編

☐ 何でもお似合いですよ。	店員	Nín chuān shén me dōu hǎo kàn. **您穿什么都好看。** ニン チュアンシェンマ ドウ ハオ カン

オーダーメイドする　　　　　　　　　　　　　　　Disc 1　57

☐ チャイナドレスを 　オーダーメイドしたいのですが。	Wǒ xiǎng dìng zuò yí jiàn qí páo. **我想订做一件旗袍。** ウオ シィアン ディン ヅゥオ イー ヂィエン チー パオ ※订做（オーダーメイドをする）

□ チャイナドレスの 　オーダーメイドができますか？	Kě yǐ dìng zuò qí páo ma? **可以订做旗袍吗？** カー イー ディン ヅゥオ チー パオ マ
□ これはチャイナドレスの 　生地です。ごらんください。	店員 Zhèi shì qí páo de liào zi, **这是旗袍的料子，** ヂェイシー チー パオ ダ リィアオ ヅ nín kàn kan ba. **您看看吧。** ニン カン カン バ Zhèi shì qí páo de bù liào, **这是旗袍的布料，** ヂェイシー チー パオ ダ ブー リィアオ nín kàn kan ba. **您看看吧。** ニン カン カン バ ※布料（生地）
□ まず生地をお選びください。	店員 Qǐng xiān tiāo xuǎn liào zi. **请先挑选料子。** チン シィエン ティアオ シュアン リィアオ ヅ ※挑选（選ぶ；選択する）
□ サイズを測らせていただきます。	店員 Wǒ gěi nín liáng yí xià chǐ cùn. **我给您量一下尺寸。** ウオ ゲイ ニン リィアン イー シィア チー ツゥン ※量尺寸（寸法を測る）
□ あまりぴったりだと困ります。	Bié tài shòu le. **别太瘦了。** ビエ タイ ショウ ラ ※瘦（細身の；ぴったりである）
□ 余裕がありすぎると困ります。	Bié tài féi le. **别太肥了。** ビエ タイ フェイ ラ ※肥（余裕がありすぎる）

□ これでいかがでしょうか？

店員

Nín kàn zhèi yàng kě yǐ ma?
您看这样可以吗？
ニン カン ヂェイヤン カー イー マ

□ いつごろ出来上がりますか？

Jǐ tiān hòu kě yǐ zuò hǎo?
几天后可以做好？
ヂー ティエンホウ カー イー ヅゥオ ハオ

□ 生地と加工代を合わせて750元です。

店員

Liào zi hé shǒu gōng fèi jiā zài
料子和手工费加在
リィアオヅ ハー シォウゴゥン フェイ ヂィア ヅァイ

yì qǐ yí gòng qī bǎi wǔ shí kuài.
一起一共750块。
イー チー イー ゴゥン チーバイ ウーシー クゥアイ

※手工费（加工代）

□ 先にお支払いをお願いできますか？

店員

Qǐng nín xiān jiāo qián.
请您先交钱。
チィン ニン シィエン ヂィアオ チィエン

Qǐng nín xiān fù kuǎn.
请您先付款。
チィン ニン シィエン フゥー クゥアン

※交钱/付款（代金を支払う）

□ これはお客様の控えです。どうぞお持ちください。

店員

Zhèi shì nín de qǔ huò dān.
这是您的取货单。
ヂェイシー ニン ダ チュイ ホゥオ ダン

qǐng nín ná hǎo.
请您拿好。
チィン ニィン ナー ハオ

※取货单（商品を受け取るための控え伝票）

第4章 ショッピング編

- 1週間後に控えを持ってお越しください。

店員

Yí ge xīng qī hòu ná zhe qǔ huò dān lái qǔ huò.
一个星期后拿着取货单来取货。
イー ガー シィン チー ホウ ナー ヂァ チュイ ホゥオ ダン ライ チュイ ホゥオ

- オーダーメイドのチャイナドレスを取りに来ました。

Wǒ lái qǔ dìng zuò de qí páo.
我来取订做的旗袍。
ウオ ライ チュイ ディン ヅゥオ ダ チー パオ

- 少々お待ちください。今、取ってまいります。

店員

Qǐng shāo děng,
请稍等，
チン シャオ デン

wǒ mǎ shang jiù ná lai.
我马上就拿来。
ウオ マー シャン ヂゥ ナー ライ

- 気になるところがありましたら、無料でお直しできます。

店員

Yǒu bù hé shì de dì fang wǒ men
有不合适的地方我们
イオウ ブー ハー シー ダ ディー ファン ウオ メン

miǎn fèi wèi nín xiū gǎi.
免费为您修改。
ミィエン フェイ ウエイ ニン シィウ ガイ

※修改（直す；修正する）

単語コラム

ファッション

shàng yī **上衣** シァン イー	上着	qí páo **旗袍** チーパオ	チャイナドレス
xī fú **西服** シーフー	背広	xié **鞋** シィエ	靴
jiá kè **夹克** ディア カー	ジャケット；ジャンパー	gāo gēn xié **高跟鞋** ガオ ゲン シィエ	ハイヒール
máo yī **毛衣** マオ イー	セーター	xuē zi **靴子** シュエ ヅ	ブーツ
qún zi **裙子** チュン ヅ	スカート	shǒu biǎo **手表** シォウ ビィアオ	腕時計
lián yī qún **连衣裙** リィエン イー チュン	ワンピース	lǐng dài **领带** リン ダイ	ネクタイ
chèn shān **衬衫** チェン シァン	シャツ	yǎn jìng **眼镜** イエン ヂィン	眼鏡
kù zi **裤子** クゥー ヅ	ズボン	mào zi **帽子** マオ ヅ	帽子
tī shār **T 衫儿** ティー シャル	Tシャツ	ěr huán **耳环** アル ホゥアン	イヤリング／ピアス
wà zi **袜子** ワー ヅ	靴下	xiàng liàn **项链** シィアン リィエン	ネックレス
dà yī **大衣** ダー イー	コート	jiè zhi **戒指** ヂィエ ヂー	指輪
niú zǎi kù **牛仔裤** ニィウ ヅァイ クゥー	ジーパン	pí dài **皮带** ピィー ダイ	ベルト

第4章 ショッピング編

2 購入する

支払いだけでなく、返品や配送も頼めるようにしておきたいですね。

代金の支払い　　　　　　　　　　　　　　　　Disc 1　58

- すみません、レジはどこですか？

  Qǐng wèn, shōu yín tái zài nǎr?
  请问，收银台在哪儿？
  ※收银台（レジ）

- すみません、支払いはどこですか？

  Qǐng wèn, zài nǎr jiāo qián?
  请问，在哪儿交钱？

- まずレジで代金をお支払いになってから、商品を取りに来てください。

  [店員]

  Qǐng xiān qù shōu yín tái jiāo qián,
  请先去收银台交钱，
  rán hou zài lái qǔ huò.
  然后再来取货。

返品・交換・配達　　　　　　　　　　　　　　Disc 1　59

- すみませんが、これは返品できますか？

  Qǐng wèn, zhèi ge kě yǐ tuì ma?
  请问，这个可以退吗？
  ※退（返品する）

- すみません、これを返品したいのです。

  Duì bu qǐ, wǒ xiǎng bǎ zhèi ge tuì le.
  对不起，我想把这个退了。

□ 未使用なら返品可能です。

店員

Rú guǒ méi yǒu yòng de huà
如果没有用的话
ルーグゥオ メイ イオウ ヨンダ ホゥア

jiù kě yǐ tuì.
就可以退。
ヂィウ カー イー トゥイ

※如果～的话（もし～ならば）
※用（使用する；使う）

□ レシートはまだお持ちでしょうか？

店員

Fā piào hái yǒu ma?
发票还有吗？
ファー ピィアオ ハイ イオウ マ

□ 申し訳ありませんが、これはすでに使用されましたので、返品はできません。

店員

Duì bu qǐ,
对不起，
ドゥイ ブー チー

zhèi ge nín yòng guo le, bù néng tuì.
这个您用过了，不能退。
ヂェイガ ニン イヨングゥオ ラ ブー ネン トゥイ

□ 申し訳ありませんが、ご購入からずいぶん時間が経ちましたので、返品はできません。

店員

Duì bu qǐ,
对不起，
ドゥイ ブー チー

nín mǎi le shí jiān tài cháng le,
您买了时间太长了，
ニン マイ ラ シー ヂィエンタイ チャンラ

bù néng tuì le.
不能退了。
ブー ネン トゥイラ

□ これを交換したいのですが。

Zhèi ge kě yǐ huàn ma?
这个可以换吗？
ヂェイガ カー イー ホゥアンマ

※换（交換する）

Wǒ xiǎng huàn yí ge.
我想换一个。
ウオ シィアン ホゥアン イーガ

第4章 ショッピング編

□ どれに交換されたいの ですか？	**店員** Nín xiǎng huàn něi ge? **您想换哪个？** ニン シィアン ホゥアン ネイガ Nín xiǎng huàn shén me yàng de? **您想换什么样的？** ニン シィアン ホゥアン シェン マヤン ダ ※什么样的（どんなもの）
□ 少し小さいものに交換できれば。	Wǒ xiǎng huàn yí ge xiǎo yì diǎnr de. **我想换一个小一点儿的。** ウオ シィアン ホゥアン イーガ シィアオ イーディエル ダ
□ これと交換したいです。	Wǒ xiǎng huàn zhèi ge. **我想换这个。** ウオ シィアン ホゥアン ヂェイガ
□ 結構ですが、 不足分の100元を 追加料金でいただきます。	**店員** Kě yǐ, **可以，** カー イー dàn shì nín děi zài jiā yì bǎi kuài qián. **但是您得再加100块钱。** ダン シー ニン デイ ヅァイ ヂィア イーバイ クゥアイ チィエン ※加（追加する；付け加える） Kě yǐ, **可以，** カー イー dàn shì nín děi zài tiān yì bǎi kuài qián. **但是您得再添100块钱。** ダン シー ニン デイ ヅァイ ティエン イーバイ クゥアイ チィエン ※添（足す）
□ 100元をお返しします。	**店員** Tuì nín yì bǎi kuài qián. **退您100块钱。** トゥイ ニン イーバイ クゥアイ チィエン ※退（返す）

□ これを配達して いただけますか？	Nǐ men zhèr guǎn sòng huò ma? **你们这儿管送货吗？** ニィーメン ヂァール グゥアンソン ホゥオ マ ※管（承る；取り扱う）
□ 配達業務はいたしておりません。	店員 Wǒ men zhèr bù guǎn sòng huò. **我们这儿不管送货。** ウオ メン ヂァール ブー グゥアンソン ホゥオ
□ 無料で配達させていただきます。	店員 Wǒ men zhèr miǎn fèi sòng huò. **我们这儿免费送货。** ウオ メン ヂァール ミィエンフェイソン ホゥオ
□ いつごろ配達して いただけますか？	Shén me shí hou kě yǐ sòng dào? **什么时候可以送到？** シェンマ シー ホウ カー イー ソン ダオ
□ 市内なら明日配達できます。	店員 Shì nèi de huà míng tiān jiù dào. **市内的话明天就到。** シー ネイ ダ ホゥアミンティエン ヂィウ ダオ
□ ご住所と電話番号を ご記入ください。	店員 Qǐng nín bǎ dì zhǐ hé diàn huà hào mǎ **请您把地址和电话号码** チィン ニン バー ディー ヂー ハー ディアン ホゥア ハオ マー xiě xià lai. **写下来。** シィエ シィア ライ
□ 明日ご自宅に 必ず配達いたします。	店員 Míng tiān yí dìng sòng dào. **明天一定送到。** ミィンティエン イー ディン ソン ダオ

第4章 ショッピング編

単語コラム

色の言い方

yán sè **颜色** イエン スァ	色
hēi sè **黑色** ヘイ スァ	黒
bái sè **白色** バイ スァ	白
huī sè **灰色** ホウイ スァ	グレー
mǐ huáng sè **米黄色** ミー ホゥアン スァ	ベージュ
lán sè **蓝色** ラン スァ	ブルー
chá sè **茶色** チァー スァ	茶色
lǜ sè **绿色** リュイ スァ	緑
zǐ sè **紫色** ツー スァ	紫
fěn sè **粉色** フェン スァ	ピンク
jīn huáng sè **金黄色** ヂン ホゥアン スァ	金色
yín sè **银色** イン スァ	銀色
qiǎn sè **浅色** チィエン スァ	薄い色
shēn sè **深色** シェン スァ	濃い色

第 5 章

空港・機内・ホテル編

中国・中華圏への旅行で使う基本フレーズが中心です。空港では搭乗手続き、入国審査、税関で使う表現、機内では機内食をはじめとする客室乗務員とのやりとり、ホテルではチェックイン、チェックアウトのほか、ホテルが提供するさまざまなサービスを利用するときに重宝する表現が満載です。

1 出発する空港で

搭乗手続きの基本表現は、中国の空港で必須です。

搭乗手続き　　　　　　　　　　　　　　　　　　Disc 1　60

□ 搭乗手続きはどちらですか？

Zài nǎr bàn lǐ dēng jī shǒu xù?
在哪儿办理登机手续？
ヅァイ ナール バン リー デン ヂー ショウ シュイ

※办理（業務を行う）
※手续（手続き）

□ 搭乗手続きはあちらです。
ご案内します。

空港係員

Zài nèi biān bàn lǐ dēng jī shǒu xù.
在那边办理登机手续。
ヅァイ ネイ ビィエン バン リー デン ヂー ショウ シュイ

Qǐng gēn wǒ lái.
请跟我来。
チィン ゲン ウオ ライ

※「请跟我来」の直訳は、「私について来てください」。

□ 搭乗手続きは
何時からですか？

Jǐ diǎn kāi shǐ bàn lǐ dēng jī shǒu xù?
几点开始办理登机手续？
ヂー ディエン カイ シー バン リー デン ジー ショウ シュイ

※几点（何時）

□ 搭乗手続きは
10時半からです。

空港係員

Shí diǎn bàn kāi shǐ bàn lǐ dēng jī shǒu xù.
十点半开始办理登机手续。
シー ディエン バン カイ シー バン リー デン ヂー ショウ シュイ

	カウンター係員
□ パスポートと航空券を見せてください。	Qǐng nín chū shì hù zhào hé jī piào. **请您出示护照和机票。** チィン ニン チゥーシー ホゥ ヂァオ ハー ヂー ピィアオ ※出示(提示する；見せる)
	Qǐng bǎ hù zhào hé jī piào gěi wǒ kàn yí xià. **请把护照和机票给我看一下。** チィン バー ホゥ ヂァオ ハー ヂー ピィアオ ゲイ ウオ カン イー シィア
□ わかりました。どうぞ。	Hǎo de, gěi nǐ. **好的，给你。** ハオ ダ ゲイ ニー ※给你(相手に物を渡す時に使う)
□ これが私のパスポートと航空券です。	Zhèi shì wǒ de hù zhào hé jī piào. **这是我的护照和机票。** ヂェイシー ウオ ダ ホゥ ヂァオ ハー ヂー ピィアオ
	カウンター係員
□ 窓側の座席と通路側の座席、どちらがよろしいですか？	Nín yào kào chuāng hu de zuò wèi hái shi yào kào guò dào de zuò wèi. **您要靠窗户的坐位还是要靠过道的坐位？** ニン ヤオ カオ チュアン ホゥダ ヅゥオ ウエイ ハイ シー ヤオ カオ グゥオ ダオ ダ ヅゥオ ウエイ ※靠(近寄る；接近する)
□ 窓側の座席をお願いします。	Wǒ yào kào chuāng hu de zuò wèi. **我要靠窗户的坐位。** ウオ ヤオ カオ チュアン ホゥ ダ ヅゥオ ウエイ
	カウンター係員
□ 荷物をこちらに置いてください。	Qǐng bǎ xíng li fàng zài zhèr. **请把行李放在这儿。** チィン バー シィン リ ファン ヅァイ ヂアール

第5章 空港・機内・ホテル編

☐ 手荷物と預け入れ荷物を分けてください。	**カウンター係員** Qǐng bǎ shǒu tí xíng li hé tuō yùn xíng li fēn kāi. 请把手提行李和托运行李分开。 ※手提(手提げ) ※托运(預ける)
☐ 預け入れ荷物はいくつですか？	**カウンター係員** Nín yǒu jǐ ge tuō yùn xíng li? 您有几个托运行李？ ※几个(いくつ)
☐ これも預けるのですか？	**カウンター係員** Zhèi ge yě tuō yùn ma? 这个也托运吗？
☐ いいえ、これは手荷物です。	Bú shì, zhèi shì shǒu tí xíng li. 不是，这是手提行李。
☐ これは荷物の控えです。	**カウンター係員** Zhèi shì nín de xíng li pái. 这是您的行李牌。
☐ 搭乗は何時からですか？	Jǐ diǎn kāi shǐ dēng jī? 几点开始登机？
☐ 搭乗は5時15分からです。	**カウンター係員** Wǔ diǎn yí kè kāi shǐ dēng jī. 五点一刻开始登机。 ※一刻(15分)

☐ 52番ゲートからご搭乗ください。

カウンター係員

Qǐng zài wǔ shí èr hào dēng jī kǒu dēng jī.
请在52号登机口登机。
チン ツァイ ウーシーアル ハオ デン ヂー コウ デン ジー

☐ 5時15分までに52番ゲートの搭乗口までいらしてください。

カウンター係員

Qǐng nín wǔ diǎn yí kè zhī qián dào dá
请您五点一刻之前到达
チン ニン ウー ディエン イーカー ヂー チィエンダオ ダー

wǔ shí èr hào dēng jī kǒu.
52号登机口。
ウーシーアル ハオ デン ヂー コウ

※之前（～の前；～までに）

☐ 時間通りの出発ですか？

Zhǔn shí qǐ fēi ma?
准时起飞吗？
ヂュン シー チー フェイ マ

セキュリティ検査　　　　　　　　　Disc 1　61

☐ ノートパソコンをお持ちでしょうか？

空港係員

Yǒu gè rén diàn nǎo ma?
有个人电脑吗？
イオウ ガー レン ディエン ナオ マ

☐ 化粧品をお持ちでしょうか？

空港係員

Yǒu huà zhuāng pǐn ma?
有化妆品吗？
イオウ ホゥア ヂゥアン ピィン マ

☐ 液体のものをお持ちでしょうか？

空港係員

Yǒu yì tǐ de dōng xi ma?
有液体的东西吗？
イオウ イー ティー ダ ドゥン シ マ

第5章　空港・機内・ホテル編

- ノートパソコンや
  金属製のものなどはトレイに
  入れてください。

  空港係員

  Qǐng bǎ gè rén diàn nǎo hé jīn shǔ děng wù
  请把个人电脑和金属等物
  チィン バー ガー レン ディエンナオ ハー ヂン シュー デン ウー
  fàng zài tuō pán li.
  放在托盘里。
  ファンヅァイ トゥオ パン リ

  ※托盘（トレイ；お盆）

- 荷物を拝見させてください。

  空港係員

  Ràng wǒ kàn yí xià nín de xíng li.
  让我看一下您的行李。
  ラン ウオ カン イー シァ ニン ダ シィン リ

  Qǐng nín dǎ kāi xíng li.
  请您打开行李。
  チィン ニン ダー カイ シィン リ

- 機内持ち込み禁止のものは
  ありますか？

  空港係員

  Yǒu méi yǒu wéi jìn pǐn?
  有没有违禁品？
  イオウ メイ イオウ ウエイ ヂン ピィン

  ※违禁品（違法の物）

- この化粧品は機内に
  持ち込むことはできません。

  空港係員

  Zhèi ge huà zhuāng pǐn bù néng dài shàng fēi jī.
  这个化妆品不能带上飞机。
  ヂェイ ガ ホゥア ヅゥアン ピィン ブー ネン ダイ シァン フェイヂー

免税店　　　　　　　　　　　　　　　　Disc 1　62

- ランコムの化粧品売り場は
  どこですか？

  Lán kòu de huà zhuāng pǐn zài nǎr mài?
  蓝寇的化妆品在哪儿卖？
  ラン コウ ダ ホゥア ヅゥアン ピィン ヅァイ ナール マイ

- ディオールの化粧品を
  買いたいのですが。

  Wǒ xiǎng mǎi Dí ào de huà zhuāng pǐn.
  我想买迪奥的化妆品。
  ウオ シィアン マイ ディー アオ ダ ホゥア ヅゥアン ピィン

□ こちらは全部ディオールの
　口紅です。

店員
Zhèi xiē dōu shì Dí ào de kǒu hóng.
这些都是迪奥的口红。
ヂェイ シィエ ドウ シー ディーアオ ダ コウ ホン

□ これは今年の新作です。
　とても人気がありますよ。

店員
Zhèi shì jīn nián de xīn kuǎn,
这是今年的新款，
ヂェイ シー ヂン ニィエン ダ シィン クゥアン

fēi cháng yǒu rén qì.
非常有人气。
フェイ チャン イオウ レン チー

※新款（新作）
※人气（人気）

□ 今日は1割引きのセールを
　やっています。

店員
Jīn tiān dǎ jiǔ zhé.
今天打九折。
ヂン ティエン ダー ヂィウ ヂァー

※打〜折（〜掛け）

□ 今日は2つお買いあげ
　いただきますと、
　1つサービスいたします。

店員
Jīn tiān mǎi èr sòng yī.
今天买二送一。
ヂン ティエン マイ アル ソン イー

□ パスポートと搭乗券を
　お見せください。

店員
Bǎ nín de hù zhào hé dēng jī pái
把您的护照和登机牌
バー ニン ダ ホゥ ヂァオ ハー デン ヂー パイ

gěi wǒ kàn yí xià.
给我看一下。
ゲイ ウオ カン イー シィア

第5章　空港・機内・ホテル編

2 飞行機

機内で快適に過ごすために、基本フレーズを上手に活用しましょう。

機内での会話

Disc 1 63

□ お荷物は棚の中に
入れてください。

客室乗務員

Qǐng nín bǎ xíng li fàng zài xíng li jià li.
请您把行李放在行李架里。
チィン ニン バー シィン リ ファン ヅァイ シィン リ ヂィア リ

□ お荷物はしっかりと
置いてください。

客室乗務員

Qǐng nín bǎ xíng li fàng hǎo.
请您把行李放好。
チィン ニン バー シィン リ ファン ハオ

※好（動詞の後ろに置いて、動作の申し分のない状態を表す）

□ シートベルトをお締めください。

客室乗務員

Qǐng nín jì hǎo ān quán dài.
请您系好安全带。
チィン ニン デー ハオ アン チュアンダイ

Qǐng nín bǎ ān quán dài jì hǎo.
请您把安全带系好。
チィン ニン バー アン チュアンダイ デー ハオ

□ もう一度シートベルトを
ご確認ください。

客室乗務員

Qǐng nín zài cì què rèn ān quán dài
请您再次确认安全带
チィン ニン ヅァイツー チュエレン アン チュアンダイ

shì fǒu jì hǎo.
是否系好。
シー フォウ デー ハオ

□ 座席を元の位置に
お戻しください。

客室乗務員

Qǐng nín bǎ zuò wèi fàng hǎo.
请您把坐位放好。
チィン ニン バー ヅゥオ ウエイ ファン ハオ

□ テーブルを元の位置にお戻しください。	**客室乗務員** Qǐng nín bǎ xiǎo zhuō bǎn fàng hǎo. **请您把小桌板放好。** チン ニン バー シィアオ ヂュオ バン ファン ハオ
□ 新聞をご覧になる方、いらっしゃいますか？	**客室乗務員** Něi wèi yào kàn bào zhǐ? **哪位要看报纸？** ネイ ウエイ ヤオ カン バオ ヂー
□ 日本語の新聞はありますか？	Yǒu Rì wén bào zhǐ ma? **有日文报纸吗？** イオウ リー ウエン バオ ヂー マ
□ 中国語の雑誌はありますか？	Yǒu Zhōng wén zá zhì ma? **有中文杂志吗？** イオウ ヂォン ウエン ザー ヂー マ
□ 中国語の雑誌を1冊ください。	Qǐng gěi wǒ yì běn Zhōng wén zá zhì. **请给我一本中文杂志。** チン ゲイ ウオ イー ベン ヂォン ウエン ザー ヂー
□ 機内で免税品を売っていますか？	Jī nèi mài miǎn shuì pǐn ma? **机内卖免税品吗？** ヂー ネイ マイ ミィエン シゥイ ピン マ
□ 販売しております。しばらくしたら販売をいたします。	**客室乗務員** Mài, guò yí huìr jiù lái mài. **卖，过一会儿就来卖。** マイ グゥオ イー ホゥル ヂィウ ライ マイ ※过一会儿就（しばらく経ったら）
□ 毛布をください。	Qǐng gěi wǒ yì tiáo máo tǎn. **请给我一条毛毯。** チン ゲイ ウオ イー ティアオ マオ タン
□ ミニ枕をください。	Wǒ yào yí ge xiǎo zhěn tou. **我要一个小枕头。** ウオ ヤオ イー ガー シィアオ ヂェン トウ

第5章 空港・機内・ホテル編

□ このイヤホンは使えません。
　取り替えてもらえませんか？

Zhèi ge ěr jī huài le,
这个耳机坏了，
ヂェイガ　アル　ヂー　ホゥアイラ

qǐng gěi wǒ huàn yí ge.
请给我换一个。
チン ゲイ　ウオ　ホゥアン イー ガ

※坏了（壊れた）

Zhèi ge ěr jī bù néng yòng le,
这个耳机不能用了，
ヂェイガ　アル　ヂー　ブー　ネン　イヨンラ

qǐng gěi wǒ huàn yí ge.
请给我换一个。
チン ゲイ　ウオ　ホゥアン イー ガ

□ 申し訳ありません、
　すぐにお取り替えいたします。

客室乗務員

Shí zài duì bu qǐ,
实在对不起，
シー　ヅァイ ドゥイ ブー　チー

wǒ mǎ shang jiù gěi nín huàn.
我马上就给您换。
ウオ　マー　シァン ヂウ ゲイ　ニン　ホゥアン

機内食　　　　　　　　　　　Disc 1　64

客室乗務員

□ 何をお飲みになりますか？

Nín yào shén me yǐn liào?
您要什么饮料？
ニン　ヤオ　シェンマ　イン　リィアオ

Nín xiǎng yòng diǎnr shén me?
您想用点儿什么？
ニン　シィアン イヨン ディエル　シェンマ

□ 日本のビールはありますか？

Yǒu Rì běn pí jiǔ ma?
有日本啤酒吗？
イオウ リー　ベン　ピー　ヂウ マ

□ アップルジュースをください。

Qǐng gěi wǒ yì bēi píng guǒ zhī.
请给我一杯苹果汁。
チン ゲイ　ウオ　イー　ベイ　ピィングゥオ　ヂー

- ビールをください。

Wǒ yào yì píng pí jiǔ.
我要一瓶啤酒。
ウオ ヤオ イー ピィン ピー ヂィウ

- 赤ワインをください。

Lái yì bēi hóng pú tao jiù.
来一杯红葡萄酒。
ライ イー ベイ ホン プゥータオ ヂィウ

- コーヒーをください。

Yào yì bēi kā fēi.
要一杯咖啡。
ヤオ イー ベイ カー フェイ

- お砂糖とミルクは必要ですか？

客室乗務員

Yào táng hé niú nǎi ma?
要糖和牛奶吗？
ヤオ タン ハー ニゥナイ マ

- ミルクだけでいいです。
ありがとう。

Zhǐ yào niú nǎi.　Xiè xie.
只要牛奶。谢谢。
ヂー ヤオ ニゥナイ シィエ シィエ

※只（〜だけ；たった〜）

- コーヒーのお代わりをください。

Qǐng zài lái yì bēi kā fēi.
请再来一杯咖啡。
チィンツァイ ライ イー ベイ カー フェイ

- すぐにお持ちします。

客室乗務員

Wǒ mǎ shang jiù ná lai.
我马上就拿来。
ウオ マー シァン ヂゥナー ライ

- 食事はお済みでしょうか？

客室乗務員

Nín chī hǎo le ma?
您吃好了吗？
ニン チー ハオ ラ マ

Nín de cān yòng wán le ma?
您的餐用完了吗？
ニン ダ ツァン イヨン ウアンラ マ

第5章　空港・機内・ホテル編

□ はい、下げてください。

Xiè xie, qǐng ná zǒu ba.
谢谢，请拿走吧。
シィエ シィエ　チィン ナー ヅォウ バ

※拿走(持っていく；下げる)

単語コラム

機内

kè cāng
客舱 機内
カー ツァン

kào chuāng hu
靠窗户 窓側
カオ チュアン ホゥ

kào guò dào
靠过道 通路側
カオ グゥオ ダオ

zuò wèi
坐位 座席
ヅゥオ ウエイ

chèng kè
乘客 乗客
チェン カー

kè cāng fú wù yuán
客舱服务员 客室乗務員
カー ツァン フゥー ウー ユアン

ān quán dài
安全带 シートベルト
アン チュアン ダイ

zhuān jī
转机 乗り継ぎ
ヂゥアン ヂー

shí chā
时差 時差
シー チァー

tóu děng cāng
头等舱 ファーストクラス
トウ デン ツァン

shāng wù cāng
商务舱 ビジネスクラス
シァン ウー ツァン

jīng jì cāng
经济舱 エコノミークラス
ヂィン ヂー ツァン

3 到着した空港で

入国審査で係官に話しかけられたときに重宝するフレーズです。

入国審査

□ 入国カードにご記入ください。

係官
Qǐng tián xiě rù jìng kǎ.
请填写入境卡。
チン ティエン シィエ ルゥー ヂン カー

※填写（記入する）
※入境卡（入国カード） 出境卡（出国カード）

□ パスポートを見せてください。

係官
Qǐng nín chū shì nín de hù zhào.
请您出示您的护照。
チン ニン チゥーシー ニン ダ ホゥ ヂャオ

Qǐng bǎ hù zhào gěi wǒ kàn yí xià.
请把护照给我看一下。
チン バー ホゥ ヂャオ ゲイ ウォ カン イー シィア

□ どこから来ましたか？

係官
Nín cóng nǎr lái?
您从哪儿来？
ニン ツォン ナール ライ

□ 日本から来ました。

Cóng Rì běn lái.
从日本来。
ツォン リー ベン ライ

□ 中国へ来た目的は何ですか？

係官
Nín lái Zhōng guó gàn shén me?
您来中国干什么？
ニン ライ ヂォングゥオ ガン シェン マ

□ 観光です。

Lái guān guāng.
来观光。
ライ グゥアン グゥアン

第5章 空港・機内・ホテル編

☐ 出張です。	Lái chū chāi. **来出差。** ※出差(出張;出張する)
☐ 仕事です。	Lái gōng zuò. **来工作。**
☐ どのくらい滞在する予定ですか?	係官 Nín yù dìng dāi duō cháng shí jiān? **您预定呆多长时间?** Nín dǎ suan dāi duō cháng shí jiān? **您打算呆多长时间?**
☐ 1週間前後です。	Yí ge xīng qī zuǒ yòu. **一个星期左右。**
☐ お1人ですか?	係官 Nín shì yí ge rén ma? **您是一个人吗?**
☐ 1人です。	Yí ge rén. **一个人。**
☐ どのホテルに泊まる予定ですか?	係官 Nín yù dìng zhù něi ge fàn diàn? **您预定住哪个饭店?** ※住(泊まる;暮らす)
☐ 北京飯店に泊まる予定です。	Wǒ yù dìng zhù Běi jīng fàn diàn. **我预定住北京饭店。**

☐ 申告するものはありますか？

係官

Yǒu méi yǒu yào shēn bào de wù pǐn?
有没有要申报的物品？
イオウメイ イオウヤオ シェンバオ ダ ウーピィン

※申报（申告；申告する）

☐ 持ち込み禁止のものは
ありますか？

係官

Yǒu méi yǒu xié dài wéi jìn pǐn?
有没有携带违禁品？
イオウメイ イオウシィエダイ ウエイヂン ピィン

☐ 結構です。
パスポートをお返しします。

係官

Kě yǐ le. Qǐng nín ná hǎo hù zhào.
可以了。请您拿好护照。
カーイーラ チィンニン ナーハオ ホゥ ヂャオ

※可以了（もういいですよ）

荷物を受け取る　　　　　　　　　　　Disc 1　66

☐ すみませんが、
956便の荷物はどこで
受け取るのでしょうか？

Qǐng wèn, jiǔ wǔ liù háng bān de xíng li
请问，956航班的行李
チィン ウエン ヂィウ ウー リゥ ハン バン ダ シィン リ
zài nǎr qǔ?
在哪儿取？
ヅァイ ナール チュイ

☐ 6番で受け取ります。

空港係員

Zài liù hào xíng li tái.
在6号行李台。
ヅァイ リゥ ハオ シィン リ タイ

☐ 私の荷物がまだ出てきません。

Wǒ de xíng li hái méi yǒu chū lai.
我的行李还没有出来。
ウオ ダ シィン リ ハイ メイ イオウ チゥー ライ

☐ 私の荷物が見当たりません。

Wǒ de xíng li bú jiàn le.
我的行李不见了。
ウオ ダ シィン リ ブー ディエンラ

※不见了（見当たらない）

第5章　空港・機内・ホテル編

□ 私の荷物がなくなって
しまいました。

Wǒ de xíng li diū le.
我的行李丢了。
ウオ ダ シィンリ ディウラ

※丢了（なくした；なくなった）

□ 落ち着いてください。
すぐに調べてみます。

空港係員

Qǐng bú yào zháo jí,
请不要着急，
チィンブー ヤオ ヂャオヂー

wǒ mǎ shang bāng nín zhǎo yi zhǎo.
我马上帮您找一找。
ウオ マー シァンパン ニン ヂャオ イー ヂャオ

※着急（焦る；急ぐ）
※帮（助ける）

□ お荷物の特徴は何ですか？

空港係員

Qǐng gào su wǒ nín de xíng li
请告诉我您的行李
チィン ガオ スウ ウオ ニン ダ シィンリ

yǒu shén me tè zhēng?
有什么特征？
イオウ シェンマ タァー ヂェン

※特征（特徴）

□ お荷物は何色ですか？

空港係員

Nín de xíng li shì shén me yán sè de?
您的行李是什么颜色的？
ニン ダ シィンリ シー シェンマ イエンスァ ダ

※颜色（色）

□ 黒のトランクと焦げ茶の
ボストンバッグです。

Yí ge hēi sè de pí xiāng hé
一个黑色的皮箱和
イー ガ ヘイスァ ダ ピィー シィアンハー

yí ge chá sè de lǚ xíng dài.
一个茶色的旅行袋。
イー ガ チァースァ ダ リュイ シィンダイ

※皮箱（トランク）
※旅行袋（ボストンバッグ）

	空港係員
□ これはあなたの荷物ですか？	Zhèi shì nín de xíng li ma? **这是您的行李吗？** ヂェイシー ニン ダ シィンリ マ

□ そうです、それです。 　ありがとうございます。	Shì de, jiù shì zhèi ge. **是的，就是这个。** シー ダ　ヂィウシー ヂェイガ Tài xiè xie nǐ le. **太谢谢你了。** タイ シィエシィエ ニー ラ

単語コラム

空港

jī chǎng
机场　空港
ヂーチャン

jī piào
机票　航空券
ヂーピィアオ

háng bān
航班　フライト
ハンバン

dēng jī pái
登机牌　搭乗券
デンヂーパイ

dēng jī kǒu
登机口　搭乗口
デンヂーコウ

hù zhào
护照　パスポート
ホゥヂャオ

qiān zhèng
签证　ビザ
チィエンヂェン

shǒu tí xíng li
手提行李　手荷物
ショウティーシィンリ

tuō yùn xíng li
托运行李　預け入れ荷物
トゥオ ユン シィンリ

chū jìng shǒu xù
出境手续　出国手続き
チューヂィン ショウ シュイ

rù jìng shǒu xù
入境手续　入国手続き
ルゥーヂィン ショウ シュイ

shēn bào
申报　申告
シェンバオ

shēn bào dān
申报单　申告書
シェンバオ ダン

hǎi guān
海关　税関
ハイ グゥアン

miǎn shuì diàn
免税店　免税店
ミィエン シゥイ ディエン

4 ホテル

日本語や英語の通じないホテルでは、ここで紹介するフレーズが活躍します。

ホテルに向かう

Disc 1　67

□ すみませんが、市内へ行くには、何号線の地下鉄に乗りますか？

Qǐng wèn, qù shì nèi dì tiě zuò jǐ hào xiàn?
请问，去市内地铁坐几号线？
チィン ウエン　チュイ シー　ネイ ディー ティエ ヅゥオ ヂー ハオ シィエン

□ 北京飯店に行きますか？

Qǐng wèn, qù Běi jīng fàn diàn ma?
请问，去北京饭店吗？
チィン ウエン　チュイ ベイ ヂィン ファン ディエン マ

タクシー運転手

□ どうぞ、お乗りください。

Qǐng shàng chē ba.
请上车吧。
チィン シァン チャー バ

※上车（乗車する）

□ 北京飯店に行ってください。

Wǒ xiǎng qù Běi jīng fàn diàn.
我想去北京饭店。
ウオ シィアン チュイ ベイ ヂィン ファン ディエン

□ 北京飯店までどのくらいかかりますか？

Dào Běi jīng fàn diàn yào duō cháng shí jiān?
到北京饭店要多长时间？
ダオ ベイ ヂィン ファン ディエン ヤオ ドゥオ チャン シー ヂィエン

※多长时间（どのくらいの時間）

タクシー運転手

□ 高速を使えば40分くらいです。

Zǒu kuài sù yào sì shí fēn zhōng.
走快速要40分钟。
ヅォウ クゥアイ スゥー ヤオ　スー シー フェン ヂォン

タクシー運転手

□ 渋滞でなければ50分ですかね。

Bù dǔ chē de huà wǔ shí fēn zhōng.
不堵车的话50分钟。
ブー ドゥー チャー ダ　ホゥア ウー シー フェン ヂォン

	タクシー運転手
□ 北京飯店に着きました。	Běi jīng fàn diàn dào le. **北京饭店到了。** ベイ ヂィン ファン ディエン ダオ ラ
□ いくらですか？	Duō shao qián? **多少钱？** ドゥオ シャオ チエン
□ 領収書をください。	Qǐng gěi wǒ zhāng fā piào. **请给我张发票。** チィンゲイ ウオ ヂャン ファー ピィアオ ※张（紙類を数える時の数え方）

	タクシー運転手
□ 小銭がありますか？	Yǒu líng qián ma? **有零钱吗？** イオウリン チエンマ ※零钱（小銭）

ホテルでの会話　　　　　　Disc 1　68

□ スタンダードルームを 予約しています。	Wǒ dìng le yí ge biāo zhǔn jiān. **我订了一个标准间。** ウオ ディンラ イーガ ビィアオ ヂュン ディエン ※订（取る；予約する）
□ スタンダードルームを 予約したいのですが。	Wǒ xiǎng dìng yí ge biāo zhǔn jiān. **我想订一个标准间。** ウオ シィアンディン イーガ ビィアオ ヂュン ディエン
□ 空室はありますか？	Yǒu kòng fáng jiān ma? **有空房间吗？** イオウ クゥン ファン ディエン マ
□ スタンダードルームは 1泊いくらですか？	Biāo zhǔn jiān yì tiān duō shao qián? **标准间一天多少钱？** ビィアオ ヂュン ディエン イーティエン ドゥオ シャオ チエン

第5章　空港・機内・ホテル編

☐ これは宿泊カードです。ご記入をお願いいたします。	**フロント係** Zhèi shì zhù sù dēng jì kǎ, **这是住宿登记卡，** ヂェイ シー ヂゥー スゥー デン ヂー カー qǐng nín tián xiě yí xià. **请您填写一下。** チィン ニン ティエン シィエ イー シィア ※住宿（宿泊）
☐ これは部屋のカギです。どうぞ。	**フロント係** Zhèi shì nín de fáng jiān yào shi, **这是您的房间钥匙，** ヂェイ シー ニン ダ ファン ヂィエン ヤオ シ qǐng ná hǎo. **请拿好。** チィン ナー ハオ ※钥匙（カギ）
☐ 荷物を私の部屋に運んでください。	Qǐng bǎ xíng li ná dào wǒ de fáng jiān qù. **请把行李拿到我的房间去。** チィン バー シィン リ ナー ダオ ウオ ダ ファンヂィエン チュイ
☐ 部屋のカギは自分で持っていてもいいですか？	Fáng jiān yào shi kě yǐ zì jǐ ná zhe ma? **房间钥匙可以自己拿着吗？** ファン ヂィエン ヤオ シ カー イー ヅー ヂー ナー ヂァ マ
☐ 申し訳ありませんが、部屋のカギはフロントに預けてください。	**フロント係** Shí zài duì bu qǐ, **实在对不起，** シー ヅァイ ドゥイ ブー チー qǐng bǎ fáng jiān yào shi fàng zài qián tái. **请把房间钥匙放在前台。** チィン バー ファン ヂィエン ヤオ シ ファン ヅァイ チィエン タイ
☐ エレベーターはフロントの左側にあります。	**フロント係** Diàn tī zài dà tīng de zuǒ bian. **电梯在大厅的左边。** ディエン ティー ヅァイ ダー ティン ダ ヅゥオ ビィエン ※电梯（エレベーター）

☐ チェックインをしたいのですが。	Wǒ xiǎng bàn lǐ zhù fáng shǒu xù. **我想办理住房手续。** ウオ シィアンバンリー ヂゥーファン シォウ シュイ	

☐ チェックインは何時からですか?

Zhù fáng shǒu xù jǐ diǎn kāi shǐ bàn?
住房手续几点开始办?
ヂゥーファン シォウシュイ ヂー ディエンカイ シー バン

フロント係

☐ 申し訳ありませんが、
　本日は満室です。

Duì bu qǐ, jīn tiān kè mǎn.
对不起，今天客满。
ドゥイ ブー チー　ヂン ティエンカーマン

Duì bu qǐ, jīn tiān méi yǒu kòng fáng jiān le.
对不起，今天没有空房间了。
ドゥイ ブー チー　ヂン ティエンメイイオウクゥンファンヂィエンラ

☐ チェックアウトをしたいのですが。

Wǒ xiǎng bàn lǐ tuì fáng shǒu xù.
我想办理退房手续。
ウオ シィアンバンリー トゥイファンシォウシュイ

☐ もう1泊したいのですが。

Wǒ xiǎng zài zhù yì tiān.
我想再住一天。
ウオ シィアンヅァイヂゥー イーティエン

フロント係

☐ お支払い方法は現金ですか、
　それともクレジットカードですか?

Nín yòng xiàn jīn jié zhàng hái shi
您用现金结帐还是
ニン イヨンシィエンヂンヂィエヂャンハイ シー
yòng xìn yòng kǎ jié zhàng?
用信用卡结帐?
イヨンシィンイヨンカー ヂィエヂャン

※结帐（清算する；勘定する）

☐ クレジットカードで支払います。

Wǒ yòng xìn yòng kǎ jié zhàng.
我用信用卡结帐。
ウオ イヨンシィンイヨンカー ヂィエヂャン

☐ 現金で支払います。

Wǒ yòng xiàn jīn jié zhàng.
我用现金结帐。
ウオ イヨンシィエンヂンヂィエヂャン

第5章 空港・機内・ホテル編

- [ ] これはレシートです。どうぞ。

> フロント係

Zhèi shì nín de jié zhàng dān, qǐng ná hǎo.
这是您的结帐单，请拿好。

Zhèi shì nín de zhàng dān, qǐng ná hǎo.
这是您的账单，请拿好。

- [ ] またのお越しを
    お待ちしております。

> フロント係

Huān yíng nín zài cì guāng lín.
欢迎您再次光临。

ホテルの食事

Disc 1 　69

- [ ] すみませんが、
    朝食は何時からですか？

Qǐng wèn, zǎo cān jǐ diǎn kāi shǐ?
请问，早餐几点开始？

- [ ] 朝食は朝7時から9時までです。

> フロント係

Zǎo cān qī diǎn dào jiǔ diǎn.
早餐七点到九点。

- [ ] 朝食のレストランは何階ですか？

Zǎo cān de cān tīng zài jǐ céng?
早餐的餐厅在几层？

- [ ] 朝食にはどんな料理が
    出るのですか？

Zǎo cān dōu yǒu shén me?
早餐都有什么？

- [ ] 朝食はバイキング方式で、
    和、中、洋、何でもあります。

> フロント係

Zǎo cān shì zì zhù cān,
早餐是自助餐，
Rì cān, Zhōng cān, Xī cān dōu yǒu.
日餐，中餐，西餐都有。

- ☐ すみませんが、このホテルに日本食レストランはありますか？

Qǐng wèn, fàn diàn li yǒu Rì běn cān tīng ma?
请问，饭店里有日本餐厅吗？
チィン ウエン　ファン ディエン リ　イオウ リー　ベン　ツァン ティン マ

フロント係

- ☐ 当ホテルには、日本料理、中華料理、フランス料理のレストランがあります。

Fàn diàn li yǒu Rì běn cān tīng,
饭店里有日本餐厅，
ファン ディエン リ　イオウ リー　ベン　ツァン ティン
Zhōng cān tīng hé Fǎ guó cān tīng.
中餐厅和法国餐厅。
ヂォン ツァン ティン　ハー　ファー グゥオ ツァン ティン

ホテルの設備・サービス　　Disc 1　70

- ☐ 両替はどこでできますか？

Nǎr kě yǐ huàn qián?
哪儿可以换钱？
ナール　カー イー　ホゥアン チィエン

※换（交換する；換える）

Huàn qián zài nǎr?
换钱在哪儿？
ホゥアン チィエン ヅァイ ナール

フロント係

- ☐ 両替所はフロントの左側です。

Qián tái de zuǒ bian shì wài huì duì huàn chù.
前台的左边是外汇兑换处。
チィエン タイ ダ　ヅゥオ ビィエン シー ワイ　ホゥイ ドゥイ ホゥアン チゥー

- ☐ すみませんが、5万円を人民元に両替してください。

Má fan nǐ, qǐng huàn wǔ wàn Rì yuán de
麻烦你，请换五万日元的
マー ファン ニー　チィン ホゥアン ウー ウアン リー ユアン ダ
Rén mín bì.
人民币。
レン ミン ビー

- ☐ このトラベラーズチェックを現金にしてください。

Qǐng bǎ lǚ xíng zhī piào huàn chéng xiàn jīn.
请把旅行支票换成现金。
チィン バー リュイ シィン ヂー ピィアオ ホゥアン チェン シィエン ヂン

※换成（～に交換する）

☐ 土産物店は何階ですか？	Lǐ pǐn diàn zài jǐ céng? **礼品店在几层？** リー ピィン ディエン ヅァイ ヂー ツェン	

☐ このホテルに日本語を
　話せるスタッフはいますか？

Fàn diàn li yǒu huì jiǎng
饭店里有会讲
ファン ディエンリ イオウ ホゥイ ディアン

Rì yǔ de fú wù yuán ma?
日语的服务员吗？
リー ユイ ダ フゥー ウー ユアンマ

☐ はい、日本語を話せる
　スタッフが24時間サービスを
　提供しております。

［フロント係］

Yǒu, huì jiǎng Rì yǔ de
有，会讲日语的
イオウ　ホゥイ ディアン リー ユイ ダ

fú wù yuán èr shi sì xiǎo shí wèi nín fú wù.
服务员24小时为您服务。
フゥー ウー ユアン アルシースー シィアオ シー ウエイ ニン フゥー ウー

※为（〜のため；〜に）

☐ すみませんが、タクシーを
　呼んでくれませんか？

Má fan nǐ,
麻烦你，
マー ファン ニー

bāng wǒ jiào yí liàng chū zū chē.
帮我叫一辆出租车。
バン ウオ ディアオ イー リィアン チゥー ヅゥ チャー

部屋で受けるサービス　　　　Disc 1　71

☐ どのようなご用件でしょうか？

［接客係］

Nín yào shén me fú wù?
您要什么服务？
ニン ヤオ シェンマ フゥー ウー

☐ 明日朝7時にモーニング
　コールをお願いします。

Míng tiān zǎo shang qī diǎn qǐng tí gòng
明天早上七点请提供
ミン ティエン ヅァオ シャン チー ディエン チィン ティー ゴゥン

jiào zǎo fú wù.
叫早服务。
ディアオ ヅァオ フゥー ウー

- わかりました。
  部屋番号をお教えください。

  接客係

  Hǎo de,
  好的，

  qǐng gào su wǒ nín de fáng jiān hào mǎ.
  请告诉我您的房间号码。

- 洗濯物がありますが、
  いつ仕上がりますか？

  Wǒ yào xǐ yī fu,
  我要洗衣服，

  shén me shí hou kě yǐ xǐ hǎo?
  什么时候可以洗好？

- 明日の午後には仕上げられます。

  接客係

  Míng tiān xià wǔ kě yǐ xǐ hǎo.
  明天下午可以洗好。

- 今お出しになりますか？

  接客係

  Nín xiàn zài yào xǐ ma?
  您现在要洗吗？

- 部屋番号をお教えください、
  すぐに取りにうかがいます。

  接客係

  Qǐng gào su wǒ nín de fáng jiān hào mǎ,
  请告诉我您的房间号码，

  wǒ mǎ shang qù qǔ.
  我马上去取。

第5章 空港・機内・ホテル編

□ ドライヤーはありますか？
　ちょっとお借りしたいのです。

Yǒu chuī fēng jī ma?
有吹风机吗？
イオウ チュイ フォン ヂー マ

Wǒ xiǎng jiè yòng yí xià.
我想借用一下。
ウオ シィアン ヂィエ イヨン イー シィア

Wǒ xiǎng jiè yí xià chuī fēng jī.
我想借一下吹风机。
ウオ シィアン ヂィエ イー シィア チゥイ フォン ヂー

□ サービスカウンターに
　ご連絡ください。

接客係

Qǐng nín yǔ fú wù tái lián xi.
请您与服务台联系。
チィン ニン ユイ フゥー ウー タイ リィエン シ

※与〜联系（〜と連絡を取る）

Qǐng nín gěi fú wù tái dǎ diàn huà.
请您给服务台打电话。
チィン ニン ゲイ フゥー ウー タイ ダー ディエン ホゥア

□ コーヒーを2杯、301号室に
　持ってきてください。

Qǐng sòng liǎng bēi kā fēi
请送两杯咖啡
チィン ソン リィアンベイ カー フェイ

dào sān líng yāo hào fáng jiān lái.
到301号房间来。
ダオ サン リン ヤオ ハオ ファン ヂィエン ライ

※会話の中で、番号を言う場合、「1」は「yī」ではなく、「yāo」と言う。

第6章

交 通 編

中国国内で交通機関を利用するときに使う必須フレーズを紹介します。電車、バス、飛行機については切符を購入したり、乗り場を聞いたりする常用表現が中心です。利用する頻度が高いタクシーについては、行き先や道路の指定のほか、運転手とのトラブル解消フレーズも紹介しています。

1 切符を買う

切符を買うのは交通機関を利用する第一歩。自分の要望を正確に伝えましょう。困ったら筆談を。

航空券／バス・電車の切符

Disc 1　72

☐ 航空券[列車の切符／船の切符]を1枚ください。

Wǒ yào mǎi yì zhāng fēi jī piào
我要买一张飞机票
ウオ ヤオ マイ イー ヂャン フェイヂー ピィアオ

[huǒ chē piào / chuán piào].
[火车票／船票]。
[ホゥオ チャー ピィアオ ／ チゥアン ピィアオ]

☐ 西安から桂林までの航空券を1枚お願いします。

Wǒ mǎi yì zhāng cóng Xī'an
我买一张从西安
ウオ マイ イー ヂャン ツォン シー アン

dào Guì lín de fēi jī piào.
到桂林的飞机票。
ダオ グゥイ リン ダ フェイヂー ピィアオ

☐ 南京行きの列車の切符を2枚ください。

Wǒ mǎi liǎng zhāng qù Nán jīng de
我买两张去南京的
ウオ マイ リィアン ヂャン チュイ ナン ヂン ダ

huǒ chē piào.
火车票。
ホゥオ チャー ピィアオ

☐ 今日の午後の、北京から天津までの新幹線の切符はありますか？

Yǒu jīn tiān xià wǔ cóng Běi jīng
有今天下午从北京
イオウ ヂン ティエン シィア ウー ツォン ベイ ヂン

dào Tiān jīn de dòng chē ma?
到天津的动车吗？
ダオ ティエン ヂン ダ ドゥン チャー マ

※动车（中国式新幹線）

☐ 天津までの新幹線は何時間に1本ありますか？	Dào Tiān jīn de dòng chē jǐ ge xiǎo shí yí tàng? **到天津的动车几个小时一趟？** ダオ ティエンヂン ダ ドゥン チャー ヂー ガ シィアオ シー イー タン ※趟(～本) 列車の本数を数える助数詞。
☐ 飛行機の便[列車]は1日に何便ありますか？	Yì tiān yǒu jǐ cì háng bān [liè chē]? **一天有几次航班[列车]？** イー ティエン イオウ ヂー ツー ハン バン [リィエ チャー] ※航班(飛行機の便)
☐ 夜の便はありますか？	Yǒu wǎn shang de ma? **有晚上的吗？** イオウ ワン シァン ダ マ
☐ 最終便は何時ですか？	Zuì hòu yì bān shì jǐ diǎn? **最后一班是几点？** ヅゥイ ホウ イー バン シー ヂー ディエン ※班(飛行機の便)
☐ 次のバスは何時発ですか？	Xià yí liàng chē shén me shí hou chū fā? **下一辆车什么时候出发？** シィア イー リィアン チャー シェン マ シー ホウ チゥー ファー ※下一辆车(次のバス)
☐ 北京から南京まで飛行機で何時間かかりますか？	Cóng Běi jīng dào Nán jīng zuò fēi jī yào duō cháng shí jiān? **从北京到南京坐飞机要多长时间？** ツォン ペイ ヂン ダオ ナン ヂン ヅゥオ フェイ ヂー ヤオ ドゥオ チャン シー ヂィエン ※要([時間・お金が]かかる) 動詞

第6章 交通編

□ 北京から杭州まで列車で何時間かかりますか?	Cóng Běi jīng daò Háng zhōu zuò huǒ chē **从北京到杭州坐火车** ツォン ベイ ヂィン ダオ ハン ヂォウ ヅゥオ ホゥオ チャー yào jǐ ge xiǎo shí? **要几个小时?** ヤオ ヂー ガ シィアオ シー
□ 切符は1枚いくらですか?	Yì zhāng piào duō shao qián? **一张票多少钱?** イー ヂャン ピィアオ ドゥオ シアオ チィエン
□ 割引切符はありますか? 何割安くなりますか?	Yǒu dǎ zhé piào ma? Dǎ jǐ zhé? **有打折票吗? 打几折?** イオウ ダー ヂァー ピィアオ マ ダー ヂー ヂァー ※打折(割引) ※割引表示については日中で異なります。中国で「打3折」は30%引きの意味です。
□ 明日の分の割引切符はありますか?	Míng tiān de piào yǒu dǎ zhé de ma? **明天的票有打折的吗?** ミィン ティエンダ ピィアオ イオウダー ヂァーダ マ
□ 割引切符はいくらですか?	Dǎ zhé piào duō shao qián? **打折票多少钱?** ダー ヂァー ピィアオ ドゥオ シアオ チィエン
□ 普通運賃はいくらですか?	Bù dǎ zhé duō shao qián? **不打折多少钱?** ブー ダー ヂァードゥオ シアオ チィエン
□ 夜の7時の切符をお願いします。	Wǒ yào wǎn shang qī diǎn de. **我要晚上7点的。** ウオ ヤオ ウアン シァン チー ディエンダ
□ 一番早い時間帯の切符をお願いします。	Wǒ yào zuì kuài de. **我要最快的。** ウオ ヤオ ヅゥイクゥアイダ
□ 窓側[通路側]の座席をお願いします。	Wǒ yào kào chuāng hu de [guò dào de]. **我要靠窗户的[过道的]。** ウオ ヤオ カオ チゥアン ホゥダ [グゥオダオ ダ] ※靠(近寄る;接近する)

□ 2人並んで座れる席を
お願いします。

Wǒ yào liǎng ge rén āi zhe de.
我要两个人挨着的。
ウオ ヤオ リィアンガ レン アイ ヂァ ダ

※挨着（並べる；隣同士になる）

□ 寝台車の上段ベッドの切符を
1枚ください。

Wǒ yào yì zhāng shàng pù de.
我要一张上铺的。
ウオ ヤオ イー ヂァン シァン プゥー ダ

※上铺（上段ベッド）

□ 寝台車の上段を1枚、
下段を1枚ください。

Wǒ yào yì zhāng shàng pù, yì zhāng xià pù.
我要一张上铺，一张下铺。
ウオ ヤオ イー ヂァン シァン プゥー イー ヂァン シィア プー

□ 食堂車の近くの切符を
2枚お願いします。

Wǒ yào liǎng zhāng kào jìn cān chē de.
我要两张靠近餐车的。
ウオ ヤオ リィアン ヂァン カオ ヂン ツァン チャー ダ

※靠近（〜の近く）

◆ ミニ知識 ◆

　中国では、割引航空券を購入することが一般的です。購入する前に、割引航空券があるかどうかを確認しましょう。航空券の保険は別料金となり、だいたい50元前後です。一方、列車の切符は正規の料金で購入するしかありません。また列車の場合、出発日の10日前から購入することができます。

　北京でバスを利用する場合には、「一卡通」（または「交通卡」とも言いますが、日本のパスネットやスイカと同類）の使用をお勧めします。「一卡通」を使用すると正規料金の半額以下になります。「交通卡」は新聞販売所や郵便局などで購入できます。

第6章　交通編

領収書をもらう

Disc 1 | 73

☐ 領収書をお願いします。

Gěi wǒ yì zhāng fā piào.
给我一张发票。
ゲイ ウオ イー ヂャン ファー ピィアオ

Wǒ yào yì zhāng fā piào.
我要一张发票。
ウオ ヤオ イー ヂャン ファー ピィアオ

☐ すみませんが、領収書をください。

Má fan nín, gěi wǒ yì zhāng fā piào.
麻烦您给我一张发票。
マー ファンニン ゲイ ウオ イー ヂャンファー ピィアオ

☐ 領収書をください。日時は書かないでください。

Wǒ yào yì zhāng bù xiě rì qī de fā piào.
我要一张不写日期的发票。
ウオ ヤオ イー ヂャンブー シィエリー チー ダ ファー ピィアオ

☐ 領収書をもらえますか?

Yǒu fā piào ma?
有发票吗?
イオウ ファー ピィアオ マ

乗り場を聞く

Disc 1 | 74

☐ ちょっとお伺いしますが、タクシー乗り場はどちらですか?

Qǐng wèn, chū zū chē zhàn zài nǎr?
请问,出租车站在哪儿?
チン ウエン チゥーヅゥ チャー ヂャン ヅァイ ナール

☐ ちょっとお伺いしますが、近くにタクシー乗り場はありますか?

Qǐng wèn,
请问,
チン ウエン

fù jìn nǎr yǒu chū zū chē zhàn?
附近哪儿有出租车站?
フゥー ヂン ナール イオウ チゥーヅゥ チャー ヂャン

☐ ちょっとお伺いしますが、この先にバス停はありますか?

Qǐng wèn,
请问,
チン ウエン

qián miàn yǒu gōng gòng qì chē zhàn ma?
前面有公共汽车站吗?
チィエン ミィエン イオウ ゴゥン ゴゥン チー チャー ヂャン マ

☐ ちょっとお伺いしますが、近くに地下鉄はありますか？	Qǐng wèn, fù jìn yǒu dì tiě ma? **请问，附近有地铁吗？** チン ウエン フゥー ヂン イオウ ディー ティエ マ
☐ すみません、ちょっとお伺いします。近くに空港線はありますか？	Duì bu qǐ, qǐng wèn, **对不起，请问，** ドゥイ ブー チー チン ウエン fù jìn yǒu jī chǎng xiàn ma? **附近有机场线吗？** フゥー ヂン イオウ ヂー チャン シィエン マ ※机场线（[地下鉄の]空港線）
☐ すみません、ちょっとお伺いします。駅はここから遠いですか？	Duì bu qǐ, qǐng wèn, **对不起，请问，** ドゥイ ブー チー チン ウエン chē zhàn lí zhèr yuǎn ma? **车站离这儿远吗？** チャー ヂャン リー ヂアール ユアン マ
☐ すみませんが、新幹線のホームはどちらですか？	Duì bu qǐ, **对不起，** ドゥイ ブー チー nín zhī dao dòng chē zhàn tái zài nǎr ma? **您知道动车站台在哪儿吗？** ニン ヂー ダオ ドゥン チャー ヂャン タイ ヅァイ ナール マ ※站台（ホーム）
☐ ちょっとお伺いしますが、5番ホームはどちらですか？	Qǐng wèn, wǔ hào zhàn tái zài nǎr? **请问，五号站台在哪儿？** チン ウエン ウー ハオ ヂャン タイ ヅァイ ナール
☐ 済南行きの列車はどこで乗車するのですか？	Qù Jǐ nán de huǒ chē zài nǎr shàng chē? **去济南的火车在哪儿上车？** チュイ ヂー ナン ダ ホゥオ チャー ヅァイ ナール シァン チャー ※火车（列車）

第6章 交通編

☐ 杭州行きの列車は5番ホームで乗車するのですか？	Qù Háng zhōu de huǒ chē shì zài wǔ hào zhàn tái shàng chē ma? **去杭州的火车是在五号站台上车吗？**
☐ ちょっとお伺いしますが、国内[国際]線の搭乗口はどちらですか。	Qǐng wèn, guó nèi [guó jì] dēng jī kǒu zài nǎr? **请问，国内[国际]登机口在哪儿？**
☐ ちょっとお伺いしますが、威海行きの搭乗口はどちらですか。	Qǐng wèn, qù Wēi hǎi zài nǎr dēng jī? **请问，去威海在哪儿登机？**

【応答表現】

☐ この先にあります。	Zài qián mian. **在前面。**
☐ この先にありますよ。	Jiù zài qián mian. **就在前面。**
☐ すぐそこです。	Qián mian jiù shì. **前面就是。**
☐ この先にはありません。	Qián mian méi you. **前面没有。**
☐ この近くにはありません。	Zhè fù jìn méi yǒu. **这附近没有。**

- ☐ ここから遠くない
　［それほど遠くない］です。

Lí zhèr bú yuǎn [bú tài yuǎn].
离这儿不远[不太远]。
リー ヂァール ブー ユアン ［ ブー タイ ユアン ］

- ☐ ここからとても遠い
　［近い］です。

Lí zhèr hěn yuǎn [hěn jìn].
离这儿很远[很近]。
リー ヂァール ヘン ユアン ［ ヘン ヂン ］

- ☐ 遠くないです。
　歩いて10分くらいです。

Bù yuǎn, zǒu shí fēn zhōng zuǒ yòu.
不远，走十分钟左右。
ブー ユアン ヅォウシー フェン ヂォン ヅォオ イオウ

- ☐ まっすぐ行くとすぐです。

Yì zhí wǎng qián zǒu jiù shì.
一直往前走就是。
イー ヂー ウアン チィエン ヅォウ ヂィウ シー

- ☐ もうすぐ着きます。

Mǎ shang jiù dào.
马上就到。
マー シャン ヂィウ ダオ

行き先を確かめる（バス・列車）　　Disc 1　75

- ☐ ちょっとお伺いしますが、
　このバスは図書大厦に
　停まりますか？

Qǐng wèn,
请问，
チン ウエン

zhèi chē zài Tú shū dà shà tíng ma?
这车在图书大厦停吗？
ヂェイ チャーヅァイトゥー シューダー シャー ティン マ

- ☐ ちょっとお伺いしますが、
　このバスは動物園に
　行きますか？

Qǐng wèn, zhèi chē qù Dòng wù yuán ma?
请问，这车去动物园吗？
チン ウエン　ヂェイ チャー チュイ ドゥン ウー ユアン マ

- ☐ ちょっとお伺いしますが、
　このバスは空港に行きますか？

Qǐng wèn, zhèi chē dào jī chǎng ma?
请问，这车到机场吗？
チン ウエン　ヂェイ チャー ダオ ヂー チャン マ

□ ちょっとお伺いしますが、市内に行くにはこのバスでいいですか？	Qǐng wèn, 请问， qù shì qū shì zuò zhèi liàng chē ma? 去市区是坐这辆车吗？
□ ちょっとお伺いしますが、このバスは市内のどこまで行きますか？	Qǐng wèn, 请问， zhèi chē dào shì qū shén me dì fang? 这车到市区什么地方？
□ ちょっとお伺いしますが、国家体育場に行くにはどこで降りればいいですか？	Qǐng wèn, 请问， qù Guó jiā tǐ yù chǎng zài nǎr xià chē? 去国家体育场在哪儿下车？
□ ちょっとお伺いしますが、故宮まであと何駅ですか？	Qǐng wèn, qù Gù gōng hái yǒu jǐ zhàn? 请问，去故宫还有几站？
□ すみません、天安門駅に着いたら教えていただけませんか？	Duì bu qǐ, dào le Tiān an mén zhàn, 对不起，到了天安门站， qǐng gào su wǒ yí xià, kě yǐ ma? 请告诉我一下，可以吗？

【車掌の応答表現】

□ はい、停まりますよ。	Tíng a. 停啊。
□ これは快速なので停まりません。	Zhè shì kuài che, bù tíng. 这是快车，不停。

※「快车」は快速の意味で、これに対し各駅は中国語で「慢车」と言う。覚えておくと便利。

☐ 行きます、乗ってください。	Dào, shàng chē ba. **到，上车吧。** ダオ　シァン チャーバ ※電車から降りることは「下车」と言う。このフレーズで覚えておこう。
☐ 動物園行きのバスは5番です。	Wǔ hào chē zhàn shì qù Dòng wù yuán de chē. **五号车站是去动物园的车。** ウー ハオ チャーヂャンシー チュイドゥン ウー ユアンダ チャー
☐ 次は故宮博物館です。	Xià zhàn jiù shì Gù gōng. **下站就是故宫。** シィア ヂャンヂィウ シー グー ゴゥン ※下站（次の駅）
☐ 故宮博物館まであと3駅です。	Dào Gù gōng hái yǒu sān zhàn. **到故宫还有三站。** ダオ グー ゴゥン ハイ イオウサン ヂャン
☐ そこの日本人の方、 故宮博物館に着きましたよ。	Nèi wèi rì běn rén, dào Gù gōng le. **那位日本人，到故宫了。** ネイ ウエイリー ベン レン　ダオ グー ゴゥン ラ
☐ 着きましたよ、 どうぞ降りてください。	Dào le, nǐ gāi xià chē le. **到了，你该下车了。** ダオ ラ　ニー ガイ シィアチャーラ ※该〜了（そろそろ〜する）

フライトのリコンファーム

Disc 1　76

☐ 予約の確認をしたいのですが。	Wǒ yào què rèn jī piào. **我要确认机票。** ウオ ヤオ チュエレン ヂー ピィアオ
☐ 9月11日の航空券です。	Wǒ de jī piào shì jiǔ yuè shí yī hào de. **我的机票是9月11号的。** ウオ ダ ヂー ピィアオシー ヂゥユエ シーイーハオ ダ
☐ 9月18日の西安行きの フライトです。	Jiǔ yuè shí bā hào qù [fēi] Xī'an de. **9月18号去[飞]西安的。** ヂゥユエ シーバーハオ チュイ [フェイ] シー アン ダ

□ 武漢行きの直行便です。	Shì zhí fēi Wǔ hàn de háng bān. **是直飞武汉的航班。** シー ヂー フェイウー ハンダ ハン バン ※直飞（直行する；直行便） ※航班（フライト）
□ 広州行きのフライトです。	Shì qù Guǎng zhōu de háng bān. **是去广州的航班。** シー チュイ グゥアンヂォウダ ハン バン
□ 上海行きのフライトです。	Shì fēi wǎng Shàng hǎi de háng bān. **是飞往上海的航班。** シー フェイウアン シァン ハイ ダ ハン バン ※飞往（〜行きの飛行機）
□ 大連乗り継ぎの北京行きのフライトです。	Shì zài Dà lián zhuǎn jī qù **是在大连转机去** シー ヅァイ ダー リィエンヂゥアン ヂーチュイ Běi jīng de háng bān. **北京的航班。** ベイ ヂンダ ハン バン ※转机（乗り継ぐ）
□ 北京発東京行きのフライトです。	Shì cóng Běi jīng fēi Dōng jīng de háng bān. **是从北京飞东京的航班。** シー ツォンベイ ヂン フェイドゥン ヂンダ ハン バン
□ 便名はMU516です。	Háng bān hào shì M U wǔ yāo liù. **航班号是 MU516。** ハン バン ハオ シー M U ウーヤオリウ ※航班号（便名）
□ 明日のCA925便です。	Míng tiān C A jiǔ èr wǔ háng bān. **明天 CA925 航班。** ミン ティエンC A ヂィウアルウーハンバン
□ 9時5分の出発です。	Qǐ fēi shí jiān shì jiǔ diǎn wǔ fēn. **起飞时间是九点五分。** チー フェイシー ヂィエンシー ヂィウ ディエンウー フェン

- ☐ フライトの時間は朝の9時5分でいいですか？

Háng bān de qǐ fēi shí jiān shì zǎo shang
航班的起飞时间是早上
jiǔ diǎn wǔ fēn de, duì ma?
九点五分的，对吗？

- ☐ 出発は午後の1時半で到着は現地時間の午後4時ですね？

Xià wǔ yì diǎn bàn qǐ fēi,
下午一点半起飞，
dāng dì shí jiān xià wǔ sì diǎn jiàng luò,
当地时间下午四点降落，
duì ma?
对吗？

- ☐ 高橋と言います、名前のピンイン表記はGao qiaoです。

Wǒ xìng Gāo qiáo,
我姓高桥，
wǒ de míng zi de Hàn yǔ pīn yīn shì
我的名字的汉语拼音是
Gāo qiáo.
Gao qiao。

※汉语拼音（ピンイン表記）

- ☐ 名前の英字表記はTAKAHASHIです。

Wǒ de míng zi de
我的名字的
yīng wén zì mǔ shì
英文字母是TAKAHASHI。

- ☐ 生年月日は1985年7月15日です。

Wǒ de shēng ri shì
我的生日是
yī jiǔ bā wǔ nián qī yuè shí wǔ hào.
1985年7月15号。

第6章 交通編

☐ 2人です。 　2人とも男性[女性]です。	Yí gòng liǎng wèi, dōu shī nán [nǚ] de. **一共两位，都是男[女]的。**
☐ 全員大人です、 　子供はいないです。	Dōu shì dà rén, méi you xiǎo háir. **都是大人，没有小孩儿。**
☐ 虹橋空港ですか、 　それとも浦東空港ですか?	Jī chǎng shì Hóng qiáo jī chǎng, **机场是虹桥机场，** hái shì Pǔ dōng jī chǎng? **还是浦东机场？**
☐ 何番の到着ロビーに 　着陸しますか?	Fēi jī zài jǐ hào háng zhàn lóu jiàng luò? **飞机在几号航站楼降落？**
【オペレーターの応答表現】	
☐ 明日の朝9時5分の便を 　確かにご予約されています。	Nín què shí dìng le míng tiān zǎo shang **您确实定了明天早上** jiǔ diǎn wǔ fēn de háng bān. **九点五分的航班。**
☐ 明日の午前の北京から 　上海までの便を確かに 　ご予約されています。	Nín dìng de háng bān shì míng tiān shàng wǔ **您定的航班是明天上午** cóng Běi jīng fēi Shàng hǎi de. **从北京飞上海的。**
☐ お客様の座席はすでに 　確保されています。	Wǒ men yǐ jing gěi nín bǎo zhèng le zuò wèi. **我们已经给您保证了座位。** ※保证(確保する)
☐ ご利用ありがとうございました。	Xiè xie nín lì yòng wǒ háng kōng gōng sī. **谢谢您利用我航空公司。**

- またのご利用を
  お待ちしております。

Huān yíng nín zài cì lì yòng
欢迎您再次利用
ホゥアン イン ニン ヅァイ ツー リー イヨン

wǒ háng kōng gōng sī.
我航空公司。
ウオ ハン クォン ゴゥン スー

※再次（再び）

2 タクシーを利用する

行き先を伝えればOKですが、ちょっとしたトラブルにも対応できれば安心ですね。

タクシーに乗る　　　　Disc 1　77

□ メディアセンターへ行ってください。

Wǒ qù Méi tǐ dà shà.
我去媒体大厦。
ウオ チュイ メイ ティー ダー シャー

※媒体（メディア）

□ 新天地までお願いします。

Xiān sheng, má fan nín qù Xīn tiān dì.
先生，麻烦您去新天地。
シィエン ション マー ファン ニン チュイ シン ティエン ディー

□ ここへ行ってください。

Qǐng qù zhèr.
请去这儿。
チン チュイ ヂァール

□ すみませんが、シャングリラ・ホテルへ行ってください。

Má fan nín, qù Xiāng gé lǐ lā fàn diàn.
麻烦您，去香格里拉饭店。
マー ファン ニン チュイ シィアン ガー リー ラー ファン ディエン

□ 西単に行ってから香山に行ってください。

Wǒ qù Xī dān, rán hòu zài qù Xiāng shān.
我去西单，然后再去香山。
ウオ チュイ シー ダン ラン ホウ ツァイ チュイ シィアン シァン

□ 中国銀行に行ってからホテルに戻ってください。

Wǒ qù Zhōng guó yín háng,
我去中国银行，
ウオ チュイ ヂォン グゥオ イン ハン

rán hòu huí fàn diàn.
然后回饭店。
ラン ホウ ホゥイ ファン ディエン

□ 湖北会館に行ってください。（ホテルには）戻りません。

Wǒ men qù Hú běi huì guǎn,
我们去湖北会馆，
ウオ メン チュイ ホゥ ベイ ホゥイ グゥアン

bù huí lai le.
不回来了。
ブー ホゥイ ライ ラ

- ☐ 高速道路を使ってください。

  Qǐng zǒu gāo sù.
  请走高速。
  チィン ヅォウ ガオ スゥー

- ☐ 一番早い道でお願いします。

  Qǐng nín zǒu zuì kuài de lù xiàn.
  请您走最快的路线。
  チィン ニン ヅォウ ヅゥイ クゥアイ ダ ルー シィエン

- ☐ すみませんが、
  一番安い道でお願いします。

  Má fan nín,
  麻烦您，
  マー ファン ニン

  qǐng zǒu zuì pián yi de lù xiàn.
  请走最便宜的路线。
  チィン ヅォウ ヅゥイ ピィエン イー ダ ルー シィエン

- ☐ 東便門から行ってください。

  Qǐng nín zǒu Dōng biàn mén.
  请您走东便门。
  チィン ニン ヅォウ ドゥン ビィエン メン

- ☐ 環状3号線を行ってください。

  Qǐng nín zǒu sān huán.
  请您走三环。
  チィン ニン ヅォウ サン ホゥアン

  ※三环（環状3号線）

- ☐ 急用があるので、
  ちょっと急いでください。

  Wǒ yǒu jí shì, qǐng kāi kuài yì diǎnr.
  我有急事，请开快一点儿。
  ウオ イオウ ヂー シー チィン カイ クゥアイ イー ディエル

- ☐ 渋滞なので、
  遠回りをしてください。

  Dǔ chē le, qǐng rào dào zǒu ba.
  堵车了，请绕道走吧。
  ドゥー チャー ラ チィン ラオ ダオ ヅォウ バ

- ☐ 王府井まであとどのくらい
  ですか?

  Dào Wáng fǔ jǐng hái yào duō cháng shí jiān?
  到王府井还要多长时间？
  ダオ ウアン フゥー ヂン ハイ ヤオ ドゥオ チャン シー ディエン

- ☐ ここでちょっと待ってください。

  Qǐng zài zhèr děng yí xià.
  请在这儿等一下。
  チィン ヅァイ ヂァール デン イー シィア

第6章 交通編

□ ここでちょっと待って いただけませんか？	Qǐng nín zài zhèr děng wǒ men yí xià. **请您在这儿等我们一下。**
□ 15分後に戻ります。	Wǒ shí wǔ fēn zhōng hòu huí lai. **我十五分钟后回来。**
□ ちょっと行ってすぐ戻ります。	Wǒ qù yí xià jiù huí lai. **我去一下就回来。**
□ 明日1日[半日]借り切りたい のですが。	Wǒ míng tiān xiǎng bāo yì tiān [bàn tiān] chē. **我明天想包一天[半日]车。** ※包（借り切る）
□ 1日借り切るといくらに なりますか？	Bāo yì tiān chē duō shao qián? **包一天车多少钱？**
□ おつりは要りません。	Bú yòng zhǎo le. **不用找了。** Líng qián bú yào le. **零钱不要了。** ※零钱（おつり；釣り銭）
□ ちょうど30元です。	Zhèng hǎo sān shí kuài. **正好30块。**

乗車中のトラブル   Disc 1 78

□ 道が違います。	Zhèi tiáo lù bú duì. **这条路不对。**

☐ この道ではないです。	Bú shì zhèi tiáo lù. **不是这条路。** ブー シー ヂェイ ティアオ ルー
☐ この道はメディアセンター行きの道ではないです。	Zhèi tiáo lù bú shì qù Méi tǐ dà shà de. **这条路不是去媒体大厦的。** ヂェイ ティアオ ルー ブー シー チュイ メイ ティー ダー シャー ダ
☐ これはホテルに戻る道ではないです。	Zhèi bú shì huí fàn diàn de lù. **这不是回饭店的路。** ヂェイ ブー シー ホゥイ ファン ディエン ダ ルー ※回(戻る)
☐ 走っている方向が間違っています。	Nín zǒu cuò le. **您走错了。** ニン ヅォウ ツゥオ ラ
☐ 方向が間違っています。	Fāng xiàng cuò le. **方向错了。** ファン シィアン ツゥオ ラ
	Fāng xiàng bú duì. **方向不对。** ファン シィアン ブー ドゥイ
☐ 反対の方向へ走っています。	Fāng xiàng fǎn le. **方向反了。** ファン シィアン ファン ラ
☐ メーターが回っていません。	Jì chéng qì méi liàng. **计程器没亮。** ヂー チェン チー メイ リィアン ※计程器(メーター)
☐ メーターを使っていませんね。	Hǎo xiàng méi yòng jì chéng qì. **好像没用计程器。** ハオ シィアン メイ イヨン ヂー チェン チー
	Méi you qǐ dòng jì chéng qì. **没有启动计程器。** メイ イオウ チー ドゥン ヂー チェン チー

第6章 交通編

☐ 車の番号は京B6784です。	Chē hào shì Jīng B liù qī bā sì. **车号是京 B6784。** チャーハオ シー ディン B リウチーバースー
☐ あなたは華達会社の 運転手ですね?	Nǐ shì Huá dá qì chē gōng sī **你是华达汽车公司** ニー シー ホゥアダー チー チャーゴゥンスー de sī jī ma? **的司机吗?** ダ スー ヂー マ
☐ あなたの免許証番号は 京F3342ですね。	Nǐ de jià zhào shì Jīng F sān sān sì èr, duì ma? **你的驾照是京 F3342, 对吗?** ニー ダ ヂィア ヂャオ シー ディン F サン サン スー アル ドゥイ マ

◆ ミニ知識

①北京空港から市内への主な交通手段
 (1) 地下鉄　　　机场线　　　25块
 　　　　　　　T2 航站楼站→T3 航站楼站→三元桥站→东直门站
 (2) 空港バス　　机场巴士　16块〜20块
 (3) タクシー　　出租车

②主な交通手段
 (1) バス　　　　公交车・公共汽车 (巴士)
 (2) タクシー　　出租车・出租的士
 (3) 地下鉄　　　地铁
 (4) 列車　　　　火车

第7章

観光・レジャー編

道を聞く、ツアー・アクティビティに参加する、写真を撮ってもらう、といった観光で必須のフレーズを中心に紹介します。お金と両替についての表現もまとめて収録しています。

1 地図と道順

市内観光には地図は必須アイテム。地図を手にして、街に繰り出しましょう。

地図を買う　　　　　　　　　　　　　　　　　Disc 2　　1

□ 市内の交通案内図はありますか？

Yǒu shì qū jiāo tōng tú ma?
有市区交通图吗？
イオウ シー チュイ ディアオ トゥン トゥー マ

□ 無料の交通地図はありますか？

Yǒu miǎn fèi de jiāo tōng tú ma?
有免费的交通图吗？
イオウ ミィエン フェイ ダ ディアオ トゥン トゥー マ

※免费(無料)

□ 観光地図はありますか？

Yǒu guān guāng dì tú ma?
有观光地图吗？
イオウ グゥアン グゥアン ディー トゥー マ

□ 市内の交通案内図を1枚ください。

Wǒ mǎi yì zhāng shì qū jiāo tōng tú.
我买一张市区交通图。
ウオ マイ イー ヂャン シー チュイ ディアオ トゥン トゥー

□ 日本語版の地図はありますか？

Yǒu rì wén bǎn de dì tú ma?
有日文版的地图吗？
イオウ リー ウエン バン ダ ディー トゥー マ

□ 英語版の地図はありますか？

Yǒu yīng wén bǎn de dì tú ma?
有英文版的地图吗？
イオウ イン ウエン バン ダ ディー トゥー マ

□ 3元と5元の地図があります、どちらにしますか？

店員

Yǒu sān kuài de hé wǔ kuài de,
有三块的和五块的，
イオウ サン クゥアイダ ハー ウー クゥアイダ

yào něi zhǒng?
要哪种？
ヤオ ネイ ヂォン

☐ 3元の地図をください。

Yào sān kuài de.
要三块的。
ヤオ サン クゥアイダ

行き方を聞く　　　　　　　　　　　　　　　　　　　Disc 2　2

☐ お伺いしますが、頤和園には
どうやって行きますか?

Qǐng wèn, qù Yí hé yuán zěn me zǒu?
请问，去颐和园怎么走？
チン ウエン　チュイイー ハー ユアンヅェンマ ヅォウ

☐ すみませんが、
ちょっとお伺いします。
長城ホテルへの行き方を
教えてください。

Duì bu qǐ,　　qǐng wèn,
对不起，请问，
ドゥイブー チー　チン ウエン

qù Cháng chéng fàn diàn zěn me zǒu?
去长城饭店怎么走？
チュイ チャン チェン ファン ディエンヅェンマ ヅォウ

☐ まっすぐ行っていいですか?

Shì yì zhí zǒu ma?
是一直走吗？
シー イー ヂー ヅォウマ

☐ このまままっすぐ行って
大丈夫ですか?

Zhè me yì zhí zǒu duì ma?
这么一直走对吗？
ヂァーマ イー ヂー ヅォウドゥイマ

☐ この方向ですか?

Shì zhèi ge fāng xiàng ma?
是这个方向吗？
シー ヂェイガ　ファン シィアンマ

☐ どこで曲がりますか?

Zài nǎr　　guǎi wān?
在哪儿拐弯？
ヅァイ ナール　グゥアイ ウアン

※拐弯(曲がる)

☐ この先の交差点で
曲がりますか?

Shì zài qián mian de shí zì lù kǒu
是在前面的十字路口
シー ヅァイ チィエン ミィエンダ シー ヅー ルー コウ

guǎi wān ma?
拐弯吗？
グゥアイ ウアンマ

第7章　観光・レジャー編

☐ 右に曲がりますか？	Shì wǎng yòu guǎi ma? **是往右拐吗？** シー ウアン イオウ グゥアイ マ ※拐（曲がる）	
☐ 右に曲がりますか、 　それとも左に曲がりますか？	Shì wǎng yòu guǎi, hái shì wǎng zuǒ guǎi? **是往右拐，还是往左拐？** シー ウアン イオウ グゥアイ ハイ シー ウアン ヅゥオ グゥアイ	
☐ そこまでどのくらいの時間が 　かかりますか？	Dào nàr yào duō cháng shí jiān? **到那儿要多长时间？** ダオ ナール ヤオ ドゥオ チャン シー ヂィエン	
☐ 地図を描いて 　いただけませんか？	Nín néng bāng wǒ huà ge tú ma? **您能帮我画个图吗？** ニン ネン バン ウオ ホゥア ガ トゥ マ ※画（描く）	
☐ この地図に印を付けて 　いただけませんか？	Nín néng bāng wǒ zài tú shang biāo yi biāo ma? **您能帮我在图上标一标吗？** ニン ネン バン ウオ ヅァイ トゥー シァン ビィアオ イー ビィアオ マ ※标（印を付ける）	
☐ 道に迷ってしまいました。	Wǒ mí lù le. **我迷路了。** ウオ ミー ルー ラ ※迷（迷う）	
☐ ホテルがどこにあるか 　わからなくなりました。	Wǒ zhǎo bu dào fàn diàn le. **我找不到饭店了。** ウオ ヂャオ ブー ダオ ファン ディエン ラ	

道を教える　　　　　　　　　　　　　　　　　　　　Disc 2　　3

☐ このまままっすぐ歩けば 　着きます。	Yì zhí wǎng qián zǒu jiù dào le. **一直往前走就到了。** イー ヂー ウアン チィエン ヅォウ ヂィウ ダオ ラ
☐ 約10分くらいですね。	Dà yuē shí fēn zhōng ba. **大约10分钟吧。** ダー ユエ シー フェン ヂォン バ

- [ ] それから左に曲がってください。

Rán hòu wǎng zuǒ guǎi.
然后往左拐。
ラン ホウ ウアン ヅゥオ グゥアイ

- [ ] ここよりまっすぐ行って、
  2番目の信号で右に曲がって
  ください。

Cóng zhèr yì zhí wǎng qián zǒu,
从这儿一直往前走，
ツォン ヂァール イー ヂー ウアン チィエン ヅォウ
zài dì èr ge hóng lǜ dēng
在第二个红绿灯
ヅァイ ディーアル ガ ホン リュイ デン
xiàng yòu guǎi jiù dào le.
向右拐就到了。
シィアン イオウ グゥアイ ヂィウ ダオ ラ

※红绿灯（信号）

- [ ] 道の左側に見えます。

Zài lù de zuǒ bian.
在路的左边。
ヅァイ ルー ダ ヅゥオ ビィエン

- [ ] 15番のバスに乗ってください。

Nǐ zuò shí wǔ lù gōng gòng qì chē.
你坐 15 路公共汽车。
ニー ヅゥオ シーウールー ゴゥン ゴゥン チー チャー

※路（バス路線を表示する番号）

- [ ] ここで302番のバスに乗って
  頤和園で降りてください。

Cóng zhèr zuò sān líng èr lù gōng jiāo chē
从这儿坐 302 路公交车
ツォン ヂァール ヅゥオ サンリンアルルー ゴゥン ヂィアオ チャー
zài Yí hé yuán xià chē.
在颐和园下车。
ヅァイ イー ハー ユアン シィア チャー

第7章 観光・レジャー編

2 観光する

ツアーやアクティビティを申し込む、写真を撮ってもらうときには決まった言い方が使えます。

ツアーに参加する

Disc 2　4

□ 故宮・天壇の日帰りコースはありますか？

Yǒu Gù gōng Tiān tán yí rì yóu ma?
有故宫天坛一日游吗？
イオウ グー ゴゥン ティエンタン イー リー イオウ マ

※一日游（日帰り）

□ 承徳の1泊2日コースはありますか？

Yǒu Chéng dé liǎng rì yóu ma?
有承德两日游吗？
イオウ チェンダー リィエンリー イオウ マ

※两日游（1泊2日）

□ 何時に出発しますか？どこで乗車しますか？

Jǐ diǎn chū fā?　Zài nǎr shàng chē?
几点出发？在哪儿上车？
ヂー ディエン チゥー ファー　ヅァイ ナール シァン チャー

□ 道中の時間はどのくらいかかりますか？

Lù shang yào duō cháng shí jiān?
路上要多长时间？
ルー シァン ヤオ ドゥオ チャン シー ディエン

※路上（道中）

□ 何時頃に市内に戻りますか？

Huí dào shì nèi shì jǐ diǎn?
回到市内是几点？
ホゥイダオ シー ネイ シー ヂー ディエン

□ 承徳でどのような観光地に行きますか？

Zài Chéng dé dōu qù shén me dì fang?
在承德都去什么地方？
ヅァイ チェンダー ドウ チュイ シェンマ ディーファン

□ どんなホテルに宿泊しますか？

Zhù shén me bīn guǎn?
住什么宾馆？
ヂゥー シェン マ　ビン グゥアン

□ 宿泊するホテルのランクは？	Bīn guǎn shì jǐ xīng jí de? **宾馆是几星级的？** ビン グゥアン シーヂー シィンヂー ダ
□ 日帰りコースの料金に 　昼食代は含まれていますか？	Yí rì yóu guǎn bu guǎn wǔ fàn [wǔ cān]? **一日游管不管午饭[午餐]？** イー リー イオウ グゥアン ブー グゥアン ウー ファン [ウー ツァン] ※管（〜込み）
□ 昼食はお弁当ですか、 　それともレストランですか？	Wǔ fàn shì hé fàn, hái shì zài cān tīng chī? **午饭是盒饭，还是在餐厅吃？** ウー ファンシー ハー ファン ハイ シー ヅァイ ツァン ティン チー ※盒饭（弁当）
□ 費用には保険料は 　入っていますか？	Fèi yòng li bāo kuò bǎo xiǎn fèi ma? **费用里包括保险费吗？** フェイ イヨンリ バオ クゥオ バオ シィエン フェイマ
□ 雨天でも行きますか？	Yǔ tiān yě qù ma? **雨天也去吗？** ユイ ティエン イエ チュイマ
□ もし行けない場合には 　返金してもらえますか？	Líng shí yǒu shì qù bu liǎo de huà, **临时有事去不了的话，** リン シー イオウシー チュイブー リィアオダ ホゥア tuì qián ma? **退钱吗？** トゥイ チィエンマ ※去不了（行くことができない） ※退钱（返金する）
□ 2人部屋ですか、 　それとも1人部屋ですか？	Fáng jiān shì liǎng ge rén yì jiān, **房间是两个人一间，** ファン ディエンシー リィアンガ レン イー ディエン hái shì yí ge rén yì jiān? **还是一个人一间？** ハイ シー イー ガ レン イー ディエン ※间（〜部屋）部屋を数える時に使う。

第7章 観光・レジャー編

- ☐ キャンセルは、どれくらい前にすればいいですか？

  Rú guǒ qǔ xiāo de huà,
  如果取消的话，
  tí qián duō cháng shí jiān shuō?
  提前多长时间说？

  ※取消（キャンセルする）
  ※提前（予め；前もって）

- ☐ 遅れる場合には、どうやって連絡すればいいですか？

  Chí dào de huà, zěn me lián xi?
  迟到的话，怎么联系？

- ☐ 明日の日帰りコースをキャンセルします。よろしくお願いします。

  Qǐng bǎ míng tiān de yí rì yóu
  请把明天的一日游
  qǔ xiāo le ba. Má fan nín le.
  取消了吧。麻烦您了。

日本語のガイド   Disc 2 5

- ☐ お伺いしますが、日本語のガイドはいますか？

  Qǐng wèn, yǒu rì wén dǎo yóu ma?
  请问，有日文导游吗？

  ※导游（ガイド）

- ☐ 日本語のガイドは1時間いくらですか？

  Rì wén dǎo yóu yí ge xiǎo shí duō shao qián?
  日文导游一个小时多少钱？

- ☐ 日本語のガイドは1時間150元です。

  旅行会社

  Rì wén dǎo yóu yí ge xiǎo shí yì bǎi wǔ shí kuài.
  日文导游一个小时150块。

- ☐ お伺いしますが、日本語の音声ガイドはありますか？

  Qǐng wèn, yǒu rì wén de shēng dǎo ma?
  请问，有日文的声导吗？

  ※声导（音声ガイド）

写真を撮る

- こんにちは。写真を撮っていただけませんか？ありがとう。

  Nǐ hǎo, néng bāng wǒ men zhào (yì) zhāng xiàng ma? Xiè xie.
  你好，能帮我们照（一）张像吗？谢谢。

  ※照像（写真を撮る）「照」は単独でも動詞として使う。
  ※张（枚）写真を数える助数詞。

- お手数ですが、写真を撮っていただけませんか？

  Má fan nín, kě yǐ gěi wǒ men zhào zhāng xiàng ma?
  麻烦您，可以给我们照张像吗？

- ここを押せば大丈夫です、ありがとう。

  Àn yí xià zhèr jiù kě yǐ le, xiè xie.
  按一下这儿就可以了，谢谢。

  ※按（押す；シャッターを押す）

- もう1枚お願いします。

  Má fan nín zài zhào yì zhāng.
  麻烦您再照一张。

- 人物は小さめでも大丈夫です。

  Rén xiǎo yì diǎnr méi guān xi.
  人小一点儿没关系。

- 後ろの建物を入れて撮ってください。

  Bǎ hòu mian de jiàn zhù wù zhào jìn qù.
  把后面的建筑物照进去。

第7章 観光・レジャー編

☐ 上半身だけでも大丈夫です。	Bàn shēn méi guān xi. **半身没关系。** バン シェン メイ グゥアン シ	

☐ とてもいいです。
　ありがとうございます。

Zhēn hǎo, xiè xie.
真好，谢谢。
チェン ハオ　シィエ シィエ

☐ お世話になりました。
　ありがとうございます。

Má fan nǐ le, xiè xie.
麻烦你了，谢谢。
マー ファン ニー ラ　シィエ シィエ

☐ そちらもお撮りしましょうか？

Nǐ men yào bu yào pāi yì zhāng?
你们要不要拍一张？
ニー メン ヤオ ブー ヤオ パイ イー チャン

レジャーを楽しむ　　　　　　　　　　Disc 2　7

☐ 近くにゴルフ場はありますか？

Fù jìn yǒu gāo ěr fū qiú chǎng ma?
附近有高尔夫球场吗？
フー ヂン イオウ ガオ アル フゥー チィウ チャン マ

※高尔夫球（ゴルフ）

☐ ゴルフ場行きの専用バスは
　ありますか？

Yǒu zhí jiē qù gāo ěr fū qiú chǎng de
有直接去高尔夫球场的
イオウ ヂー ディエ チュイ ガオ アル フゥー チィウ チャン ダ
bān chē ma?
班车吗？
バン チャー マ

※班车（送迎バス）

旅行会社

☐ あります。
　毎日早朝の6時にホテルから
　出発します。

Yǒu, měi tiān zǎo shang liù diǎn
有，每天早上六点
イオウ　メイ ティエン ヅァオ シァン リウ ディエン
cóng fàn diàn chū fā.
从饭店出发。
ツォン ファン ディエン チゥー ファー

ゴルフ場はここから遠いですか？	Gāo ěr fū qiú chǎng lí zhèr yuǎn ma? **高尔夫球场离这儿远吗？**
専用バスで1時間くらいです。	旅行会社 Zuò bān chē yí ge xiǎo shí zuǒ yòu. **坐班车一个小时左右。**
タクシーでも行けます。	旅行会社 Yě kě yǐ zuò chū zǔ chē qù. **也可以坐出租车去。**
1日の費用はどのくらいですか？	Qù yì tiān dà yuē duō shao qián? **去一天大约多少钱？**
800元です。	旅行会社 Bā bǎi kuài. **800块。**
食事代、交通費、コース代は全部含まれていますか？	Fàn fèi, jiāo tōng fèi hé qiú chǎng fèi dōu bāo kuò ma? **饭费，交通费和球场费都包括吗？**
バスは送迎バスですか？	Bān chē guǎn jiē yě guǎn sòng ma? **班车管接也管送吗？**
クラブ[手袋/靴]の貸し出しはありますか？	Yǒu jiè gāo ěr fū qiú gān [shǒu tào / xié] de ma? **有借高尔夫球杆[手套/鞋]的吗？**

第7章 観光・レジャー編

☐ 近くに(室内)サッカー場はありますか？	附近有（室内）足球场吗？	Fù jìn yǒu (shì nèi) zú qiú chǎng ma?

☐ 近くに乗馬場[スキー場]はありますか？

附近哪儿有骑马场[滑雪场]？
Fù jìn nǎr yǒu qí mǎ chǎng [huá xuě chǎng]?

☐ ここ以外に、ほかにはありますか？

除了这儿以外，还有哪儿有？
Chú le zhèr yǐ wài, hái yǒu nǎr yǒu?

☐ 予約の必要はありますか？

要预约吗？
Yào yù yuē ma?

☐ できれば予約したほうがいいですね。

旅行会社
你最好预约[定]一下。
Nǐ zuì hǎo yù yuē [dìng] yí xià.

※最好（できれば〜したほうがいい）

☐ 何日前から予約できますか？

提前几天开始预约？
Tí qián jǐ tiān kāi shǐ yù yuē?

☐ 前日からです。

旅行会社
一天。
Yì tiān.

遺失物

Disc 2 8

□ 遺失物の届けを
　お願いしたいのですが。

Wǒ yào guà shī.
我要挂失。
ウオ ヤオ グゥア シー

※挂失（紛失物届けを出す）
遺失物の届けは、現地の公安局や「失物招領処」などに出す。

□ 鞄をホテルに
　[タクシーの中に]
　忘れてしまいました。

Wǒ de bāo wàng zài
我的包忘在
ウオ ダ バオ ウアンヅァイ

fàn diàn [chū zū chē li] le.
饭店[出租车里]了。
ファン ディエン [チゥーヅゥ チャーリ] ラ

※忘在（～に忘れる）

□ カメラをなくしてしまいました。

Wǒ de zhào xiàng jī diū le.
我的照相机丢了。
ウオ ダ ヂャオ シィアン ヂー ディウ ラ

※丢（なくなる）

□ 財布[パスポート]が
　なくなりました。

Wǒ de qián bāo [hù zhào] bú jiàn le.
我的钱包[护照]不见了。
ウオ ダ チィエンバオ [ホゥ ヂャオ] ブー ディエンラ

※不见（見つからない）

□ 切符が見つかりません。

Piào méi yǒu le.
票没有了。
ピィアオ メイ イオウ ラ

□ 荷物が見つかりません。

Wǒ de xíng li zhǎo bù zháo le.
我的行李找不着了。
ウオ ダ シィン リ ヂャオ ブー ヂャオ ラ

※找不着（見つからない）

□ さっき店で使ったばかりです。

Wǒ gāng cái zài shāng diàn yòng guò.
我刚才在商店用过。
ウオ ガン ツァイ ヅァイ シァン ディエン イヨン グゥオ

※刚才（先ほど）

第7章　観光・レジャー編

- 鞄は何色ですか？

> 遺失物取扱所

Nǐ de shū bāo shì shén me yán sè de?
你的书包是什么颜色的？

※颜色（色）

- 黒です。

Hēi sè de.
黑色的。

- いつなくなったと
  気づきましたか？

> 遺失物取扱所

Shén me shí hou fā xiàn méi yǒu de?
什么时候发现没有的？

- 少し前です。
  朝ホテルを出た時には
  まだありました。

Gāng cái.
刚才。

Zǎo shang lí kāi fàn diàn de shí hou hái yǒu.
早上离开饭店的时候还有。

- ここにお名前、
  なくした時間と場所、
  連絡先をご記入ください。

> 遺失物取扱所

Qǐng zài zhèr tián xiě yì xià xìng míng,
请在这儿填写一下姓名，

diū shī de shí jiān,
丢失的时间，

dì diǎn hé lián xi fāng fǎ.
地点和联系方法。

※填写（記入する）
※丢失（失う；なくなる）

□ ほかの遺失物取扱所にも お問い合わせください。	**遺失物取扱所** Nǐ zài dào qí tā yí shī wù xún wèn chù qù wèn yi wèn. **你再到其他遗失物询问处去问一问。**
□ いつ中国を離れますか？	**遺失物取扱所** Nǐ shén me shí hou lí kāi Zhōng guó? **你什么时候离开中国？**
□ 明後日[来週の火曜日]です。	Hòu tiān [xià ge xīng qī èr]. **后天[下个星期二]。**
□ 携帯電話を持っていますか？ 番号は何番ですか？	**遺失物取扱所** Nǐ yǒu shǒu jī ma? **你有手机吗？** Hào mǎ shì duō shǎo? **号码是多少？**
□ 見つけたらすぐお知らせします。	**遺失物取扱所** Zhǎo dào hòu, wǒ men mǎ shàng tōng zhī nǐ. **找到后，我们马上通知你。**

第7章 観光・レジャー編

3 お金と両替

両替や支払いのときのお金に関するフレーズはとても大切です。

お金の両替　　　　　　　　　　　　　　　　　　　Disc 2　9

☐ 両替をお願いします。

Wǒ yào huàn qián.
我要换钱。
ウオ ヤオ ホゥアン チィエン

※换钱（両替する）

☐ トラベラーズチェックを現金にしたいのですが。

Qǐng bǎ zhèi zhāng lǚ xíng zhī piào
请把这张旅行支票
チィン バー ヂェイ ヂャン リュイ シィン ヂー ピィアオ

huàn chéng xiàn jīn.
换成现金。
ホゥアン チェン シィエン ヂン

※旅行支票（トラベラーズチェック）

☐ 人民元に替えてください。

Huàn chéng Rén míng bì.
换成人民币。
ホゥアン チェン レン ミン ビー

☐ 日本円3万円を両替します。

Huàn sān wàn Rì yuán.
换3万日元。
ホゥアン サン ウアン リー ユアン

☐ 100元札を10元札10枚にくずしていただけますか。

Qǐng bǎ zhèi zhāng yì bǎi kuài de
请把这张100块的
チィン バー ヂェイ ヂャン イー バイ クゥアイ ダ

chāo piào huàn chéng shí zhāng shí kuài de.
钞票换成10张10块的。
チャオ ピィアオ ホゥアン チェン シー ヂャン シー クゥアイ ダ

☐ 今日のレートを教えてください。

Jīn tiān de huì lǜ shì duō shao?
今天的汇率是多少？
ヂン ティエンダ ホゥイ リュイ シー ドゥオ シァオ

※汇率（レート）

☐ 手数料はいくらですか？	Shǒu xù fèi shì duō shao? **手续费是多少？** シオウ シュイ フェイ シー ドゥオ シアオ ※手续费（手数料）
☐ 1回の両替額は いくらまでですか？	Yí cì zuì duō néng huàn duō shao? **一次最多能换多少？** イー ツー ヅゥイ ドゥオ ネン ホゥアン ドゥオ シアオ
☐ 身分を証明するものを お持ちですか？	両替窓口 Nǐ dài shēn fèn zhèng le ma? **你带身份证了吗？** ニー ダイ シェン フェン ヂェン ラ マ ※身份证（身分証明書）
☐ 身分証明証は持っていません、 パスポートを待っている だけです。	Wǒ méi yǒu shēn fèn zhèng, zhǐ yǒu hù zhào. **我没有身份证，只有护照。** ウオ メイ イオウ シェン フェン ヂェン ヂー イオウ ホゥ ヂャオ ※护照（パスポート）
☐ パスポートの提示を お願いします。	両替窓口 Qǐng ràng wǒ kàn yí xià nín de hù zhào. **请让我看一下您的护照。** チィン ラン ウオ カン イー シィア ニン ダ ホゥ ヂャオ
☐ 両替の金額を記入してください。	両替窓口 Qǐng zài zhèr xiě míng jīn é. **请在这儿写明金额。** チィン ヅァイ ヂァール シィエ ミィン ヂン エー ※写明（明記する；記入する）
☐ ここにサインしてください。	両替窓口 Qǐng zài zhèr qiān míng. **请在这儿签名。** チィン ヅァイ ヂァール チィエン ミィン ※签名（サインする）

◆ミニ知識◆

中国では、銀行や両替所によって、外貨から人民元に両替する時の手数料がかなり違います。できるだけ1回の両替は少額にして、手数料の安い銀行や両替所を探して両替するようにしましょう。

単語コラム

お金

人民币 rén mín bì レン ミィン ビー　人民元

【書き言葉】　1圆 = 10角 = 100分

圆 yuán ユアン　　角 jiǎo ディアオ　　分 fēn フェン

【話し言葉】　1块 = 10毛 = 100分

块 kuài クゥアイ　　毛 máo マオ　　分 fēn フェン

硬币 yìng bì インビー　コイン

纸币 zhǐ bì デービー　お札

旅行支票 lǚ xíng zhī piào リュイ シィン デー ピィアオ　旅行小切手；トラベラーズチェック

◆外国の通貨

港币 gǎng bì ガンビー　香港ドル

欧元 ōu yuán オウ ユアン　ユーロ

台币 tái bì タイビー　台湾ドル

英镑 yīng bàng インバン　英ポンド

美元 měi yuán メイユアン　米ドル

日元 rì yuán リー ユアン　日本円

	両替窓口
☐ 金額を確認してください。	Qǐng nín shǔ yí xià qián. **请您数一下钱。** チィン ニン シュー イー シィア チィエン ※数(数える)

支払う　　　　　　　　　　　　　　　　　　　　　Disc 2　10

☐ このカードは使えますか?

Zhèi ge kǎ néng yòng ma?
这个卡能用吗?
ヂェイガ　カー ネン イヨンマ

☐ 国外[国内]発行のカードは使えますか?

Jìng wài [Jìng nèi] kǎ néng yòng ma?
境外[境内]卡能用吗?
ヂィンワイ [ヂィンネイ] カー ネン イヨンマ

※中国のホテルやレストランではクレジットカードの使用が基本的に可能ですが、場所により国内発行の「境内卡」のみの場合があるため、使用する前に確認したほうがいいでしょう。

☐ 現金で支払います。

Xiàn jīn zhī fù.
现金支付。
シィエンヂンヂー フゥー

☐ 日本円で支払うことができますか?

Yòng Rì yuán zhī fù kě yǐ ma?
用日元支付可以吗?
イヨン リー ユアンヂー フゥー カー イー マ

☐ クレジットカードで支払います。

Wǒ yòng xìn yòng kǎ fù qián.
我用信用卡付钱。
ウオ イヨン シン イヨン カー フゥーチィエン

※信用卡(クレジットカード)

☐ 一括で払います。

Yí cì zhī fù.
一次支付。
イー ツー ヂー フゥー

☐ 分割で払います。

Fēn qī zhī fù.
分期支付。
フェンチー ヂー フゥー

※分期(分割)

第7章　観光・レジャー編

□ この項目は何の費用ですか?	Zhèi xiàng fèi yòng shì shén me? **这项费用是什么?** ヂェイ シィアン フェイ ヨン シー シェン マ
□ これは注文していません。	Zhèi ge wǒ méi yào. **这个我没要。** ヂェイガ ウオ メイ ヤオ
□ これは私のサインではありません。	Zhèi bú shì wǒ de qiān zì. **这不是我的签字。** ヂェイブー シー ウオ ダ チィエンヅー
□ 明細を見せてください。	Qǐng ràng wǒ kàn kan zhàng dān. **请让我看看帐单。** チィン ラン ウオ カン カン ヂャンダン ※帐单(明細)
□ 3泊しかしていません。 4泊ではありません。	Wǒ zhǐ zhù le sān tiān, bú shì sì tiān. **我只住了三天,不是四天。** ウオ ヂー ヂゥーラ サン ティエン ブーシー スー ティエン
□ 朝食を食べなかった日が1日あります。	Yǒu yì tiān wǒ méi chī zǎo cān. **有一天我没吃早餐。** イオウイー ティエンウオ メイ チー ヅァオ ツァン ※中国のホテル料金は一般的に朝食込みの「送早餐」ですが、そうでない時もあるのでホテルを予約するときにチェックしましょう。
□ 朝食代は宿泊費に含まれているのではないですか?	Zhù sù fèi li bú shì bāo kuò zǎo cān ma? **住宿费里不是包括早餐吗?** ヂゥー スゥーフェイリ ブー シー パオ クゥオ ヅァオツァン マ

入場券を購入する

Disc 2 11

□ 切符売り場はどこにありますか？

Qǐng wèn, shòu piào chù zài nǎr?
请问，售票处在哪儿？
チン ウエン シォウ ピィアオ チゥー ヅァイ ナール

□ 切符はどこで買えますか？

Qǐng wèn, zài nǎr mǎi piào?
请问，在哪儿买票？
チン ウエン ヅァイ ナール マイ ピィアオ

□ 切符[映画のチケット/
京劇のチケット/
雑技のチケット]
を2枚ください。

Wǒ mǎi liǎng zhāng mén piào
我买两张门票
ウオ マイ リィアン ヂャン メン ピィアオ

[diàn yǐng piào / jīng jù piào / zá jì piào].
[电影票/京剧票/杂技票]。
[ディエン イン ピィアオ / ヂン ヂュイ ピィアオ / ザー ヂー ピィアオ]

※映画のチケットは日本と違い、場所や映画館の「規格」（ランク）により異なります。繁華街や町の中心部にある映画館は料金が高く設定されています。また「情侶坐」（ペア座席）は、一般の座席より高い料金設定です。

□ 大人2枚、子供1枚ください。

Wǒ yào liǎng zhāng chéng rén piào,
我要两张成人票，
ウオ ヤオ リィアン ヂャン チェン レン ピィアオ

yì zhāng xiǎo háir piào.
一张小孩儿票。
イー ヂャン シィオ ハール ピィアオ

□ 一番遅い[早い]時間の
切符を2枚ください。

Wǒ yào liǎng zhāng wǎn chǎng [zǎo chǎng] de.
我要两张晚场[早场]的。
ウオ ヤオ リィアン ヂャン ウアン チャン [ヅァオ チャン] ダ

※晚场（遅い時間）

□ 一番遅い時間[早い時間]の
上映は何時ですか？

Zuì wǎn [zǎo] de yì chǎng shì jǐ diǎn?
最晚[早]的一场是几点？
ヅゥイ ウアン [ヅァオ] ダ イー チャンシー ヂー ディエン

□ 1日に何回上映しますか？

Yì tiān yǒu jǐ chǎng?
一天有几场？
イー ティエン イオウ ヂー チャン

※几场（上映する回数）

第7章 観光・レジャー編

☐ 前の方[後ろの方]の座席をお願いします。	(Zuò wèi) wǒ yào （座位）我要 qián mian [hòu mian] yì diǎnr de. 前面[后面]一点儿的。
☐ 1階[2階]の座席をお願いします。	(Zuò wèi) wǒ yào （座位）我要 lóu shàng [lóu xià] de. 楼上[楼下]的。
☐ 1枚いくらですか？	Duō shao qián yì zhāng? 多少钱一张？ Yì zhāng duō shao qián? 一张多少钱？
☐ 全部でいくらですか？	Yí gòng duō shao qián? 一共多少钱？
☐ 外国人割引チケットはありますか？	Wài guó rén yōu huì ma? 外国人优惠吗？ ※优惠（割引）
☐ 60歳以上の割引チケットはありますか？	Liù shí suì yǐ shàng de yōu huì ma? 六十岁以上的优惠吗？
☐ 学生割引チケットはありますか？	Yǒu xué shēng piào ma? 有学生票吗？
☐ 何時から入場できますか？	Jǐ diǎn kāi shǐ rù chǎng? 几点开始入场？

□ 途中で入れますか？	Kě yǐ zhōng tú rù chǎng ma? **可以中途入场吗？** カーイーヂォントゥールゥーチャンマ	
□ 閉館は何時ですか？	Jǐ diǎn bì guǎn? **几点闭馆？** ヂーディエンビーグゥアン	
□ 閉園は何時ですか？	Jǐ diǎn jìng yuán? **几点静园？** ヂーディエンヂィンユアン	

【切符売り場の応答表現】

□ 切符売り場は左側［右側］にあります。

Shòu piào chù zài dà mén
售票处在大门
ショウピィアオチューヅァイダーメン

zuǒ biān [yòu biān].
左边［右边］。
ヅゥオビィエン［イオウビィエン］

□ 1番早いのは10時、遅いのは6時です。

Zǎo chǎng shí diǎn kāi shǐ,
早场十点开始，
ヅァオチャンシーディエンカイシー

wǎn chǎng liù diǎn kāi shǐ.
晚场六点开始。
ウアンチャンリウディエンカイシー

□ 1日に4回上映します。

Yì tiān yǒu sì chǎng.
一天有四场。
イーティエンイオウスーチャン

※场（上映する回数を数える助数詞）

□ 1日に1回だけです。

Yì tiān zhǐ yǒu yì chǎng.
一天只有一场。
イーティエンヂーイオウイーチャン

□ 1階のチケットはもうないです、あるのは2階だけです。

Méi yǒu lóu xià de le,   zhǐ yǒu lóu shàng de.
没有楼下的了，只有楼上的。
メイイオウロウシィアダラ　ヂーイオウロウシァンダ

第7章　観光・レジャー編

外国人割引はありません。	Wài guó rén méi yǒu yōu huì. **外国人没有优惠。** ワイ グゥオレン メイ イオウイオウ ホウイ
学生割引はあります。	Yǒu xué shēng piào. **有学生票。** イオウ シュエション ピィアオ
1枚125元で、 全部で250元です。	Yì zhāng yì bǎi èr shí wǔ kuài, **一张一百二十五块。** イー ヂャンイー バイ アル シー ウー クゥアイ yí gòng èr bǎi wǔ shí kuài. **一共二百五十块。** イー ゴゥンアル バイ ウー シー クゥアイ
6時15分から入場できます。	Liù diǎn yí kè kāi shǐ rù chǎng. **六点一刻开始入场。** リウ ディエン イーカー カイ シー ルゥーチャン ※一刻(15分) 日常会話では、「15分」と言うより、「一刻」のほうが一般的。
途中で入れます。	Kě yǐ zhōng tú rù chǎng. **可以中途入场。** カー イー ヂォントゥー ルゥーチャン
入園[入館]は 午後4時までです。	Rù yuán [rù guǎn] shí jiān dào **入园[入馆]时间到** ルゥー ユアン [ルゥーグゥアン] シー ディエンダオ xià wǔ sì diǎn. **下午四点。** シィア ウー スー ディエン
夜の8時に閉園[閉館]です。	Wǎn shang bā diǎn bì yuán [bì guǎn]. **晚上八点闭园[闭馆]。** ウアン シァン バー ディエンビー ユアン [ビー グゥアン]

第 8 章

電話編

電話の表現には決まった型があるものが多く、そのパターンを身につけておくとさまざまな応用が可能になります。相手を呼び出す、電話を受ける、約束するなど、基本的な電話でのやりとりを一般・ビジネスに分けて紹介します。間違い電話・迷惑電話への対処フレーズも収録しています。

1 電話をかける・受ける

まず基本表現をしっかり覚え、個人と会社の表現を使い分けましょう。

基本表現　　　　　　　　　　　　　　　　　　　　　　　Disc 2　12

☐ もしもし。

Wéi.
喂。
ウエイ

※中国語で電話をかける時も、電話に出る時も、その第一声は「喂」です。もちろん、よく聞こえない時には連続して何回も「喂, 喂, 喂」と声を出します。

☐ もしもし、こんにちは!

Wéi, nǐ hǎo!
喂，你好!
ウエイ　ニー　ハオ

☐ もしもし、どなたですか?

Wéi, nǐ shì shéi ya?
喂，你是谁呀?
ウエイ　ニー　シー　シェイ ヤ

☐ もしもし、李さん、何かご用ですか?

Wéi, Xiǎo Lǐ, shén me shìr?
喂，小李，什么事儿?
ウエイ　シィアオリー　シェン マ　シール

※事儿(用事)

☐ あなたね。最近はどうですか?

Nǐ ya, zuì jìn zěn me yàng?
你呀! 最近怎么样?
ニー　ヤ　ヅゥイ ヂィン ヅェン マ　ヤン

相手を呼び出す(一般)　　　　　　　　　　　　　　　Disc 2　13

☐ 紅さんのお宅でしょうか。紅さんはいますか?

Xiǎo Hóng jiā ma?　Xiǎo Hóng zài ma?
小红家吗?　小红在吗?
シィアオ ホン ヂィア マ　シィアオ ホン ヅァイ マ

☐ 李さんのお宅でしょうか。 李紅さんはいらっしゃいますか？	Qǐng wèn, shì Xiǎo Lǐ jiā ma? **请问，是小李家吗？** Wǒ zhǎo Lǐ Hóng. **我找李红。**
☐ 張亮さんにちょっと用事が あるのですが。	Wǒ zhǎo Zhāng Liàng yǒu diǎnr shì. **我找张亮有点儿事。**

【応答表現】

☐ 張亮はいません、 出かけています。	Zhāng Liàng bú zài jiā, tā chū qù le. **张亮不在家，他出去了。**
☐ 張亮は今、食事中ですが、 呼びますのでちょっと 待ってください。	Zhāng Liàng chī fàn ne, **张亮吃饭呢，** nǐ děng zhe, wǒ gěi nǐ jiào qù. **你等着，我给你叫去。**
☐ 張亮は出かけたばかりです、 携帯のほうにかけて いただけますか。	Zhāng Liàng gāng chū mén, **张亮刚出门，** nǐ dǎ tā de shǒu jī ba. **你打她的手机吧。**

相手を呼び出す（ビジネス）

☐ 高橋と申しますが、 張課長はいらっしゃいますか？	Wéi, wǒ jiào Gāo qiáo, nǐ hǎo, **喂，我叫高桥，你好，** wǒ zhǎo Zhāng kē zhǎng. **我找张科长。**

※文法的には名字には「姓」を使用するが、実際には名字が2文字の場合には、「叫」がよく使われる。

□ すみませんが、張課長はいらっしゃいますか？	Wéi, nǐ hǎo, qǐng wèn Zhāng kē zhǎng zài ma? **喂，你好，请问张科长在吗？** ウエイ ニー ハオ チン ウエン ヂャンカー ヂャン ツァイ マ
□ すみませんが、張課長をお願いしたいのですが。	Nín hǎo, Qǐng zhǎo yí xià Zhāng kē zhǎng. **您好！请找一下张科长。** ニー ハオ チン ヂャオ イー シィア ヂャンカー ヂャン
□ 日中産業の佐々木ですが、李主任はいらっしゃいますか？	Wǒ shì Rì zhōng chǎn yè de Zuǒ zuǒ mù, **我是日中产业的佐佐木，** ウオ シー リー ヂョンチャンイエ ダ ヅゥオ ヅゥオ ムー qǐng wèn, Lǐ zhǔ rèn zài ma? **请问，李主任在吗？** チン ウエン リー ヂューレン ツァイ マ
□ 今、お話をしても大丈夫ですか？	Nín [Nǐ] xiàn zài shuō huà fāng biàn ma? **您［你］现在说话方便吗？** ニン ［ ニー ］ シィエン ツァイ シゥオ ホゥア ファン ビィエン マ ※方便(都合が良い；具合が良い)「方便」は「便利な」の意味もある。
□ 今、お時間のほうは大丈夫ですか？	Nǐ [Nín] xiàn zài **你［您］现在** ニー ［ ニン ］ シィエンツァイ yǒu kòngr [shí jiān] ma? **有空儿［时间］吗？** イオウクゥル ［ シー ヂィエン ］ マ ※有空儿(時間がある；暇がある)
□ 今、ご都合は大丈夫ですか？	Bù zhī nǐ [nín] xiàn zài **不知你［您］现在** ブー ヂー ニー ［ ニン ］ シィエン ツァイ shì bu shì fāng biàn? **是不是方便？** シー ブー シー ファン ビィエン
□ お忙しいでしょうか？ちょっと相談したいことがあるのですが。	Nǐ [Nín] xiàn zài máng bu máng, **你［您］现在忙不忙？** ニー ［ ニン ］ シィエンツァイマンブー マン wǒ yǒu diǎnr shìr zhǎo nǐ [nín]. **我有点儿事儿找你［您］。** ウオ イオウディエル シール ヂャオ ニー ［ ニン ］

【応答表現】

- 大丈夫ですよ、どうぞ。

Méi guān xi, nǐ shuō ba.
没关系，你说吧。
メイ グゥアンシー ニー シゥオ バ

- 大丈夫ですよ。
  どんな用件ですか。

Méi guān xi, nǐ [nín] shuō ba,
没关系，你[您]说吧，
メイ グゥアンシ ニー [ニン] シゥオ バ

shén me shì?
什么事？
シェン マ シー

- 今は会議中です。
  後ほど折り返し電話します。

Wǒ zhèng zài kāi huì,
我正在开会，
ウオ ヂェン ヅァイカイ ホゥイ

dāi huìr wǒ dǎ gěi nín ba.
待会儿我打给您吧。
ダイ ホゥル ウオ ダー ゲイ ニン バ

※待会儿（後ほど）

- 今は手が空いていません。
  5分後にもう一度かけ直して
  ください。

Xiàn zài shuō huà bù fāng biàn,
现在说话不方便，
シィエン ヅァイ シゥオ ホゥア ブーファン ビィエン

nǐ [nín] guò wǔ fēn zhōng zài dǎ ba.
你[您]过五分钟再打吧。
ニー [ニン] グゥオ ウー フェン ヂォンヅァイダー バ

※不方便（都合が悪い）

- どんな用件ですか、
  おっしゃってください。

Shén me shì, nǐ [nín] shuō ba?
什么事，你[您]说吧。
シェン マ シー ニー [ニン] シゥオ バ

- これから出かけますので、
  手短にお願いします。

Wǒ mǎ shang yào chū qù,
我马上要出去，
ウオ マー シァン ヤオ チゥーチュイ

nǐ [nín] jiān dān shuō yí xià ba.
你[您]简单说一下吧。
ニー [ニン] ヂィエンダン シゥオ イー シィア バ

※马上（すぐ）

- 今はちょっと忙しいので、30分後にもう一度お願いします。

Wǒ xiàn zài bǐ jiào máng,
我现在比较忙，
ban xiǎo shí yǐ hòu nǐ zài dǎ ba.
半小时以后你再打吧。

都合の悪い電話をかける（一般・ビジネス） Disc 2　15

- 朝早くに申し訳ないです。

Zhè me zǎo gěi nǐ [nín] dǎ diàn huà,
这么早给你[您]打电话，
shí zài duì bu qǐ.
实在对不起。

- 夜分にお電話して誠に申し訳ありません。

Zhè me wǎn gěi nǐ [nín] dǎ diàn huà,
这么晚给你[您]打电话，
shí zài bào qiàn.
实在抱歉。

- お忙しいところ、申し訳ないです。

Nín zhèng máng de shí hou gěi nín dǎ diàn huà,
您正忙的时候给您打电话，
shí zài bù hǎo yì si.
实在不好意思。

- 突然お電話して大変申し訳ありません。

Qǐng yuán liàng wǒ tū rán gěi
请原谅我突然给
nǐ [nín] dǎ diàn huà.
你[您]打电话。

電話を受ける（ビジネス） Disc 2　16

- はい、こちらは中星会社です。

Nín hǎo, zhèi li shì Zhōng xīng gōng sī.
您好，这里是中星公司。

□ もしもし、中星会社ですが。	Wéi, nín hǎo, Zhōng xīng gōng sī. **喂，您好！中星公司。** ウエイ　ニン　ハオ　　ヂォンシィン ゴウン スー	

□ はい、営業部です。

Nǐ hǎo, Yíng yè bù.
你好！营业部。
ニー ハオ　イン イエ ブー

□ はい、受付です。
だれにおつなぎしましょうか？

Nǐ hǎo, zhí bān shì, qǐng wèn, nín zhǎo shéi?
你好，值班室，请问，您找谁？
ニー ハオ　ヂー バン シー　チィン ウエン　ニン ヂャオ シェイ

※值班室 (受付；警備室)

□ はい、こちらは王部長の
オフィスです。

Nǐ hǎo,
你好，
ニー ハオ

zhèi li shì Wáng bù zhǎng bàn gōng shì.
这里是王部长办公室。
ヂェイ リ　シー　ウアン ブー ヂャンバン ゴウンシー

□ はい、こちらは周部長席です。

Nǐ hǎo,
你好，
ニー ハオ

zhèi li shì Zhōu bù zhǎng bàn gōng diàn huà.
这里是周部长办公电话。
ヂェイ リ　シー　ヂォウ ブー ヂャンバン ゴウン ディエン ホゥア

□ すみませんが、
どなたへおかけでしょうか？

Qǐng wèn, nín zhǎo shéi?
请问，您找谁？
チィン ウエン　ニン ヂャオ シェイ

※请问 (すみません；お伺いします)
※找 (探す)

□ すみませんが、
どちら様でしょうか？

Qǐng wèn, nín guì xìng?
请问，您贵姓？
チィン ウエン　ニン グゥイ シィン

Qǐng wèn, nín něi wèi?
请问，您哪位？
チィン ウエン　ニン ネイ ウエイ

第8章　電話編

- [ ] すみませんが、
どのようなご用件でしょうか？

Duì bu qǐ, nín yǒu shén me shì?
对不起，您有什么事？

- [ ] 業務部の李さんですか？
こんにちは。

Shì yè wù bù de Xiǎo Lǐ ba? Nǐ hǎo.
是业务部的小李吧？你好。

本人に取り次ぐ（ビジネス） Disc 2　17

- [ ] 陳さん、お電話です。

Xiǎo Chén, nǐ de diàn huà.
小陈，你的电话。

- [ ] こんにちは、田中です。

Nǐ hǎo, wǒ shì Tián zhōng.
你好，我是田中。

- [ ] お待たせしました、田中です。

Ràng nín jiǔ děng le, wǒ shì Tián zhōng.
让您久等了，我是田中。

- [ ] すみません、
お待たせいたしました。
小林です。

Bù hǎo yì si, ràng nín jiǔ děng le,
不好意思，让您久等了，
wǒ shì Xiǎo Lín.
我是小林。

※不好意思(申し訳ない；すみません)

- [ ] 王さんにおつなぎいたします。
少々お待ちください。

Wǒ zhuǎn gěi Xiǎo Wáng, qǐng děng yí xià.
我转给小王，请等一下。

※转给(電話を〜につなぐ)

- [ ] お待ちください。
おつなぎいたします。

Qǐng shāo děng, wǒ gěi nín zhuǎn guò qù.
请稍等，我给您转过去。

郵便はがき

166-8790

料金受取人払

杉並支店承認

4026

差出有効期間
平成23年5月
31日まで

東京都杉並区
　　高円寺北2-29-14-705

Jリサーチ出版

「すぐに使える中国語会話　　　係行
　　ミニフレーズ2000」

自宅住所電話番号	〒　　　　電話（　　）		
フリガナ 氏　　名			
メールアドレス			
ご職業 または 学校名		男 ・ 女	年齢
ご購入 書店名			

※本カードにご記入の個人情報は小社の商品情報のご案内を送付する目的にのみ使用いたします。

愛読者カード

●お手数ですが、ご意見をお寄せください。
　貴重な資料として今後の参考にさせていただきます。

●この本をお買いになった動機についてお書きください。

●本書についてご感想またはとりあげてほしい内容について
　お書きください。

●ご協力ありがとうございました。

※小社新刊案内（無料）を希望する。　　□郵送希望　□メール希望
※お客様のご意見・ご感想を新聞・雑誌広告・小社ホームページ等で掲載してもよい。
　　　　　　　　　　　　　　　　　□実名で　　□匿名（性別・年齢のみ）で

http://www.jresearch.co.jp

2 応対と伝言

本人が出られないときの応対と、伝言のフレーズを紹介します。間違い電話への対応も。

本人が出られないとき（一般）

- 紅はいません、友達の家に遊びに行ったのですが。

  小红不在，去朋友家玩儿了。

- 今、彼女はお風呂なので、もう少ししてからかけ直してもらえますか？

  她正在洗澡，

  你待会儿再打吧。

- 王は食事に出かけました。携帯にかけてみてください。

  小王吃饭去了，

  你打她的手机吧。

- 張は旅行に行っています。来週、戻ります。

  小张去旅游了，

  下星期才回来。

【応答表現】

- そうですか、どうもありがとう。

  是吗，谢谢。

- 後ほどまたかけます。

  我过一会儿再打吧。

- いつお帰りになるのでしょうか？

Tā shén me shí hou huí lai?
她什么时候回来？

本人が出られないとき（ビジネス） Disc 2 19

- すみませんが、今話し中です。
  少々お待ちください。

Duì bu qǐ, tā zài jiē diàn huà,
对不起，她在接电话，
qǐng děng yí xià.
请等一下。

- 今話し中なので、
  しばらくしてからもう一度
  お願いします。

Duì bu qǐ, tā zhèng zài dǎ diàn huà,
对不起，她正在打电话，
qǐng guò yí huìr zài dǎ ba.
请过一会儿再打吧。
※正在（〜をしている）

- すみません、
  所長は今、会議中ですが、
  どんなご用件でしょうか？

Duì bu qǐ, chù zhǎng zhèng zài kāi huì,
对不起，处长正在开会，
nín yǒu shén me shìr?
您有什么事儿？

- すみません、
  李は接客中ですが。

Duì bu qǐ,
对不起，
Lǎo Lǐ zhèng zài jiē dài kè rén.
老李正在接待客人。

- 王は部長と話し中です。
  ご伝言をどうぞ。

Lǎo Wáng zhèng zài gēn bù zhǎng tán huà,
老王正在跟部长谈话，
wǒ kě yǐ bāng nǐ [nín] zhuǎn dá.
我可以帮你[您]转达。
※转达（伝言を伝える）

☐ すみませんが、李は今日は外出で会社にいません。	Xiǎo Lǐ jīn tiān wài qín, bú zài gōng sī. **小李今天外勤，不在公司。** シィアオリーヂン ティエンワイチィン ブー ヅァイゴゥン スー
☐ 李は今日は休みです。彼女の携帯におかけいただけますか？	Xiǎo Lǐ jīn tiān méi lái shàng bān, **小李今天没来上班，** シィアオリーヂン ティエンメイ ライ シャン バン nǐ [nín] dǎ tā de shǒu jī ba. **你[您]打她的手机吧。** ニー [ニン] ダー ター ダ シォウ ヂー バ

【応答表現】

☐ どうもありがとうございます。	Má fan nín le, xiè xie. **麻烦您了，谢谢。** マー ファン ニン ラ シィエ シィエ Hǎo de, xiè xie. **好的，谢谢。** ハオ ダ シィエ シィエ
☐ わかりました。後ほどもう一度かけ直します。	Hǎo ba, nà wǒ guò yí huìr zài dǎ. **好吧，那我过一会儿再打。** ハオ バ ナー ウオ グゥオイー ホゥル ヅァイ ダー
☐ 1時間後にお電話して大丈夫でしょうか？	Yí ge xiǎo shí yǐ hòu, **一个小时以后，** イー ガー シィアオ シー イー ホウ wǒ zài gěi nǐ [nín] qù diàn huà, **我再给你[您]去电话，** ウオ ヅァイ ゲイ ニー [ニン] チュイ ディエン ホゥア kě yǐ ma? **可以吗？** カー イー マ
☐ いつ頃お電話をさしあげればよろしいでしょうか？	Shén me shí hou gěi nǐ [nín] **什么时候给你[您]** シェンマ シー ホウ ゲイニー [ニン] dǎ diàn huà bǐ jiào hǎo? **打电话比较好？** ダー ディエン ホゥア ビー ヂィアオ ハオ

☐ 急用ですが、おつなぎ いただけないでしょうか？	Wǒ yǒu jí shì, **我有急事，** ウオ イオウ ヂー シー néng bu néng ràng tā jiē yí xià diàn huà. **能不能让他接一下电话？** ネン ブー ネン ラン ター ヂィエ イー シィア ディエン ホゥア
☐ 王さんはいつ会社に いらっしゃいますか？	Lǎo Wáng shén me shí hou zài gōng sī? **老王什么时候在公司？** ラオ ウアン シェン マ シー ホウ ヅァイ ゴゥン スー
☐ 王さんはいつお帰りですか？	Xiǎo Wáng shén me shí hou huí lai? **小王什么时候回来？** シィアオ ウアン シェン マ シー ホウ ホゥイ ライ

伝言をお願いする（一般・ビジネス） Disc 2　20

☐ 伝言をお願いします。	Má fan nín zhuǎn gào yí xià. **麻烦您转告一下。** マー ファン ニン ヂゥアン ガオ イー シィア ※转告（伝える）
☐ 電話をくださるよう王様に お伝えください。	Má fan nín zhuǎn gào Wáng xiān sheng, **麻烦您转告王先生，** マー ファン ニン ヂゥアン ガオ ウアン シィエン ション ràng tā gěi wǒ huí diàn huà. **让他给我回电话。** ラン ター ゲイ ウオ ホゥイ ディエン ホゥア ※回（かけ直す）
☐ 私の電話番号は 8816-1932です。 お電話いただきたいのですが。	Wǒ de diàn huà shì, bā bā yāo liù-yāo jiǔ sān èr, **我的电话是 8816-1932，** ウオ ダ ディエン ホゥア シー バー バー ヤオ リウ ヤオ ヂィウ サン アル ràng tā gěi wǒ huí diàn huà. **让他给我回电话。** ラン ター ゲイ ウオ ホゥイ ディエン ホゥア

☐ お電話をお待ちしております とお伝えください。	Wǒ zài děng tā de diànhuà, **我在等他的电话，** qǐng nín zhuǎn gào yí xià. **请您转告一下。**
☐ また電話しますとお伝えください。	Qǐng nín zhuǎn gào tā, **请您转告他，** wǒ guò yí huìr zài dǎ gěi tā. **我过一会儿再打给他。**
☐ 私の携帯に電話くださるよう 王さんにお伝えください。	Qǐng zhuǎn gào Xiǎo Wáng, **请转告小王，** ràng tā gěi wǒ shǒu jī dǎ diàn huà. **让他给我手机打电话。**
☐ 急用ではありませんので、 時間があったら電話くださる ようお伝えください。	Méi you jí shì, **没有急事，** yǒu shí jiān ràng tā gěi wǒ dǎ ge diàn huà. **有时间让他给我打个电话。**
☐ 日中貿易の田中と申します。 電話があったことを所長に お伝えください。	Wǒ shǐ Rì zhōng mào yì de Tián zhōng, **我是日中贸易的田中，** qǐng zhuǎn gào chù zhǎng wǒ gěi tā **请转告处长我给他** dǎ guò diàn huà. **打过电话。**

第8章 電話編

◆ 伝言の必須表現 ◆

1 電話があったのはいつ？

Shén me shí hou lái de diàn huà.
什么时候来的电话？
シェンマ シー ホウ ライ ダ ディエン ホゥア

2 誰からの電話？

Shéi lái de diàn huà?
谁来的电话？
シゥイライ ダ ディエン ホゥア

3 誰への電話？

Yào zhǎo shéi?
要找谁？
ヤオ ヂャオ シェイ

4 伝言の内容は？

Liú yán de nèi róng shì shén me?
留言的内容是什么？
リウ イエンダ ネイ ロゥン シー シェンマ

※留言（伝言）

5 相手の会社名と名前

Duì fāng gōng sī de míng chēng hé fù zé rén de xìng míng.
对方公司的名称和负责人的姓名
ドゥイ ファン ゴゥンスー ダ ミィン チェンハー フゥーヅゥ レン ダ シィン ミィン

6 相手の連絡先・電話番号

Duì fāng de lián xi diàn huà
对方的联系电话
ドゥイ ファンダ リィエン シ ディエン ホゥア

7 受信者の名前

Duì fāng jiē diàn huà rén de xìng míng
对方接电话的人的姓名
ドゥイ ファン ヂィエ ディエン ホゥア ダ レン ダ シィン ミィン

間違い電話・迷惑電話

Disc 2 21

□ かけ間違いですよ。

Nín dǎ cuò le.
您打错了。
ニン ダー ツゥオ ラ

□ かけ間違ったようですね。

Nín hǎo xiàng bō cuò hào mǎ le.
您好像拨错号码了。
ニン ハオ シィアン ボー ツゥオ ハオ マー ラ

※好像（〜のようだ）

□ すみませんが、どちらにおかけでしょうか？

Qǐng wèn, nín dǎ de shì nǎr?
请问，您打的是哪儿？
チン ウエン ニン ダー ダ シー ナール

※打（かける）

□ おかけになった電話番号は何番でしょうか？

Qǐng wèn,
请问，
チン ウエン

nín dǎ de diàn huà hào mǎ shì duō shao?
您打的电话号码是多少？
ニン ダー ダ ディエン ホゥア ハオ マー シー ドゥオ シァオ

□ おかけ間違いですね。こちらの番号は3498-3865ですが。

Dǎ cuò le ba,
打错了吧，
ダー ツゥオ ラ バ

zhè li de hào mǎ shì
这里的号码是
ヂアー リ ダ ハオ マー シー

sān sì jiǔ bā - sān bā liù wǔ.
3498-3865。
サン スー ヂィウ バー サン バー リウ ウー

□ こちらにはそのような者はおりませんが。

Zhèr méi yǒu nín yào zhǎo de rén.
这儿没有您要找的人。
ヂアール メイ イオウ ニン ヤオ ヂャオ ダ レン

※找（人を探す；〜に電話をかける）

□ こちらにはそのような者はおりません。

Zhèr méi yǒu zhèi ge rén.
这儿没有这个人。
ヂアール メイ イオウ ヂェイ ガ レン

第8章 電話編

☐ どちらへおかけでしょうか？ 私は高橋ですが。	Nín zhǎo něi wèi?　Wǒ shì Gāo qiáo. **您找哪位？我是高桥。**
☐ すみませんが、今仕事中です。	Duì bu qǐ, wǒ zhèng zài gōng zuò. **对不起，我正在工作。**
☐ すみませんが、お話が よくわからないのですが。	Duì bu qǐ, nǐ de huà wǒ tīng bu dǒng. **对不起，你的话我听不懂。**
☐ こんな時間に電話を かけないでください。	Qǐng bié zài zhèi ge shí hou dǎ diàn huà. **请别在这个时候打电话。** ※别（〜しないでください）

【応答表現】

☐ すみません、かけ間違えました。	Duì bu qǐ, wǒ dǎ cuò le. **对不起，我打错了。** Duì bu qǐ, dǎ cuò le. **对不起，打错了。**
☐ そちらの電話番号は 6688-1145ですか？	Nín de diàn huà hào mǎ shì **您的电话号码是** liù liù bā bā- yāo yāo sì wǔ ma? **6688-1145吗？**
☐ 李紅さんのお宅では ないでしょうか？	Nín nàr bú shì Lǐ Hóng jiā ya? **您那儿不是李红家呀？**
☐ そちらは中鉄会社では ないでしょうか？	Nín bú shì Zhōng tiě gōng sī ya? **您不是中铁公司呀？**

3 電話でのやりとり

アポイントや日程の調整など、基本的なやりとりができるようにしておきたいですね。

アポイントを取る（一般・ビジネス） Disc 2 / 22

- お目にかかりたいのですが、ご都合はいかがですか？

  Wǒ xiǎng xiàn zài qù bài fǎng nín, bù zhī dao nín shì fǒu fāng biàn?
  我想现在去拜访您，不知道您是否方便？

- 来週中にお目にかかりたいのですが、いつ頃がよろしいでしょうか？

  Wǒ xiǎng xià xīng qī qù bài fǎng nín, bù zhī dao nín shén me shí hou yǒu shí jiàn?
  我想下星期去拜访您，不知道您什么时候有时间？

- こちらから御社にお伺いしたいのですが、よろしいでしょうか？

  Wǒ xiǎng qù nín gōng sī bài fǎng nín, kě yǐ ma?
  我想去您公司拜访您，可以吗？

- ご都合の良いときにお目にかかりたいのですが。

  Nín kàn shén me shí hou hé shì, wǒ qù bài fǎng nín.
  您看什么时候合适，我去拜访您。

  ※合适（ちょうど良い；ぴったりする；具合が良い）

第8章 電話編

日程の調整・変更（一般・ビジネス）

Disc 2　23

☐ あいにく明日は
　ちょっと都合がつかないです。

Zhēn bù qiǎo, míng tiān wǒ bú tài fāng biàn.
真不巧，明天我不太方便。

☐ あいにく明日は用が
　ありますので、
　明後日はいかがですか？

Zhēn bù qiǎo, míng tiān wǒ yǒu shì,
真不巧，明天我有事，
hòu tiān kě yǐ ma?
后天可以吗？

☐ あいにく明日は出張なので、
　来週に変更させて
　いただけませんか？

Zhēn bù còu qiǎo, míng tiān wǒ yào chū chāi,
真不凑巧，明天我要出差，
gǎi zài xià xīng qī, xíng ma?
改在下星期，行吗？

※改在（〜に変更する）

☐ あいにく明日の2時は
　ほかの商談と重なりますので、
　4時ではいかがでしょうか？

Zhēn bù còu qiǎo,
真不凑巧，
míng tiān liǎng diǎn zhèng hǎo yǒu ge qià tán,
明天两点正好有个洽谈，
sì diǎn zěn me yàng?
四点怎么样？

※洽谈（商談）

☐ あいにく5日は
　ちょっと都合が悪いのですが、
　6日なら大丈夫です。

Duì bu qǐ, wǔ hào wǒ bú tài fāng biàn,
对不起，五号我不太方便，
liù hào de huà méi wèn tí.
六号的话没问题。

- ☐ 日程を確認してから
  ご連絡を差し上げます。

  Wǒ què rèn rì chéng hòu,
  我确认日程后,
  ウオ チュエレン リー チェン ホウ
  zài gēn nín lián xi.
  再跟您联系。
  ヅァイ ゲン ニン リィエンシ

- ☐ それでは明日午後2時に
  会社でお待ちしております。

  Nà míng tiān liǎng diǎn
  那明天两点
  ナー ミンティエン リィアンディエン
  wǒ zài gōng sī děng nín.
  我在公司等您。
  ウオ ヅァイ ゴウン スー デン ニン

- ☐ 打ち合わせの時間を
  変更させていただいても
  よろしいでしょうか？

  Néng gǎi yí xià pèng tóu huì de shí jiān ma?
  能改一下碰头会的时间吗？
  ネン ガイ イー シィア ペン トウ ホゥイダ シー ディエンマ
  ※碰头会(打ち合わせ)

  Kě yǐ bǎ pèng tóu huì de
  可以把碰头会的
  カー イー バー ペン トウ ホゥイダ
  shí jiān gǎi yi gǎi ma?
  时间改一改吗？
  シー ディエンガイイー ガイ マ

- ☐ 火曜日の午前で
  いかがでしょうか？

  Nín kàn xīng qī èr shàng wǔ, zěn me yàng?
  您看星期二上午,怎么样？
  ニン カン シンチー アル シァンウー ヅェンマ ヤン

- ☐ それでは火曜日の午後か
  水曜日の午前では
  いかがでしょうか？

  Nà me, xīng qī èr xià wù huò zhě
  那么,星期二下午或者
  ナー マ シンチー アル シィアウー ホゥオ ヂァー
  xīng qī sān shàng wǔ, nǐ kàn zěn me yáng?
  星期三上午,你看怎么样？
  シンチー サン シァンウー ニー カン ヅェンマ ヤン
  ※或者(あるいは)

第8章 電話編

- ☐ それでは、
  今日の午後と明日の午前、
  どちらがよろしいでしょうか。

  Nín kàn, jīn tiān xià wǔ hǎo,
  您看，今天下午好，
  ニン カン ヂン ティエン シィア ウー ハオ

  hái shi míng tiān shàng wǔ hǎo?
  还是明天上午好？
  ハイ シー ミン ティエン シァン ウー ハオ

  ※还是（それとも）

- ☐ 私はそちらの都合のいい
  時間に合わせます。

  Nín lái ān pái shí jiān ba.
  您来安排时间吧。
  ニン ライ アン パイ シー ジィエン バ

  ※安排（手配する；決める）

  Nín lái ān pái ba,
  您来安排吧，
  ニン ライ アン パイ バ

  wǒ shén me shí hou dōu kě yǐ.
  我什么时候都可以。
  ウオ シェン マ シー ホウ ドウ カー イー

- ☐ お決まりになりましたら、
  ご連絡ください。

  Nín dìng hǎo shí jiān
  您定好时间
  ニン ディン ハオ シー ディエン

  zài gēn wǒ lián xi yě kě yǐ.
  再跟我联系也可以。
  ヅァイ ゲン ウオ リィエン シ イエ カー イー

- ☐ それでは26日で結構です。

  Nà me, jiù dìng zài èr shi liù hào ba.
  那么，就定在二十六号吧。
  ナー マ ヂウ ディン ヅァイ アル シー リウ ハオ バ

- ☐ それでは火曜日に
  お伺いします。

  Hǎo ba, wǒ xīng qī èr qù bài fǎng nín.
  好吧，我星期二去拜访您。
  ハオ バ ウオ シンチー アル チュイ バイ ファン ニン

確認・説明を求める（一般・ビジネス） Disc 2　24

- ☐ すみませんが、もう一度
  繰り返していただけますか？

  Duì bu qǐ, má fan nín zài shuō yí biàn.
  对不起，麻烦您再说一遍。
  ドゥイ ブー チー マー ファン ニン ヅァイ シゥオ イー ビィエン

□ もう一度ご説明いただけますか？	Má fan nín, néng zài jiě shì yí biàn ma? **麻烦您，能再解释一遍吗？** マー ファン ニン　ネン ヅァイ ヂィエ シー イー ビィエンマ ※解释（説明する）
□ すみませんが、 　中国語があまりできないもので、 　ゆっくり話していただけますか？	Duì bu qǐ, wǒ bú tài dǒng zhōng wén. **对不起，我不太懂中文。** ドゥイブー チー　ウオ ブー タイ ドゥン ヂョンウエン Qǐng nín shuō màn yì diǎnr. **请您说慢一点儿。** チィン ニン シゥオマン イー ディエル
□ すみませんが、 　私は日本人です。 　ゆっくり話していただけますか？	Duì bu qǐ, wǒ shì rì běn rén. **对不起，我是日本人。** ドゥイブー チー　ウオ シー リー ベン レン Qǐng nín zài màn yì diǎnr shuō. **请您再慢一点儿说。** チィン ニン ヅァイマン イー ディエル シゥオ
□「賛成しない」ということですか？	Nín bù tóng yì, shì ma? **您不同意，是吗？** ニン ブー トゥン イー　シーマ
□ 今おっしゃったのは、 　「明日の日程を取り消したい」と 　いうことでよろしいですか？	Nín shì shuō yào qǔ xiāo **您是说要取消** ニン シー シゥオ ヤオ チュイシィアオ míng tiān de rì chéng, duì ma? **明天的日程，对吗？** ミン ティエンダ リー チェン　ドゥイ マ
□ 念のため、おっしゃったことを 　繰り返させてください。	Wèi shèn zhòng qǐ jiàn, **为慎重起见，** ウエイ シェンヂゥン チー ディエン ràng wǒ zài què rèn yí xià. **让我再确认一下。** ラン ウオ ヅァイチュエレン イー シィア ※慎重（念のため） ※让（〜させる）使役表現のマーカー。

第8章　電話編

- [ ] よく聞こえないので、もう少し大きい声でお願いします。

Wǒ tīng bu qīng chu,
我听不清楚，
ウオ ティン ブー チン チュー

qǐng nín zài dà diǎnr shēng yīn.
请您再大点儿声音。
チン ニン ヅァイ ダー ディエル ションイン

- [ ] 回線がよくないようなので、もう一度かけ直します。

Xiàn lù bú tài hǎo,
线路不太好，
シィエン ルー ブー タイ ハオ

wǒ zài chóng xīn dǎ yí cì.
我再重新打一次。
ウオ ヅァイ チュン シン ダー イー ツー

※线路（電話の回線）
※重新打（かけ直す）

- [ ] すみませんが、今おっしゃったことが聞き取れませんでした。

Duì bu qǐ,
对不起，
ドゥイ ブー チー

wǒ méi tīng qīng chu nín shuō de shì shén me?
我没听清楚您说的是什么。
ウオ メイ ティン チン チュー ニン シゥオ ダ シー シェンマ

※没听清（はっきり聞こえない）

- [ ] お名前を聞き取れなかったので、もう一度お願いします。

Wǒ méi tīng qīng chu nín de míng zi.
我没听清楚您的名字。
ウオ メイ ティン チン チュー ニン ダ ミィン ヅ

Qǐng zài shuō yí biàn.
请再说一遍。
チン ヅァイ シゥオ イー ビィエン

- [ ] 御社の社名を聞き取れなかったので、もう一度お願いします。

Wǒ méi tīng qīng chu nín gōng sī de míng zi,
我没听清楚您公司的名字。
ウオ メイ ティン チン チュー ニン ゴゥン スー ダ ミィン ヅ

Qǐng zài shuō yí biàn.
请再说一遍。
チン ヅァイ シゥオ イー ビィエン

☐ 会議の時間が聞き取れなかったので、もう一度お願いします。

Wǒ méi tīng qīng chu
我没听清楚

kāi huì [pèng tóu huì] de shí jiān.
开会[碰头会]的时间。

Qǐng zài shuō yí biàn.
请再说一遍。

☐ 時間と場所をもう一度お願いします。

Qǐng zài shuō yí biàn shí jiān hé dì diǎn.
请再说一遍时间和地点。

☐ お名前はどのように書きますか。

Qǐng gào su wǒ nín de míng zi zěn me xiě?
请告诉我您的名字怎么写。

※怎么写（どのように書く）

同意する・受け入れる（一般・ビジネス） Disc 2　25

☐ 結構ですよ。

Kě yǐ ya.
可以呀。

☐ 結構ですよ、問題ありません。

Kě yǐ ya, méi wèn tí.
可以呀，没问题。

☐ 必ずそうしましょう。

Hǎo ba, yì yán wéi dìng.
好吧，一言为定。

☐ それでは、明日お会いしましょう。必ず。

Hǎo ba, míng tiān jiàn. Bú jiàn bú sàn.
好吧，明天见。不见不散。

☐ ぜひいらしてください。

Huān yíng nǐ [nín] lái.
欢迎你[您]来。

| ご到着をお待ちしております。 | Wǒ men jiāng gōng hòu nǐ [nín] de dào lái.
我们将恭候你[您]的到来。
ウオ メン ヂィアン ゴゥン ホウ ニー [ニン] ダ ダオ ライ |

※恭候（お待ちしております）

| いつでもよろしいですよ。 | Shén me shí hou dōu kě yǐ.
什么时候都可以。
シェンマ シー ホウ ドウ カー イー |

| ご都合の良い時で結構ですよ。 | Nǐ [Nín] fāng biàn de shí hou yě kě yǐ.
你[您]方便的时候也可以。
ニー [ニン] ファン ピィエンダ シー ホウ イエ カー イー |

| いらっしゃる前に
　私に電話してください。
　ロビーまで出迎えに行きます。 | Nǐ [Nín] lái zhī qián
你[您]来之前
ニー [ニン] ライ ヂー チィエン

gěi wǒ dǎ ge diàn huà.
给我打个电话。
ゲイ ウオ ダー ガ ディエン ホゥア

Wǒ qù dà tīng jiē nǐ [nín].
我去大厅接你[您]。
ウオ チュイ ダー ティン ディエ ニー [ニン] |

※接（出迎える）

| それでは明日午後2時、
　会社でお待ちしております。 | Hǎo ba, míng tiān xià wǔ liǎng diǎn
好吧，明天下午两点
ハオ バ ミィン ティエン シィア ウー リィアン ディエン

wǒ zài gōng sī děng nín.
我在公司等您。
ウオ ヅァイ ゴゥン スー デン ニン |

断る（一般・ビジネス）　　　Disc 2　26

| あいにくですが
　今週はちょっと忙しいです。 | Zhēn bù qiǎo,
真不巧，
ヂェン ブー チィアオ

zhèi ge xīng qī wǒ bǐ jiào máng.
这个星期我比较忙。
ヂェイ ガ シィン チー ウオ ビー ヂィアオ マン |

※不巧（あいにく）

今はちょっと忙しいです。	Děng wǒ máng guò zhèi zhèn ba. **等我忙过这阵吧。** デン ウオ マン グゥオ ヂェイ ヂェンバ ※这阵(今は；このごろ)
また次の機会にということにいたしましょう。	Wǒ men zài lìng wài zhǎo jī huì ba. **我们再另外找机会吧。** ウオ メン ヅァイ リン ワイ ヂャオ ヂー ホゥイ バ ※另外(別の；ほかの)
すみませんが、 先約がありますので また次の機会ということで。	Duì bu qǐ, wǒ yǐ jīng yǒu yuē **对不起，我已经有约** ドゥイ ブー チー ウオ イー ヂン イオウ ユエ zài xiān le, xià cì ba. **在先了，下次吧。** ヅァイシィエン ラ シィア ツー バ ※有约(約束がある)
すみませんが、 張が急病のため、 今日の会議をキャンセル させてください。	Duì bu qǐ, Lǎo Zhāng bìng le, **对不起，老张病了，** ドゥイ ブー チー ラオ ヂャン ビン ラ qǐng bǎ jīn tiān de huì yì qǔ xiāo ba. **请把今天的会议取消吧。** チン バー ヂン ティエンダ ホゥイイー チュイシィアオ バ
欠席させていただきます。 誠に申し訳ありません。	Shù wǒ bù néng cān jiā, **恕我不能参加，** シューウオ ブー ネン ツァンヂィア shí zài duì bu qǐ. **实在对不起。** シー ヅァイドゥイ ブー チー ※恕(許す)
今日は会社の急用で 行けなくなりました。 申し訳ございません。	Jīn tiān gōng sī yǒu diǎnr jí shì, **今天公司有点儿急事，** ヂン ティエンゴゥンスー イオウディエル ヂー シー bù néng qù le, shí zài bào qiàn. **不能去了，实在抱歉。** ブー ネン チュイラ シー ヅァイ バオ チィエン

| □ そうですか、ではまたそのうちに。 | Shì ma, zhǎo ge shí jiān zài shuō ba.
是吗，找个时间再说吧。
シーマ　ヂャオガ　シー ディエン ヅァイ シゥオ バ |

すぐに連絡を取りたい（一般・ビジネス）　　Disc 2　27

| □ 急ぎの件ですが。 | Wǒ tū rán yǒu jí shì.
我突然有急事。
ウオ トゥー ラン イオウ ヂー シー |

| □ できるだけ早く彼に連絡をとりたいのですが。 | Wǒ xiǎng jìn kuài hé tā lián xi shàng.
我想尽快和他联系上。
ウオ シィアン ヂン クゥアイ ハー ター リィエンシ　シァン
※尽快（できるだけ早く） |

| □ できるだけ早く彼からのお電話をお願いします。 | Qǐng tā jìn kuài hé wǒ lián xi.
请他尽快和我联系。
チィン ター ヂン クゥアイ ハー ウオ リィエンシ |

| □ 4時までに彼に連絡をとりたいのですが。 | Wǒ xiǎng sì diǎn yǐ qián hé tā
我想四点以前和他
ウオ シィアン スー ディエン イー チィエン ハー ター
qǔ dé lián xi.
取得联系。
チュイ ダー リィエンシ |

| □ さしつかえなければ、彼女の携帯の番号を教えていただけますか？ | Rú guǒ fāng biàn de huà,
如果方便的话，
ルー グゥオ ファン ビィエンダ ホゥア
néng bu néng bǎ tā de diàn huà hào mǎ
能不能把她的电话号码
ネン ブー ネン バー ター ダ ディエン ホゥア ハオ マー
gào su wǒ?
告诉我？
ガオ スゥ ウオ |

| □ 彼女のご自宅に電話を差し上げてもよろしいでしょうか？ | Wǒ kě yǐ wǎng tā jiā li dǎ diàn huà ma?
我可以往她家里打电话吗？
ウオ カー イー ウァン ター ヂィアリ ダー ディエン ホゥア マ
※往（〜に） |

4 電話を終える

電話の終え方にも定型的な言い方があります。失礼にならないように丁寧な表現を使いましょう。

電話を終える（一般・ビジネス）

- [ ] お電話を
  ありがとうございました。
  失礼します。

谢谢你［您］的电话，再见。
Xiè xie nǐ [nín] de diàn huà, zài jiàn.

谢谢你［您］打来电话，再见。
Xiè xie nǐ [nín] dǎ lái diàn huà, zài jiàn.

谢谢你［您］特意打来电话，再见。
Xiè xie nǐ [nín] tè yì dǎ lái diàn huà, zài jiàn.

※特意（わざわざ）

谢谢你［您］，再见。
Xiè xie nǐ [nín], zài jiàn.

- [ ] ありがとうございました、
  今後ともご連絡を
  よろしくお願いします。

谢谢你［您］，希望今后经常保持联系，再见。
Xiè xie nǐ [nín], xī wàng jīn hòu jīng cháng bǎo chí lián xi, zài jiàn.

※保持联系（連絡を保つ）

□ またお電話いたします。
　失礼します。

Hǎo ba, wǒ zài gěi nǐ [nín] dǎ diàn huà ba, zài jiàn.
好吧，我再给你[您]打电话吧，再见。

□ それでは
　また明日ご連絡いたします。
　失礼します。

Hǎo ba, wǒ men míng tiān zài lián xi, zài jiàn.
好吧，我们明天再联系，再见。

□ 何かありましたら
　またご連絡します。
　それでは失礼します。

Yǒu shì wǒ zài gēn nǐ [nín] lián xi, zài jiàn.
有事我再跟你[您]联系，再见。

□ よろしくお願いします。
　失礼します。

Nà jiù má fan ni [nín] le, zài jiàn.
那就麻烦你[您]了，再见。

Nà jiù bài tuō nǐ [nín] le, zài jiàn.
那就拜托你[您]了，再见。

※拜托（お願いする）

□ メッセージは
　社長に申し伝えます。
　失礼します。

Wǒ yí dìng bǎ nǐ [nín] de huà [liú yán] zhuǎn gào jīng lǐ, zài jiàn.
我一定把你[您]的话[留言]转告经理，再见。

- ☐ 王が帰りましたら、お伝えします。失礼します。

Xiǎo wáng huí lai hòu,
小王回来后，
wǒ yí dìng zhuǎn gào tā, zài jiàn.
我一定转告他，再见。

- ☐ お邪魔しました。失礼します。

Duì bu qǐ, dǎ rǎo le, zài jiàn.
对不起，打扰了，再见。

※打扰（お邪魔する）

- ☐ 夜分申し訳ありませんでした。失礼します。

Zhè me wǎn le, zhēn duì bu qǐ, zài jiàn.
这么晚了，真对不起，再见。

- ☐ またのご連絡をお待ちしています。失礼します。

Huān yíng nǐ [nín] zài lián xi wǒ men,
欢迎你[您]再联系我们，
zài jiàn.
再见。

電話を途中で切り上げる（一般・ビジネス）　Disc 2　29

- ☐ 別の電話が入ってきました。ちょっと待ってください。

Duì bu qǐ, wǒ yǒu diàn huà jìn lái,
对不起，我有电话进来，
qǐng shāo děng.
请稍等。

- ☐ ちょっとよろしいですか？

Duì bu qǐ, shāo wēi dǎ duàn yí xià.
对不起，稍微打断一下。

※稍微（ちょっと〜）

- あいにく急用で出かけなければなりませんので、ひとまず切らせていただきます。

很抱歉，我有急事要出去，先挂了。

※挂（電話を切る）

- すみませんが、お客さんが見えまして、後でこちらからかけ直させてください。

实在抱歉，我有客人来了，待会儿再打给您。

- すみません、退社の時間なので、明日にお願いできますか？

非常抱歉，我要下班了，明天再说吧。

※下班（退社する）「上班」は「出社する」。セットで覚えておこう。

- 話の途中ですが、これで失礼いたします。

刚才说一半，对不起了，今天就先到这里吧。

※一半（半分；途中）

第9章

ビジネス編

日本企業の対中国ビジネスは本格化しています。取引先の訪問、自己紹介、自社紹介、商品の紹介をはじめ、簡単な商談、注文とアフターケア、クレームへの対応など、場面別に必須のフレーズを紹介します。また、社内でよく使う基本表現のほか、求職・面接の会話も収録しています。

1 取引先に会う

取引先を訪れ、自己紹介をして、自社製品を説明するのに役立つフレーズを紹介します。

会社を訪問する

Disc 2　30

□ 技術部の張局長に
お会いしたいのですが。

Wǒ xiǎng jiàn yí xià jì shù bù de
我想见一下技术部的
Zhāng jú zhǎng.
张局长。

※想见（面会したい）

□ 張局長に連絡して
いただけませんか？
用がありお目にかかりたい
のですが。

Qǐng hé Zhāng chù zhǎng lián xi yí xià,
请和张处长联系一下，
wǒ yǒu shì yào jiàn tā.
我有事要见他。

□ 張局長より今日の10時に
打ち合わせをしたいとのことで
お伺いしたのですが。

Zhāng jú zhǎng yuē wǒ
张局长约我
jīn tiān shí diǎn jiàn miàn.
今天十点见面。

※约（約束する）

□ アポを取りましたか？

受付

Nǐ yù yuē le ma?
你预约了吗？

※预约（予約する）

□ アポを取っています。
今日の10時です。

Yuē hǎo le, shì jīn tiān shí diǎn.
约好了，是今天十点。

※约好（約束を取っておく）

- ☐ 今日の10時に張局長を訪問するアポを取っております。

Yǐ jīng yuē hǎo le,
已经约好了,

jīn tiān shí diǎn bài jiàn Zhāng jú zhǎng.
今天十点拜见张局长。

※拜见(面会する；訪問する)

- ☐ アポをとっていないのですが、海外部の人に会わせてもらえませんか?

Wǒ méi yǒu yù yuē,
我没有预约,

néng bu néng jiàn yí xià wài lián bù de rén?
能不能见一下外联部的人?

担当者に会う　　Disc 2　31

- ☐ 日中貿易商社の者ですが。

Wǒ shì Rì zhōng mào yì shāng shè de.
我是日中贸易商社的。

- ☐ 販売の仕事をしています。

Wǒ shì cóng shì tuī xiāo gōng zuò de.
我是从事推销工作的。

※从事(〜という仕事をする)
※推销(セールスをする)

- ☐ 中国側の張部長の紹介でまいりました。

Shì zhōng fāng de Zhāng bù zhǎng
是中方的张部长

ràng wǒ lái de.
让我来的。

第9章 ビジネス編

☐ これは張部長から あなたへと言われたものです。 どうぞお納めください。	Zhèi shì Zhāng bù zhǎng **这是张部长** ヂェイシー ヂャンブー ヂャン ràng wǒ zhuǎn jiāo gěi nín de, **让我转交给您的,** ラン ウオ ヂュアン ディアオ ゲイニン ダ qǐng shōu xià. **请收下。** チィン シォウ シィア ※转交给(〜に〜を渡す) 收下(収める)
☐ これは私の名刺です。どうぞ。	Zhèi shì wǒ de míng piàn. **这是我的名片。** ヂェイシー ウオ ダ ミィン ピィエン
☐ 名刺を1枚いただけませんか。	Néng bu néng gěi wǒ yì zhāng nín de míng piàn? **能不能给我一张您的名片？** ネン ブー ネン ゲイ ウオ イー ヂャンニン ダ ミィン ピィエン
☐ これは弊社を紹介する パンフレットです。	Zhèi shì jiè shào wǒ men **这是介绍我们** ヂェイシー ヂィエ シャオ ウオ メン gōng sī de xiǎo cè zi. **公司的小册子。** ゴゥン スー ダ シィアオ ツァーヅ
☐ 今日は弊社について ご紹介したいと思います。	Jīn tiān lái shì xiǎng jiè shào yí xià **今天来是想介绍一下** ヂィンティエンライ シー シィエンヂィエ シャオ イーシィア wǒ gōng sī de qíng kuàng. **我公司的情况。** ウオ ゴゥン スー ダ チィン クゥアン
☐ 弊社の新商品について 説明したいのですが。	Jiè shào yí xià wǒ gōng sī de xīn chǎn pǐn. **介绍一下我公司的新产品。** ヂィエ シャオ イー シィア ウオ ゴゥン スー ダ シィン チャン ピィン
☐ 今日は新製品の見本を 持ってきました。	Jīn tiān wǒ dài lái le xīn yàng pǐn. **今天我带来了新样品。** ヂィン ティエンウオダイ ライ ラ シィン ヤン ピィン ※样品(サンプル；見本)

- ☐ こちらは見本と見積もりです。

  Zhèi shì yàng pǐn
  这是样品
  ヂェイ シー ヤン ピィン

  hé bào jià dān [bào jià biǎo].
  和报价单[报价表]。
  ハー バオ ヂィアダン [バオ ヂィアビィアオ]

- ☐ 今回は入札の状況確認のためにまいりました。

  Zhèi cì zhǔ yào shì lái
  这次主要是来
  ヂェイツー ヂゥーヤオ シー ライ

  liáo jiě zhāo biāo qíng kuàng de.
  了解招标情况的。
  リィアオ ヂィエ ヂャオ ビィアオ チィン クゥアンダ

  ※ 了解(知りたい；調べる)
  ※ 招标(入札)

- ☐ 品質管理について話し合うためにまいりました。

  Zhǔ yào shì lái xié shāng chǎn pǐn
  主要是来协商产品
  ヂゥーヤオ シー ライ シィエ シァンチャン ピィン

  zhì liàng de guǎn lǐ wèn tí.
  质量的管理问题。
  ヂー リィアンダ グゥアンリー ウエンティー

自己紹介　　　　　　　　　　　　Disc 2　32

- ☐ 大星会社の佐々木と申します。

  Wǒ shì Dà xīng góng sī de Zuǒ zuǒ mù.
  我是大星公司的佐佐木。
  ウオ シー ダー シィンゴゥン スー ダ ヅゥオヅゥオムー

- ☐ 営業部3課の高橋と申します。

  Wǒ shì yíng yè bù sān kē de Gāo qiáo.
  我是营业部三科的高桥。
  ウオ シー イン イエ ブー サン カー ダ ガオ チィアオ

- ☐ 東京本社から転勤してきた佐藤と申します。

  Wǒ shì gāng cóng Dōng jīng běn shè
  我是刚从东京本社
  ウオ シー ガン ツォンドゥンヂィン ベン シァー

  diào lái de Zuǒ téng.
  调来的佐藤。
  ディアオライ ダ ヅゥオテン

  ※ 调来的(転勤してきた)

- 上海支店よりまいりました。

Wǒ shì gāng cóng Shànghǎi fēn gōngsī lái de.
我是刚从上海分公司来的。

- 4月1日付で営業部に着任いたしました。

Wǒ shì sì yuè yī hào
我是四月一号
dào yíng yè bù jiù rèn de.
到营业部就任的。

- 新入社員の高橋と申します。

Wǒ shì xīn lái de yuán gōng,
我是新来的员工，
wǒ xìng Gāo qiáo.
我姓高桥。

- 私は入社したばかりです。

Wǒ shì gāng jìn gōngsī de.
我是刚进公司的。

- 安田と申します。太田の後任としてまいりました。どうぞよろしくお願いいたします。

Wǒ xìng Ān tián,
我姓安田，
shì jiē tì Tài tián gōng zuò de.
是接替太田工作的。
Qǐng duō guān zhào.
请多关照。

※接替（引き継ぐ）

- AG社で広告を担当しております。

Wǒ zài AG gōngsī fù zé
我在 AG 公司负责
xuān chuán gōng zuò.
宣传工作。

※负责（担当する）

□ 中国の営業を
　担当しております。

Wǒ fù zé Zhōng guó de yíng yè tuī xiāo.
我负责中国的营业推销。
ウオ フーヅゥ ヂォングゥオダ イン イエ トゥイ シィアオ

□ 中国への輸出業務を
　担当する高橋と申します。

Wǒ fù zé chū kǒu Zhōng guó de xiàng mù,
我负责出口中国的项目，
ウオ フーヅゥ チゥーコウ ヂォングゥオダ シィアンムー

xìng Gāo qiáo.
姓高桥。
シィン ガオ チィアオ

□ 北京支社の社長をしております。

Wǒ yì zhí zài Běi jīng fēn gōng sī
我一直在北京分公司
ウオ イー ヂー ヅァイ ペイ ヂィン フェン ゴゥンスー

dāng jīng lǐ.
当经理。
ダン ヂィン リー

※当（～をしている）

□ 4月から営業部の部長を
　務めることになりました。

Cóng sì yuè kāi shǐ,　wǒ dān rèn
从四月开始，我担任
ツォン スー ユエ カイ シー　ウオ ダン レン

gōng sī yíng yè bù zhǎng
公司营业部长
ゴゥン スー イン イエ ブー ヂャン

de zhí wù.
的职务。
ダ ヂー ウー

□ 今後皆さんと一緒に
　仕事をすることになります、
　よろしくお願いいたします。

Jīn hòu wǒ jiāng hé dà jiā yì qǐ gōng zuò,
今后我将和大家一起工作，
ヂィン ホウ ウオ ヂィアン ハー ダー ヂィア イー チー ゴゥン ヅゥオ

qǐng duō guān zhào.
请多关照。
チィン ドゥオ グゥアン ヂャオ

第9章　ビジネス編

- 今日から課長を務めることになり、皆さんと一緒に仕事をすることになります。

Zuò wéi kē zhǎng,
做为科长，
cóng jīn tiān kāi shǐ hé dà jiā
从今天开始和大家
yì qǐ gōng zuò.
一起工作。

※做为（〜として）

- 来月をもって定年退職することになりました。

Xià ge yuè wǒ jiù yào tuì xiū le.
下个月我就要退休了。

※退休（定年退職する）

- 来月よりGM社に出向することになりました。

Xià ge yuè wǒ jiāng bèi jiè diào dào
下个月我将被借调到
G M gōng sī.
GM公司。

※借调到（〜に出向する）

- 皆さん、どうぞよろしくお願いいたします。

Qǐng dà jiā duō duō guān zhào.
请大家多多关照。

自社の紹介

Disc 2　33

- 弊社は中規模の製紙会社です。

Wǒ men gōng sī shì
我们公司是
yí ge zhōng děng guī mó de zào zhǐ gōng sī.
一个中等规模的造纸公司。

- ☐ 弊社は鉄道信号装置の設計と生産をする会社です。

  Wǒ men gōng sī shì shè jì hé
  ## 我们公司是设计和
  shēng chǎn tiě dào xìn hào zhuāng zhì de.
  ## 生产铁道信号装置的。

  ※设计和生产（設計・生産する）

- ☐ 弊社はコンピュータソフトを製作しています。

  Wǒ men gōng sī shēng chǎn jì suàn jī ruǎn jiàn.
  ## 我们公司生产计算机软件。

- ☐ 私どもは家庭用のプラスチック製品を製造しています。

  Wǒ men shēng chǎn jiā yòng sù liào zhì pǐn.
  ## 我们生产家用塑料制品。

- ☐ 弊社は携帯電話の組み立てをしています。

  Wǒ men gōng sī yǐ zǔ zhuāng
  ## 我们公司以组装
  shǒu jī wéi zhǔ.
  ## 手机为主。

  ※组装（組み立てをする）
  ※手机（携帯電話）

- ☐ 弊社は販売会社で、主に家庭用電化製品を販売しています。

  Wǒ men shì xiāo shòu gōng sī,
  ## 我们是销售公司，
  zhǔ yào xiāo shòu jiā yòng diàn qì.
  ## 主要销售家用电器。

  ※销售（販売する）

- ☐ 弊社の商品は主にアメリカに輸出しています。

  Wǒ men gōng sī de chǎn pǐn
  ## 我们公司的产品
  zhǔ yào chū kǒu Měi guó.
  ## 主要出口美国。

  ※出口（輸出する）

第9章 ビジネス編

☐ 弊社は輸入業務が中心で
主に衣料品を輸入しています。

Wǒ men gōng sī yǐ jìn kǒu yè wǔ wéi zhǔ,
我们公司以进口业务为主，
ウオ メン ゴゥンスー イー ヂン コウ イエ ウー ウエイヂゥー

zhǔ yào jìn kǒu bù liào.
主要进口布料。
ヂゥーヤオ ヂン コウ ブゥー リィアオ

※进口（輸入する）

☐ 私どもは果物、野菜の
加工をしています。

Wǒ men shì jiā gōng shuǐ guǒ,
我们是加工水果，
ウオ メン シー ヂィア ゴゥン シゥイ グゥオ

shū cài de gōng sī.
蔬菜的公司。
シュー ツァイダ ゴゥン スー

※加工（加工する）

☐ 弊社は主に日本に輸出する
冷凍食品を製造しています。

Wǒ men gōng sī shēng chǎn lěng dòng shí pǐn,
我们公司生产冷冻食品，
ウオ メン ゴゥンスー ション チャンレン ドゥン シー ピィン

zhǔ yào chū kǒu Rì běn.
主要出口日本。
ヂゥーヤオ チゥーコウ リー ベン

☐ 私どもは果物の卸売りを
しています。

Wǒ men zhǔ yào zuò shuǐ guǒ pī fā.
我们主要做水果批发。
ウオ メン ヂゥーヤオ ヅゥオ シゥイ グゥオ ピー ファー

※批发（卸売りをする）

☐ 弊社の詳細については
ここにあります、
どうぞお目を通してください。

Wǒ men gōng sī de qíng kuàng dōu zài zhèi li,
我们公司的情况都在这里，
ウオ メン ゴゥンスー ダ チィン クゥアンドウヅァイ ヂェイリ

qǐng nín guò mù.
请您过目。
チィン ニン グゥオ ムー

※过目（目を通す）

☐ 弊社のホームページも
ごらんください。

Nín kě yǐ kàn wǒ men gōng sī de
您可以看我们公司的
ニン カー イー カン ウオ メン ゴゥンスー ダ

wǎng yè jiè shào.
网页介绍。
ウアン イエ ヂィエ シァオ

□ 弊社は150人の社員を持つ
中小企業です。

Wǒ men gōng sī shì yí ge
我们公司是一个
yǒu yì bǎi wǔ shí rén de
有一百五十人的
zhōng xiǎo xíng qǐ yè.
中小型企业。

□ 私どもは自社の生産基地と
工場を持っています。

Wǒ men yǒu zì jǐ de
我们有自己的
shēng chǎn jī dì hé gōng chǎng.
生产基地和工厂。

□ 私どもは中国の各大都市に
事務所を置いております。

Wǒ men zài Zhōng guó gè dà chéng shì dōu
我们在中国各大城市都
yǒu bàn shì chù.
有办事处。

□ 私どもは済南市に
支社があります。

Wǒ men zài Jǐ nán yǒu fēn gōng sī.
我们在济南有分公司。

□ 私どもは15年前から
中国と業務関係があります。

Wǒ men cóng shí wǔ nián qián
我们从十五年前
jiù hé Zhōng guó yǒu yè wù wǎng lái le.
就和中国有业务往来了。

※业务往来（業務関係）

□ 私どもはこれまでB社と
3回提携したことがあります。

Wǒ men yǐ jīng hé B gōng sī
我们已经和B公司
hé zuò guò sān cì le.
合作过三次了。

第9章 ビジネス編

□ 私どもの会社には 　中国人社員もいます。	Wǒ gōng sī yě yǒu Zhōng guó yuán gōng. **我公司也有中国员工。** ※员工(社員)
□ 弊社はこの領域の業務に 　携わってすでに30年になります。	Wǒ men gōng sī cóng shì zhèi fāng miàn **我们公司从事这方面** yè wù yǐ jīng sān shí nián le. **业务已经三十年了。**
□ 弊社はこの業界において 　すばらしい業績を 　持っています。	Wǒ men gōng sī zài zhěng ge yè jiè de **我们公司在整个业界的** chéng jì bú cuò. **成绩不错。**
□ 弊社は海外においても 　知名度があります。	Wǒ men gōng sī zài hǎi wài yě xiǎng yǒu **我们公司在海外也享有** hěn gāo de míng shēng. **很高的名声。**
□ 弊社は中国政府に 　奨励されたことがあります。	Wǒ gōng sī céng huò de guò **我公司曾获得过** Zhōng guó zhèng fǔ de jiā jiǎng. **中国政府的嘉奖。** ※嘉奖(奨励；表彰)

自社商品の紹介　　　　　　　　　　Disc 2　34

□ 今日ご紹介したいのは、 　こちらの製品です。	Jīn tiān wǒ xiàng gè wèi jiè shào de **今天我向各位介绍的** shì zhèi ge chǎn pǐn. **是这个产品。**

- ☐ これは弊社の新製品の
サンプルです。
どうぞごらんになってください。

Zhèi shì wǒ men xīn chǎn pǐn de yàng pǐn,
这是我们新产品的样品,
チェイ シー ウオ メン シィン チャン ピィン ダ ヤン ピィン

qǐng nín kàn yi kàn.
请您看一看。
チィン ニン カン イー カン

- ☐ この製品にはきっと
ご満足いただけると思います。

Nín yí dìng huì duì zhèi ge chǎn pǐn
您一定会对这个产品
ニン イー ディン ホゥイ ドゥイ ヂェイ ガ チャン ピィン

mǎn yì de.
满意的。
マン イー ダ

- ☐ 年度末までに
ご契約いただければ
割引が適用されます。

Nián dǐ qiān yuē de huà,
年底签约的话,
ニィエン ディー チィエン ユエ ダ ホゥア

kě yǐ xiǎng shòu yōu huì.
可以享受优惠。
カー イー シィアン シォウ イオウ ホゥイ

※享受(受ける)
※优惠(割引)

- ☐ 1週間のお試し期間も
ございます。

Nín kě yǐ shì yòng yí ge xīng qī.
您可以试用一个星期。
ニン カー イー シー イヨン イー ガー シィン チー

- ☐ 弊社の工場を
見学されませんか?

Nín kě yǐ cān guān wǒ men de gōng chǎng.
您可以参观我们的工厂。
ニン カー イー ツァン グゥアン ウオ メン ダ ゴゥン チャン

- ☐ これは弊社の
主力製品P型モデルです。

Zhèi shì wǒ men gōng sī de zhǔ lì chǎn pǐn,
这是我们公司的主力产品,
ヂェイ シー ウオ メン ゴゥン スー ダ ヂゥー リー チャン ピィン

P kuǎn shì.
P 款式。
P クゥアン シー

※款式(~型モデル)

第9章 ビジネス編

- ☐ これは弊社の中でも特に優れた商品です。

  Zhèi shì wǒ men gōng sī de dǐng jí chǎn pǐn.
  这是我们公司的顶级产品。
  ヂェイシー ウオ メン ゴゥンスー ダ ディンヂー チャン ピィン

  ※顶级产品（最も優れた商品）

- ☐ こちらは一番の売れ筋製品です。

  Zhèi shì wǒ men xiāo shòu zuì hǎo de chǎn pǐn.
  这是我们销售最好的产品。
  ヂェイシー ウオ メン シィアオ シォウ ヅゥイ ハオ ダ チャン ピィン

  ※销售最好（売れ行きが一番良い）

- ☐ これは弊社の中国向け輸出製品です。

  Zhèi shì wǒ men gōng sī chū kǒu
  这是我们公司出口
  ヂェイシー ウオ メン ゴゥンスー チゥー コウ

  Zhōng guó de chǎn pǐn.
  中国的产品。
  ヂォン グゥオ ダ チャン ピィン

- ☐ これから弊社の製品についてご説明いたします。

  Xià mian, jiù wǒ gōng sī de chǎn pǐn
  下面，就我公司的产品
  シィア ミィエン ヂィウ ウオ ゴゥン スー ダ チャン ピィン

  zuò yí xià shuō míng.
  做一下说明。
  ヅゥオ イー シィア シゥオ ミン

- ☐ この製品にはすばらしい特徴がたくさんあります。

  Cǐ chǎn pǐn yǒu hěn duō yōu diǎn.
  此产品有很多优点。
  ツー チャン ピィン イオウ ヘン ドゥオ イオウ ディエン

- ☐ この製品は小型、軽量で持ち運びに便利という特徴を持っています。

  Cǐ chǎn pǐn jù yǒu tǐ jī xiǎo,
  此产品具有体积小，
  ツー チャン ピィン ヂゥイ イオウ ティー ヂー シィアオ

  zhòng liàng qīng, xié dài fāng biàn de yōu diǎn.
  重量轻，携带方便的优点。
  ヂォン リィアン チン シィエダイ ファン ビィエンダ イオウ ディエン

- ☐ この製品は弊社の中でも特に環境に配慮した製品です。

  Cǐ chǎn pǐn shì wǒ gōng sī de
  此产品是我公司的
  ツー チャン ピィンシー ウオ ゴゥン スー ダ

  huán bǎo chǎn pǐn.
  环保产品。
  ホゥアン バオ チャン ピィン

  ※环保产品（エコ製品）

232

| □この製品は他社の類似製品より お安くなっています。 | Cǐ chǎn pǐn bǐ qí tā gōng sī de
此产品比其他公司的
tóng lèi chǎn pǐn jià gé pián yi.
同类产品价格便宜。
※便宜（値段が安い） |

□詳細資料のご請求は、私まで直接ご連絡をお願いします。

Rú guǒ xū yào xiáng xì zī liào,
如果需要详细资料，
kě yǐ zhí jiē gēn wǒ lián xi.
可以直接跟我联系。

□カタログをお送りいたします。

Wǒ jiāng bǎ chǎn pǐn dān jì gěi nín.
我将把产品单寄给您。

□詳細の資料はこちらからお届けいたします。

Xiáng xì zī liào wǒ kě yǐ gěi nín.
详细资料我可以给您。

□製品についての説明資料は英語版、中国語版、日本語版を揃えています。

Cǐ chǎn pǐn de shuō míng zī liào Yīng wén,
此产品的说明资料英文，
Zhōng wén hé Rì wén de dōu yǒu.
中文和日文的都有。

2 注文とアフターケア

商品の受発注と、クレームへの対処に重宝するフレーズが中心です。

商品の発注・受注

Disc 2　35

- 注文をお願いしたいのですが。

  我要订货。

- ご注文は2階の販売部で承ります。

  订货在二楼的销售部。

- 販売部は2階の312号室です。

  销售部在二楼312房间。

- 会社名とお名前をお願いいたします。

  请告诉我贵公司的名称和您的姓名。

- 御社のご住所と電話番号をお願いいたします。

  请问一下您公司的地址和电话号码。

- 商品名をお願いいたします。

  您需要什么产品？

☐ 商品名、型番と個数を 　お願いします。	Qǐng gào su wǒ nín xū yào de **请告诉我您需要的** チィン ガオ スゥ ウオ ニン シュイヤオ ダ chǎn pǐn xíng hào hé shù liàng. **产品型号和数量。** チャン ピィン シィン ハオ ハー シュー リィアン
☐ 本日は何個ご注文されますか?	Jīn tiān nín yào dìng jǐ ge? **今天您要定几个？** ヂン ティエン ニン ヤオ ディン ヂー ガ
☐ 3000個お願いします。 　SP型です。	Wǒ yào dìng sān qiān ge, **我要定3000个，** ウオ ヤオ ディン サンチイエン ガ xíng hào shì S P xíng hào. **型号是SP型号。** シィン ハオ シー S P シィン ハオ
☐ SP型は、現在在庫がありますか?	S P xíng hào hái yǒu kù cún ma? **SP型号还有库存吗？** S P シィン ハオ ハイ イオウ クゥー ツゥン マ ※库存(在庫)
☐ はい、まだ少しありますが。	Yǒu, dàn shì bù duō le. **有，但是不多了。** イオウ ダン シー ブー ドゥオ ラ
☐ 申し訳ありませんが、 　SP型の在庫はありません。	Shí zài bào qiàn, **实在抱歉，** シー ヅァイ バオ チィエン S P xíng hào xiàn zài méi huò. **SP型号现在没货。** S P シィン ハオ シィエン ヅァイ メイ ホゥオ ※没货(在庫がない)
☐ SP型は現在2000個だけ 　在庫があります。	S P xíng hào xiàn zài **SP型号现在** S P シィン ハオ シィエン ヅァイ zhǐ yǒu liǎng qiān ge kù cún. **只有2000个库存。** ヂー イオウ リィアンチィエン ガ クゥーツゥン

第9章 ビジネス編

□ すみません、現在在庫が切れておりますが、来週には入荷する予定です。

Duì bu qǐ, xiàn zài méi yǒu.
对不起，现在没有。

Xià xīng qī jìn huò.
下星期进货。

□ SP型は生産中止になりました。

S P xíng hào yǐ jīng tíng zhǐ shēng chǎn le.
SP 型号已经停止生产了。

□ 3000個ですね。少々お待ちください。在庫の状況を調べます。

Shì sān qiān ge ma?
是3000个吗？

Qǐng děng yí xià, wǒ chá cha kù cún.
请等一下，我查查库存。

□ 品物はいつ届きますか？

Shén me shí hou dào huò?
什么时候到货？

※到货（品物が届く）

□ 品物は1週間後に届きます。

Huò yí ge xīng qī yǐ hòu dào.
货一个星期以后到。

□ お急ぎでしたら、特別便で送ります。

Nín jí xū de huà,
您急需的话，

wǒ men kě yǐ gěi nín
我们可以给您

fā kuài jiàn [jí jiàn].
发快件 [急件]。

※快件（速達）

☐ 確認のため、ご注文の商品と数量を繰り返します。	Wǒ chóng fù yí xià **我重复一下** nín yào de huò hé shù liàng, **您要的货和数量，** nín kàn duì bu duì? **您看对不对？**
☐ 注文したのは4箱ではなく、10箱です。	Wǒ yào de shì shí xiāng, bú shì sì xiāng. **我要的是10箱，不是4箱。**
☐ 品物が到着してからお支払いをお願いします。	Huò dào hòu fù kuǎn. **货到后付款。**
☐ 支払い方法は着払いです。	Yì shǒu jiāo qián, yì shǒu jiāo huò. **一手交钱，一手交货。** ※交钱（支払う） ※交货（品物を渡す）
☐ 返品できますか？	Kě yǐ tuì huò ma? **可以退货吗？**
☐ ご注文をいただき、ありがとうございました。	Xiè xie nín de dìng huò. **谢谢您的订货。**
☐ またのご注文をお待ちしております。	Huān yíng nín zài cì lì yòng **欢迎您再次利用** wǒ gōng sī de chǎn pǐn. **我公司的产品。**

第9章 ビジネス編

クレームと対応

- 注文したものがまだ届きません。

Huò hái méi dào.
货还没到。

- 注文したものと違うものが届きました。

Dào de huò hé dìng de huò bù yí yàng.
到的货和定的货不一样。

- 注文したものの数が足りません。

Huò de shù liàng bú gòu.
货的数量不够。

- 注文したものの型番と違うものが届きました。

Dào de huò xíng hào bú duì.
到的货型号不对。

- 届いた品物に不良品があります。

Huò li miàn cān zá zhe cì pǐn.
货里面参杂着次品。

※次品(不良品)

- 誠に申し訳ありません、すぐ原因を調べます。

Duì bu qǐ,
对不起，

wǒ men mǎ shang chá zhǎo yuán yīn.
我们马上查找原因。

※查找(調べる)

- どうぞご安心ください、早急に善処いたします。

Qǐng fàng xīn,
请放心，

wǒ men yí dìng huì tuǒ shàn chǔ lǐ.
我们一定会妥善处理。

※妥善处理(早急に善処する)

□ 着払いで不良品を返送して
いただけませんか？

Má fan nín bǎ cì pǐn yòng
麻烦您把次品用
マー ファン ニン パー ツー ピィン イヨン

duì fāng fù kuǎn de xíng shì jǐ gěi wǒ men.
对方付款的形式寄给我们。
ドゥイ ファン フー クゥアン ダ シィン シー ヂー ゲイ ウオ メン

□ 至急、足りない分をそちらに
お送りします。

Wǒ men mǎ shang gěi nín
我们马上给您
ウオ メン マー シァン ゲイ ニン

jǐ qù bú gòu de bù fen.
寄去不够的部分。
ヂー チュイ ブー ゴウ ダ ブー フェン

□ このたびはご迷惑をおかけ
いたしました。

Zhè cì gěi nín zào chéng le
这次给您造成了
ヂァー ツー ゲイ ニン ヅァオ チェン ラ

hěn dà de sǔn shī.
很大的损失。
ヘン ダー ダ スゥン シー

※造成（〜をもたらす）

3 会社の業務

連絡・伝達から面接まで、会社のさまざまな業務に使えるフレーズを紹介します。

書類業務

Disc 2　37

- [ ] この資料は3部ずつコピーしてください。

Qǐng bǎ zhèi fèn zī liào fù yìn sān fèn.
请把这份资料复印三份。
チィン バー ヂェイ フェン ツー リィアオ フゥー イン サン フェン
※复印(コピーする)

- [ ] この資料を部長[会議室]に届けてください。

Qǐng bǎ zhèi fèn zī liào sòng dào
请把这份资料送到
チィン バー ヂェイ フェン ツー リィアオ ソン ダオ
bù zhǎng [huì yì shì] nà li.
部长[会议室]那里。
ブー ヂャン [ホゥイ イー シー] ナー リー
※送到(〜に届ける)

- [ ] この資料をファクスでB社に送ってください。

Qǐng bǎ zhèi fèn zī liào yòng chuán zhēn
请把这份资料用传真
チィン バー ヂェイ フェン ツー リィアオ イヨン チゥアン ヂェン
chuán gěi B gōng sī.
传给 B 公司。
チゥアン ゲイ B ゴゥン スー
※传真(ファクス)

- [ ] この資料を日本語に翻訳してください。

Qǐng bǎ zhèi fèn zī liào fān yì chéng Rì yǔ.
请把这份资料翻译成日语。
チィン バー ヂェイ フェン ツー リィアオ ファン イー チャン リー ユイ
※翻译成(〜に翻訳する)

- [ ] この資料を処分してください。

Qǐng bǎ zhèi fèn zī liào chǔ lǐ yí xià.
请把这份资料处理一下。
チィン バー ヂェイ フェン ツー リィアオ チゥー リー イー シィア
※处理(片づける;処分する)

☐ これは機密資料です、厳重に保管してください。	Zhèi shì bǎo mì zī liào, qǐng bǎo guǎn hǎo. 这是保密资料，请保管好。 ※保管好（保管しておく）
☐ この資料は持ち出し禁止です［持ち帰り禁止です］。	Zhèi fèn zī liào jìn zhǐ dài zǒu [dài huí jiā]. 这份资料禁止带走[带回家]。 ※禁止带出（持ち出しを禁止する）
☐ 今日の会議の資料は用意できましたか？	Jīn tiān de huì yì zī liào zhǔn bèi hǎo le ma? 今天的会议资料准备好了吗？ ※准备好（用意しておく）
☐ N社との商談用の資料はどこにありますか？	Gēn N gōng sī shāng tán de zī liào zài nǎr? 跟N公司商谈的资料在哪儿？ ※商谈（協議する；商談する）
☐ これはもう不要なので、処分してください。	Zhèi ge bú yào le, kě yǐ dāng lā jī chǔ lǐ. 这个不要了，可以当垃圾处理。

第9章 ビジネス編

- [ ] これはシュレッダーにかけてから処分してください。

Zhèi ge yào yòng fěn suì jī
这个要用粉碎机
チェイガ ヤオ イヨン フェン スウイ ヂー

chǔ lǐ hòu zài rēng.
处理后再扔。
チゥーリー ホウ ヅァイ レン

※粉碎机（シュレッダー）

報告・連絡 Disc 2 38

- [ ] 午後2時の会議は3時に変更になりました。

Xià wǔ liǎng diǎn de huì yì
下午两点的会议
シィア ウー リィアン ディエンダ ホウイ イー

gǎi zài sān diǎn le.
改在三点了。
ガイ ヅァイ サン ディエンラ

※改在（〜に変更する）

- [ ] 今晩J社の部長と食事会があります。

Jīn tiān wǎn shang hé J gōng sī de
今天晚上和J公司的
ヂン ティエンウアンシァンハー J ゴゥンスー ダ

bù zhǎng yǒu ge fàn jú.
部长有个饭局。
ブー ヂャン イオウガ ファン ヂュイ

※饭局（食事会）

- [ ] これは本社からのお知らせです。貼り出してください。

Zhèi shì lái zì běn shè de tōng zhī,
这是来自本社的通知，
ヂェイ シー ライ ツー ベン シーァダ トゥン ヂー

qǐng tiē chū qù.
请贴出去。
チン ティエ チゥー チュイ

※贴出（貼り出す）

- [ ] これはH社の最新の見積もりです。

Zhèi shì H gōng sī zuì xīn de bào jià dān.
这是H公司最新的报价单。
ヂェイ シー H ゴゥン スー ヅゥイ シィンダ バオ ヂィアダン

※报价单（見積もり）

☐ これはY社からの請求書です。

这是Y公司的付款通知。
Zhèi shì Y gōng sī de fù kuǎn tōng zhī.

※付款通知（請求書）

☐ これは出張精算書ですが、サインをお願いします。

这是出差的报销单，
Zhèi shì chū chāi de bào xiāo dān,

请您签字。
qǐng nín qiān zì.

※报销单（精算書）

☐ これは商品のリストです。課長、どうぞお目を通してください。

这是产品清单，
Zhèi shì chǎn pǐn qīng dān,

请课长过目。
qǐng kè zhǎng guò mù.

※清单（リスト）

☐ 明日の日程をご確認ください。

请确认一下明天的日程。
Qǐng què rèn yí xià míng tiān de rì chéng.

※确认（確認する）
※日程（日程）

☐ もう一度商談会の出席者名簿を確認しましょう。

我们再确认一下
Wǒ men zài què rèn yí xià

出席商谈会的人员。
chū xí shāng tán huì de rén yuán.

☐ G社からの手紙［メール／電話記録］をもう一度ご確認願います。

麻烦你确认一下G公司的
Má fan nǐ què rèn yí xià G gōng sī de

来信［邮件／电话记录］。
lái xìn [yóu jiàn / diàn huà jì lù].

第9章 ビジネス編

- ☐ 今日、B社の李さんが見えますので、準備をお願いします。

  Jīn tiān B gōng sī de Lǐ xiān sheng yào lái,
  今天 B 公司的李先生要来，
  qǐng zhǔn bèi yí xià.
  请准备一下。

- ☐ 明日の午前はお客さんのところへ直行しますので、出社は午後になります。

  Míng tiān shàng wǔ wǒ zhí jiē qù
  明天上午我直接去
  kè hù nà li, xià wǔ huí gōng sī.
  客户那里，下午回公司。

- ☐ すみませんが、今日は用事があるので残業できません。

  Duì bu qǐ,
  对不起，
  wǒ jīn tiān yǒu shì, bù néng jiā bān.
  我今天有事，不能加班。

  ※加班(残業する)

- ☐ 今日は定時で上がらせてください。

  Jīn tiān wǒ yào àn zhèng cháng shí jián xià bān.
  今天我要按正常时间下班。

  ※正常时间(定時)
  ※下班(退社する)

- ☐ どうぞもう一度お考えください。

  Qǐng nǐ men zài
  请你们再
  tǎo lùn tǎo lùn [xiǎng xiang bàn fǎ].
  讨论讨论[想想办法]。

- ☐ これについては販売部に聞いてください。

  Zhèi ge yīng gāi zhǎo xiāo shòu bù mén
  这个应该找销售部门
  qù wèn yi wèn.
  去问一问。

☐ 後はよろしくお願いします。	Qí tā de jiù bài tuō nǐ men le. **其他的就拜托你们了。** チー ター ダ ヂィウ バイ トゥオ ニー メン ラ ※拜托（お願いする）
☐ これをやっておいてください。	Qǐng nǐ bǎ zhèi ge zuò yí xià. **请你把这个做一下。** チン ニー バー ヂェイガ ヅゥオイー シィア
☐ 今日の午前中にこれを 終わらせてください。	Jīn tiān shàng wǔ yào bǎ zhèi ge zuò wán. **今天上午要把这个做完。** ヂン ティエン シァン ウー ヤオ バー ヂェイガ ヅゥオ ウアン
☐ 課長の判子をもらってから 回覧に回してください。	Kē zhǎng gài zhāng hòu zài fā xià qu. **课长盖章后再发下去。** カー ヂャン ガイ ヂャン ホウ ヅァイ ファーシィア チュイ ※盖章（判を押す；押印する）
☐ 今日の午前中に計画書を 提出してください。	Jīn tiān shàng wǔ qǐng bǎ jì huà shū **今天上午请把计划书** ヂン ティエン シァン ウー チン バー ヂー ホゥア シュー jiāo shàng lái. **交上来。** ヂィアオ シァン ライ
☐ メールでこれを全社員に 送ってください。	Yòng diàn zǐ yóu jiàn bǎ zhèi ge **用电子邮件把这个** イヨン ディエン ヅー イオウ ヂィエン バー ヂェイガ fā gěi quán tǐ shè yuán. **发给全体社员。** ファー ゲイ チュアンティー シァー ユアン
☐ すみません、電車が 遅れましたので遅刻します。	Duì bu qǐ, diàn chē wǎn diǎn, **对不起，电车晚点，** ドゥイブー チー ディエン チャー ウアンディエン suǒ yǐ wǒ yào chí dào. **所以我要迟到。** スゥオ イー ウオ ヤオ チー ダオ ※晚点（遅れる） ※迟到（遅刻する）

☐ 本日は私用のため、休ませていただきたいです。	Jīn tiān yīn wèi yǒu sī shì, wǒ xiǎng qǐng jià xiū xi. **今天因为有私事，我想请假休息。** ※私事（私用） ※请假（休みをとる）
☐ メールを送りましたので、ご確認をお願いします。	Wǒ gěi nǐ fā le diàn zǐ yóu jiàn, qǐng (nǐ) què rèn yí xià. **我给你发了电子邮件，请（你）确认一下。**
☐ 書類は机の上に置いておきました。	Wén jiàn fàng zài nǐ de zhuō zi shang le. **文件放在你的桌子上了。**
☐ お先に失礼します。	Wǒ xiān zǒu le. Míng tiān jiàn. **我先走了。明天见。**

会議（司会・進行役） Disc 2 39

☐ 会議は2時から4時までを予定しています。	Huì yì dà gài cóng liǎng diǎn kāi dào sì diǎn. **会议大概从两点开到四点。**
☐ 会議は2時間の予定です。	Huì yì yù jì kāi liǎng ge xiǎo shí. **会议预计开两个小时。** ※预计（予定する）
☐ 会議は5階の507号室で行います。	Huì yì zài wǔ lóu wǔ líng qī zhào kāi. **会议在五楼507召开。**

- ☐ 会議室の予約をとっておいてください。

Qǐng yù yuē yí ge huì yì shì.
请预约一个会议室。

- ☐ 会議の出席者への連絡を担当しています。

Wǒ fù zé lián xi chū xí huì yì de rén.
我负责联系出席会议的人。

- ☐ 明日の午後の取締役会議に出席するようお願いします。

Qǐng nín míng tiān xià wǔ cān jiā dǒng shì huì.
请您明天下午参加董事会。

※董事会（取締役会議）

- ☐ ファクスで会議の日程を送ります。

Wǒ jiāng bǎ huì yì rì chéng yòng chuán zhēn
我将把会议日程用传真

chuán gěi nín.
传给您。

- ☐ ファクス受信してからご確認をお願いします。

Qǐng nín shōu dào chuán zhēn hòu,
请您收到传真后，

què rèn yí xià.
确认一下。

- ☐ ぜひご出席をお願いしたいのですが、ご出席できませんか？

Wǒ xī wàng nín yí dìng cān jiā,
我希望您一定参加，

qǐng nín ān pái yí xià.
请您安排一下。

※安排（手配する）

- ☐ 会議の進行役は田中さんです。

Huì yì yóu Tián zhōng xiān sheng zhǔ chí.
会议由田中先生主持。

※主持（進行役を務める）

第9章 ビジネス編

- 全員揃いましたね。
  それでは始めましょう。

  Dà jiā dōu dào jí le ba,
  大家都到齐了吧，
  wǒ men kāi shǐ ba.
  我们开始吧。

  ※到齐(揃う)

- お集まりの皆さん、
  これより会議を
  開始いたします。

  Zài zuò de gè wèi,
  在坐的各位，
  xiàn zài wǒ men kāi shǐ kāi huì.
  现在我们开始开会。

- では会議に入りましょうか。

  Nà wǒ men kāi huì ba.
  那我们开会吧。

- 私は今回の進行役を
  務めます田中です。

  Wǒ shì huì yì de zhǔ chí,
  我是会议的主持，
  wǒ shì Tián zhōng.
  我是田中。

- 最初に皆さんにゲストの
  王さんをご紹介いたします。

  Shǒu xiān, wǒ xiàng dà jiā jiè shào yí xià
  首先，我向大家介绍一下
  wǒ men de jiā bīn Wáng xiān sheng.
  我们的嘉宾王先生。

  ※嘉宾(ゲスト)

- 王さんは会議に参加するために
  今回わざわざ上海から
  来てくださいました。

  Wáng xiān sheng shì tè yì cóng Shàng hǎi
  王先生是特意从上海
  lái cān jiā huì yì de.
  来参加会议的。

  ※特意(わざわざ)

☐ 王さん、自己紹介を兼ねて一言お願いいたします。	Wáng xiān sheng, **王先生，** qǐng nín jiǎn dān de gěi wǒ men jiǎng jǐ jù. **请您简单地给我们讲几句。** ※讲几句（一言話す）
☐ お手元にある資料をご確認ください。	Qǐng dà jiā què rèn yí xià **请大家确认一下** shǒu tóu de zī liào. **手头的资料。** ※大家（皆さん；全員） ※手头（手元）
☐ 今日は品質管理を中心に議論してもらいたいのですが。	Jīn tiān zhǔ yào tǎo lùn yí xià **今天主要讨论一下** zhì liàng guǎn lǐ wèn tí. **质量管理问题。**
☐ どなたから発言しますか。	Shéi xiān fā yán? **谁先发言？**
☐ まず営業部の田中さんが発言していただけませんか？	Qǐng yíng yè bù de Tián zhōng xiān tán yi tán. **请营业部的田中先谈一谈。**
☐ 王さん、これについてどう思いますか？	Wáng xiān sheng, nín shì zěn me kàn de? **王先生，您是怎么看的？**

第9章 ビジネス編

□ 張課長、何か補足することがありますか。	Zhāng kē zhǎng, nín yǒu shén me yào bǔ chōng de? 张课长，您有什么要补充的？ ※补充（補足する）
□ 佐藤さん、まだ発言していませんね。	Zuǒ téng xiān sheng, nín hái méi yǒu fā yán ne. 佐藤先生，您还没有发言呢。
□ 皆さんはどう思いますか。	Nǐ men kàn zěn me yàng? 你们看怎么样？
□ 他に何かありますか。	Hái yǒu wèn tí ma? 还有问题吗？
□ 他に何かご意見はありますか。	Yǒu shén me qí tā yì jiàn méi yǒu? 有什么其他意见没有？
□ 皆さんのご意見をお聞きしたいのですが。	Wǒ xiǎng qǐng jiào yí xià dà jiā de yì jiàn. 我想请教一下大家的意见。 ※请教（求める）
□ 少しよろしいですか。	Wǒ kě yǐ shuō jǐ jù ma? 我可以说几句吗？
□ 日本語[英語]での発言をお許しください。	Qǐng yún xǔ wǒ yòng Rì yǔ [Yīng yǔ] fā yán. 请允许我用日语[英语]发言。 ※允许（許す）

- 今の議題についてちょっと意見を言いたいのですが。

  Wǒ xiǎng jiù gāng cái de wèn tí tán tan wǒ de kàn fǎ.
  我想就刚才的问题谈谈我的看法。

- 本題から逸れないようにお願いします。

  Fā yán qǐng bú yào lí kāi zhǔ tí.
  发言请不要离开主题。

  ※离开（離れる）

- 手短にお願いします。

  Fā yán qǐng jiǎng de jiǎn dān yì diǎnr.
  发言请讲得简单一点儿。

- それでは、この問題について採決をします。

  Xiàn zài duì zhèi ge wèn tí jìn xíng biǎo jué.
  现在对这个问题进行表决。

  ※表决（採決する）

- この提案に賛成[賛成/反対]の方は手を挙げてください。

  Tóng yì [zàn chéng / fǎn duì] zhèi ge tí yì de rén qǐng jǔ shǒu.
  同意[赞成/反对]这个提议的人请举手。

- この案は全員一致で可決されました。

  Huì yì yí zhì tōng guò cǐ àn.
  会议一致通过此案。

  ※通过（可決する）

- ここで10分間の休憩を取りましょう。

  Xiàn zài xiū xi shí fēn zhōng.
  现在休息10分钟。

- これより第2の議題に入ります。

  Xiàn zài kāi shǐ jìn rù dì èr ge yì tí.
  现在开始进入第二个议题。

第9章 ビジネス編

☐ この問題は片づいたと思いますので、次の議題に行きましょうか？	Zhèi ge wèn tí jiě jué le, **这个问题解决了，** wǒ men jìn rù xià yí ge yì tí ba. **我们进入下一个议题吧。**
☐ 皆さんのご意見をまとめさせていただきます。	Wǒ bǎ dà jiā de yì jiàn zǒng jié yí xià. **我把大家的意见总结一下。**
☐ それでは会議の内容をまとめさせていただきます。	Xià miàn, **下面，** wǒ bǎ huì yì de nèi róng zǒng jié yí xià. **我把会议的内容总结一下。**
☐ 次回の会議はいつ頃がよろしいでしょうか？	Dà jiā kàn xià cì huì yì **大家看下次会议** shén me shí hou bǐ jiào hé shì? **什么时候比较合适？**
☐ 次の会議は3月12日に開きます。	Xià cì huì yì jiāng yú **下次会议将于** sān yuè shí èr hào zhào kāi. **3月12号召开。**
☐ 今日はここまでにしましょう。会議を終了いたします。	Jīn tiān jiù dào zhèr ba, sàn huì. **今天就到这儿吧，散会。** ※散会（会議が終わる）

| 次回の会議の日程については追ってご連絡いたします。 | 下次会议日程，随后通知大家。 |

※随后（追って）

| 皆さん、ありがとうございました。 | 谢谢大家。 |

商談・交渉

Disc 2　40

| ご紹介します。こちらは販売部の部長です。 | 我来介绍一下，这位是我们销售部经理。 |

| こちらは品質管理の専門家です。 | 这是负责质量管理的专家。 |

| 彼は労務管理を専門にしています。 | 他专门负责劳务管理。 |

| こちらは技術畑の者です。 | 这位是技术员。 |

| こちらは生産部門の者です。 | 这是生产部门的人员。 |

| こちらは私の同僚で、営業課長です。 | 这是营业课长，我的同事。 |

□ ご協力をよろしく お願いします。	Hái qǐng nín duō duō hé zuò. **还请您多多合作。** ハイ チィン ニン ドゥオ ドゥオ ハー ヅゥオ ※合作（協力する）
□ 我々の共同事業が成功する ことを祈ります。	Xī wàng wǒ men de hé zuò néng chéng gōng. **希望我们的合作能成功。** シー ウアン ウオ メン ダ ハー ヅゥオ ネン チェン ゴゥン
□ それでは本題に入りましょうか。	Nà wǒ men jìn rù zhèng tí ba. **那我们进入正题吧。** ナー ウオ メン ヂン ルゥー ヂェン ティー バ
□ まず中国側の代表、 張局長に話をして いただきます。	Qǐng zhōng fāng dài biǎo Zhāng jú zhǎng **请中方代表张局长** チィン ヂォン ファン ダイ ビィアオ ヂャン ヂュイ ヂャン xiān tán yi tán. **先谈一谈。** シィエン タン イー タン ※中方（中国側）
□ 今日はSP型携帯の価格に ついて協議いたします。	Jīn tiān wǒ men jiù SP xíng **今天我们就 SP 型** ヂン ティエン ウオ メン ヂウ SP シィン shǒu jī de jià gé shāng yì yí xià. **手机的价格商议一下。** シォウ ヂー ダ ヂィア ガー シァン イー イー シィア
□ この価格は合理的ではないと 思いますが。	Wǒ men rèn wéi zhèi ge jià gé bù hé lǐ. **我们认为这个价格不合理。** ウオ メン レン ウエイ ヂェイ ガ ヂィア ガー ブー ハー リー
□ この条件では契約は できません。	Zhèi ge tiáo jiàn de huà, **这个条件的话，** ヂェイ ガ ティアオ ヂィエン ダ ホゥア wǒ men bù néng qiān yuē. **我们不能签约。** ウオ メン ブー ネン チィエン ユエ

- [ ] この価格は少し安い[高い]のではないかと思います。

  Zhèi ge jià gé yǒu diǎnr dī [guì] le.
  这个价格有点儿低[贵]了。

- [ ] 半年後に30%値下げすることは可能です。

  Bàn nián yǐ hòu,
  半年以后，

  kě yǐ jiàng jià bǎi fēn zhī sān shí.
  可以降价30%。

  ※降价（値下げする）

- [ ] 日本側はこれについていかがでしょうか？

  Rì fāng dài biǎo duì cǐ yǒu hé yì jiàn?
  日方代表对此有何意见？

- [ ] この価格なら納得できます。

  Zhèi ge jià gé, wǒ men kě yǐ jiē shòu.
  这个价格，我们可以接受。

- [ ] 価格についてはまた別の機会に協議しましょう。

  Jiù jià gé wèn tí
  就价格问题

  wǒ men kě yǐ zài xié shāng.
  我们可以再协商。

- [ ] 予算オーバーです。

  Chāo chū le yù suàn.
  超出了预算。

- [ ] 価格についてはこれでよろしいですね。

  Jià gé jiù zhè me dìng le.
  价格就这么定了。

- [ ] 今月中にご契約いただけると助かります。

  Xī wàng néng zài zhèi ge yuè qiān yuē.
  希望能在这个月签约。

第9章 ビジネス編

- ☐ それでは見積もり表を修正してからすぐ送ります。

Wǒ men mǎ shang jiāng bào jià biǎo gǎi xiě hòu jì gěi nǐ men.
我们马上将报价表改写后寄给你们。

- ☐ ご協力をありがとうございます。

Xiè xie guì gōng sī de hé zuò.
谢谢贵公司的合作。

- ☐ 今後ともよろしくお願いいたします。

Xī wàng wǒ men jīn hòu néng jì xù hé zuò.
希望我们今后能继续合作。

残業・休暇

Disc 2　41

- ☐ 今日中に終わりますか？

Zhèi ge jīn tiān néng wán ma?
这个今天能完吗？

- ☐ 終わりそうもないので、残業することになるでしょう。

Kàn yàng zi wán bù liǎo, děi jiā bān le.
看样子完不了，得加班了。

- ☐ もう少し時間がかかりそうです。

Kàn yàng zi hái děi zài gàn yí huìr.
看样子还得再干一会儿。

- ☐ 今月は残業の申請をしていないです。

Zhèi ge yuè wǒ méi shēn qǐng jiā bān.
这个月我没申请加班。

- ☐ 有給休暇はまだ2週間残っています。

Wǒ hái yǒu liǎng ge xīng qī de xiū jià ne.
我还有两个星期的休假呢。

※休假（有給休暇；休暇）

☐ 来月、有給休暇を
　取りたいのですが。

Xià ge yuè, wǒ xiǎng xiē xiū jià.
下个月，我想歇休假。
シィアガ　ユエ　　ウオ　シィアン シィエ シィウ ヂィア
※歇（休暇を取る）

☐ 当分、休暇を取れそうに
　ありません。

Kàn lái shì xiū xi bù liǎo le.
看来是休息不了了。
カン ライ シー シィウ シー ブー リィアオ ラ
※不了（できない）

☐ 長い休暇を取るのは
　難しいです。

Qǐng cháng jià bǐ jiào nán.
请长假比较难。
チン チャン ヂィア ビー ヂィア オ ナン

☐ 結婚のため休暇を
　取りたいのですが。

Wǒ xiǎng qǐng hūn jià.
我想请婚假。
ウオ　シィアン チン ホゥン ヂィア

☐ 春節は1週間休みを取れます。

Chūn jié kě yǐ xiū xi yí ge xīng qī.
春节可以休息一个星期。
チュン ヂィエ カー　イー シィウ シー　イー ガ　シィン チー
※春节（旧正月）

求職・面接　　　　　　　　　　　　　Disc 2　42

第9章　ビジネス編

面接官

☐ 弊社を希望する動機を
　教えてください。

Nǐ wèi shén me yào bào míng
你为什么要报名？
ニー ウエイ シェンマ　ヤオ　バオ ミィン
※为什么（どうして；なぜ）
※报名（申し込む；応募する）

Nǐ wèi shén me yào lái wǒ gōng sī gōng zuò?
你为什么要来我公司工作？
ニー ウエイ シェンマ　ヤオ　ライ　ウオ　ゴゥン スー　ゴゥン ヅゥオ

☐ 御社の仕事の内容が
　好きだからです。

Yīn wèi wǒ xǐ huan guì gōng sī de
因为我喜欢贵公司的
イン　ウエイウオ シー　ホゥアン グゥイ ゴゥン スー ダ

gōng zuò nèi róng.
工作内容。
ゴゥン ヅゥオ ネイ ロゥン

257

□ 御社の経営内容に大変興味を持っているからです。	Wǒ duì guì gōng sī de **我对贵公司的** ウオ ドゥイ グゥイ ゴゥンスー ダ jīng yíng nèi róng hěn gǎn xìng qu. **经营内容很感兴趣。** ディン イン ネイ ロゥン ヘン ガン シィンチュイ ※感兴趣（〜に対して興味がある）	

□ あなたの長所を述べてください。

【面接官】
Qǐng nǐ shuō shuo nǐ yǒu shén me tè cháng?
请你说说你有什么特长？
チィン ニー シゥオ シゥオ ニー イオウシェンマ タァー チャン
※特长（長所；得意なこと）

Nǐ yǒu shén me tè cháng?
你有什么特长？
ニー イオウシェンマ タァー チャン

□ 英語がかなりできます。

Wǒ de Yīng yǔ bǐ jiào hǎo.
我的英语比较好。
ウオ ダ イン ユイ ビー ディアオ ハオ

□ 英語以外に、日本語も少しできます。

Chú le Yīng yǔ,
除了英语，
チゥーラ イン ユイ

wǒ hái huì shuō yì diǎnr Rì yǔ.
我还会说一点儿日语。
ウオ ハイ ホゥイシゥオ イー ディエル リー ユイ

□ 社交関係は得意です。

Wǒ bǐ jiào shàn cháng shè jiāo.
我比较擅长社交。
ウオ ビー ディアオ シァンチャン シァー ディアオ
※擅长（得意である）

□ 営業は得意です。

Wǒ bǐ jiào shàn yú zuò tuī xiāo gōng zuò.
我比较善于做推销工作。
ウオ ビー ディアオ シァン ユイ ヅゥオ トゥイ シィオ ゴゥン ヅゥオ
※善于（〜が得意である）

☐ 最大の長所は仕事に対して真面目なことです。	Wǒ zuì dà de yōu diǎn shì duì gōng zuò rèn zhēn. **我最大的优点是对工作认真。** ※优点（長所） ※认真（真面目である）
☐ 人に対してとても誠実です。	Wǒ zhǔ yào de yōu diǎn shì dài rén zhēn chéng. **我主要的优点是待人真诚。** ※真诚（誠実な）
☐ 性格は明るいほうです。	Wǒ de xìng gé bǐ jiào kāi lǎng. **我的性格比较开朗。** ※开朗（明るい）
☐ デスクワークが得意です。	Wǒ bǐ jiào xǐ huan zuò wén àn gōng zuò. **我比较喜欢做文案工作。**
☐ 大学の専攻は経営管理でした。	Wǒ zài dà xué xué de shì jīng yíng guǎn lǐ. **我在大学学的是经营管理。**
☐ 研究開発の部署を希望しております。	Wǒ xī wàng zuò kē yán kāi fā gōng zuò. **我希望做科研开发工作。**
☐ 前の会社では何をしていましたか？	面接官 Nǐ zài yǐ qián de gōng sī zuò shén me? **你在以前的公司做什么？**

第9章 ビジネス編

- ☐ 前の会社では管理の仕事をしていました。

Wǒ zài yǐ qián de gōng sī zuò guǎn lǐ gōng zuò.
我在以前的公司做管理工作。
ウオ ツァイ イー チィエンダ ゴゥン スー ヅゥオ グァン リー ゴゥン ヅゥオ

- ☐ 商品開発の部署で開発の仕事をしていました。

Wǒ zài chǎn pǐn kāi fā bù mén zuò guo kāi fā.
我在产品开发部门做过开发。
ウオ ツァイ チャン ピン カイ ファー ブー メン ヅゥオ グゥオ カイ ファー

- ☐ 秘書や広報の仕事をしたことがあります。

Wǒ zuò guo wén mì hé gōng guān.
我做过文秘和公关。
ウオ ヅゥオ グゥオ ウエン ミー ハー ゴゥン グゥアン

※文秘（秘書）
※公关（広報）

- ☐ 日本の会社で3年間働いたことがあります。

Wǒ zài Rì běn gōng sī gōng zuò guo sān nián.
我在日本公司工作过三年。
ウオ ツァイ リー ベン ゴゥン スー ゴゥン ヅゥオ グゥオ サン ニィエン

- ☐ 年俸は3万元くらいを希望しております。

Wǒ xī wàng nián shōu zài sān wán yuán zuǒ yòu.
我希望年收在三万元左右。
ウオ シー ウアン ニィエン シォウ ツァイ サン ウアン ユアン ヅゥオ イオウ

- ☐ 試用期間はありますか？

Qǐng wèn, yǒu shì yòng qī ma?
请问，有试用期吗？
チィン ウエン イオウ シー イヨン チー マ

- ☐ 試用期間中の給料はいくらですか？

Shì yòng qī gōng zī shì duō shao?
试用期工资是多少？
シー イヨン チー ゴゥン ツー シー ドゥオ シァオ

- ☐ 試用期間中の給料は20%減です。

面接官

Shì yòng qī gōng zī shì bǎi fēn zhī bā shí.
试用期工资是80％。
シー イヨン チー ゴゥン ツー シー バイフェン ヂー バー シー

□ もし採用していただければ、光栄に思います。	Rú néng bèi guì gōng sī gù yòng, wǒ jiāng hěn róng xìng. **如能被贵公司雇用，我将很荣幸。** ルーネン ベイ グゥイ ゴゥン スー グー イヨン ウオ ヂィアン ヘン ロゥン シィン ※雇用（雇う；採用する）	
□ 採用していただければ、一生懸命がんばります。	Rú néng bèi lù yòng, wǒ jiāng nǔ lì gōng zuò. **如能被录用，我将努力工作。** ルーネン ベイ ルー イヨン ウオ ヂィアン ヌゥーリー ゴゥン ヅゥオ ※录用（採用する）	
□ いつから出社できますか？	面接官 Nǐ shén me shí hou néng lái shàng bān? **你什么时候能来上班？** ニー シェンマ シー ホウ ネン ライ シアン バン	
□ 来週から出社できます。	Xià ge xīng qī jiù kě yǐ lái. **下个星期就可以来。** シィアガ シィン チー ヂゥカー イー ライ	
□ 合否の通知をお待ちください。	面接官 Nǐ huì qù děng tōng zhī ba. **你回去等通知吧。** ニー ホゥイチュイデン トゥン ヂー バ	
□ 残念ですが、今回は不採用となりました。	面接官 Hěn yí hàn, nǐ méi bèi lù qǔ. **很遗憾，你没被录取。** ヘン イー ハン ニー メイ ベイ ルー チュイ ※遗憾（残念である） ※录取（採用する）	

ビジネスの決まり文句　　　　　　　　　　Disc 2　43

□ 仕事の進捗状況はどうですか？	Gōng zuò jìn zhǎn de zěn me yàng le? **工作进展得怎么样了？** ゴゥン ヅゥオ ヂン ヂャンダ ヅェンマ ヤン ラ

☐ 締め切りに間に合いますか？	Qī xiàn nèi néng wán chéng ma? **期限内能完成吗？** チー シィエンネイネン ウアンチェン マ ※期限内（締め切り内に）
☐ 必ず締め切りを守ってください。	Qǐng wù bì zài qī xiàn nèi wán chéng. **请务必在期限内完成。** チン ウー ビー ツァイ チー シィエンネイウアンチェン ※务必（〜しなければならない）
☐ これは国際的な慣例です。	Zhèi shì guó jì guàn lì. **这是国际惯例。** ヂェイシー グゥオヂー グゥアンリー
☐ 中国での国内調達です。	Zài Zhōng guó guó nèi cǎi gòu. **在中国国内采购。** ツァイ ヂォングゥオ グゥオ ネイ ツァイ ゴウ ※国内采购（国内調達）
☐ おっしゃる通りです。	Nín shuō de tài duì le. **您说得太对了。** ニン シゥオ ダ タイ ドゥイ ラ
☐ あなたの意見に賛成です。	Wǒ zàn chéng nǐ de yì jiàn. **我赞成你的意见。** ウオ ツァンチェン ニー ダ イー ヂィエン
☐ あなたの意見を支持します。	Wǒ zhī chí nǐ de guān diǎn. **我支持你的观点。** ウオ ヂー チー ニー ダ グゥアンディエン
☐ 私は賛成できません。	Wǒ bù néng tóng yì. **我不能同意。** ウオ ブー ネン トゥン イー
☐ 私どもはこう見ております。	Wǒ men shì zhèi yàng xiǎng de. **我们是这样想的。** ウオ メン シー ヂェイヤン シィアンダ

□ 私どもの立場はこうです。	Wǒmen de guāndiǎn shì zhèi yàng de. **我们的观点是这样的。**
□ そう願っております。	Dàn yuàn rú cǐ. **但愿如此。**
□ 障害を乗り越えられればと思いますが。	Xī wàng wǒmen néng kè fú zhàng ài. **希望我们能克服障碍。**
□ 社内で一度相談してからお返事申し上げます。	Hé gōng sī shāng liang yí xià, **和公司商量一下，** zài gěi nín dá fù. **再给您答复。**
□ ええ、その通りです。	Shì, què shí rú cǐ. **是，确实如此。**
□ 結構です。用意はできております。	Kě yǐ, wǒmen yǐ jīng zhǔn bèi hǎo le. **可以，我们已经准备好了。**
□ 話がまとまり、とても嬉しく思います。	Tán pàn dá chéng xié yì, **谈判达成协议，** wǒ gǎn dào fēi cháng gāo xìng. **我感到非常高兴。**
□ 中国語と日本語の契約書にそれぞれサインをお願いします。	Qǐng fēn bié zài Zhōng wén hé **请分别在中文和** Rì wén hé tóng shū shàng qiān zì. **日文合同书上签字。**

※合同书(契約書)
※签字(サインする)

☐ 改めてお礼を申し上げます。	Zài cì biǎo shì gǎn xiè. **再次表示感谢。** ヅァイ ツー ビィアオ シー ガン シィエ
☐ それでは遠慮なく頂戴いたします。	Nà wǒ jiù bú kè qi le. **那我就不客气了。** ナー ウオ ヂィウ ブー カー チ ラ
☐ この度はお招きに預かり、ありがとうございます。	Fēi cháng gǎn xiè guì gōng sī de yāo qǐng. **非常感谢贵公司的邀请。** フェイ チャン ガン シィエ グゥイ ゴゥン スー ダ ヤオ チィン
☐ お陰様ですっかりくつろぎました。	Chéng méng kuǎn dài, **承蒙款待，** チェン メン クゥアン ダイ wǒ men dù guò le **我们度过了** ウオ メン ドゥー グゥオ ラ fēi cháng yú kuài de shí guāng [shí jiān]. **非常愉快的时光[时间]。** フェイ チャン ユイ クゥアイ ダ シー グゥアン [シー ヂィエン] ※承蒙（お陰様で）
☐ 先日はご馳走様でした。	Xiè xie nín shàng cì de kuǎn dài. **谢谢您上次的款待。** シィエ シィエ ニン シァン ツー ダ クゥアン ダイ
☐ 仕事の後で一杯飲みに行きませんか。	Xià le bān, **下了班，** シィア ラ バン wǒ men qù hē yì bēi, zěn me yàng? **我们去喝一杯，怎么样？** ウオ メン チュイ ハー イー ベイ ヅェン マ ヤン
☐ よろしかったら仕事が終わってから飲みに行きませんか？	Rú guǒ fāng biàn de huà, **如果方便的话，** ルゥー グゥオ ファン ビィエン ダ ホゥア xià le bān, wǒ men qù hē yì bēi ba. **下了班，我们去喝一杯吧。** シィア ラ バン ウオ メン チュイ ハー イー ベイ バ

□ ぜひご一緒させてください。	Wǒ yě hěn xiǎng qù. **我也很想去。**
□ 申し訳ないのですが、明日のフライトが早いものでして。	Shí zài bào qiàn, **实在抱歉，** míng tiān zǎo shang de fēi jī tài zǎo le. **明天早上的飞机太早了。**
□ ご一緒したいのですが、仕事がまだありまして。	Wǒ hěn xiǎng hé nǐ yì qǐ qù, **我很想和你一起去，** dàn wǒ hái yǒu gōng zuò **但我还有工作。**
□ いずれにしても、お誘いありがとうございます。	Bù guǎn zěn me shuō, **不管怎么说，** fēi cháng gǎn xiè nǐ de yāo qǐng. **非常感谢你的邀请。** ※邀请(招待；招く；招待する)
□ 次の機会にまたよろしくお願いします。	Xī wàng nǐ xià cì zài yāo qǐng wǒ. **希望你下次再邀请我。**
□ 大変お世話になっております。誠にありがとうございます。	Chéng méng guì gōng sī de guān zhào, **承蒙贵公司的关照，** shí fēn gǎn xiè. **十分感谢。**
□ お陰様でまた提携することになりました。	Tuō nín de fú, wǒ men yòu yào hé zuò le. **托您的福，我们又要合作了。**

第9章 ビジネス編

☐ 今回のわれわれの提携は大成功でした。	Wǒ men de hé zuò hěn chéng gōng. **我们的合作很成功。**
☐ 御社のご協力に感謝しております。	Xiè xie guì gōng sī de hé zuò. **谢谢贵公司的合作。**
☐ またのご協力をよろしくお願いいたします。	Xī wàng wǒ men néng zài cì hé zuò. **希望我们能再次合作。**
☐ 貴社のますますのご盛栄をお慶び申し上げます。	Zhù guì gōng sī shēng yì xīng lóng. **祝贵公司生意兴隆。** Zhù guì gōng sī rì yì hóng wěi zhuàng dà. **祝贵公司日益宏伟壮大。**

単語コラム

会社

中国語	日本語	中国語	日本語	中国語	日本語
gōng sī 公司	会社	dǒng shì zhǎng 董事长	会長；社長	gōng zī 工资	給料；報酬
qǐ yè 企业	企業	zǒng jīng lǐ 总经理	社長	jiǎng jīn 奖金	ボーナス
gǔ fèn gōng sī 股份公司	株式会社	zhèng shì zhí gōng 正式职工	正社員	gōng zuò shí jiān 工作时间	勤務時間
zǒng shè 总社	本社	lín shí gōng 临时工	パート；アルバイト	chū chāi 出差	出張
fēn shè 分社	支社			bàn gōng shì 办公室	オフィス
bù mén 部门	部署				

第 ⑩ 章

男女交際編

中国で生活していれば出会いもあるはず。ここでは、相手を誘ったり、告白したりといった恋愛でよく使う表現のほか、結婚式で使うフレーズや、対話相手の結婚生活についてたずねる表現も収録しています。

1 恋愛と恋人

恋人の紹介からデートの誘い、告白まで、いざというときに心強いフレーズです。

独身

Disc 2　44

□ 私は独身です。

Wǒ shì dān shēn hàn.
我是单身汉。
ウオ シー ダン シェンハン

※单身汉（独身）男性のみに使う。

Wǒ dú shēn yì rén.
我独身一人。
ウオ ドゥー シェン イー レン

Wǒ yí ge rén chī bǎo le quán jiā bú è.
我一个人吃饱了全家不饿。
ウオ イー ガ レン チー バオ ラ チュアンヂィアブーエー

※直訳は、「私がお腹いっぱい食べれば、家族全員お腹がすかない」。独り者の気楽さと侘しさを語る。

□ 私はまだ結婚していません。

Wǒ hái méi jié hūn ne.
我还没结婚呢。
ウオ ハイ メイ ヂィエ ホゥン ナ

□ 私は彼氏[彼女]がいません。

Wǒ méi yǒu nán [nǚ] péng you.
我没有男[女]朋友。
ウオ メイ イオウナン ［ニュイ］ ペン イオウ

□ 付き合っている人がいますか？

Tán liàn ài le ma?
谈恋爱了吗？
タン リィエンアイ ラ マ

※谈恋爱（恋をする）

Gǎo duì xiàng le ma?
搞对象了吗？
ガオ ドゥイ シィアンラ マ

※搞对象（恋をする）

□ 今、付き合っている人がいます。

Zhèng tán zhe ne.
正谈着呢。
ヂェンタン ヂァ ナ

□ 交際が始まったばかりです。

Gāng tán bù jiǔ.
刚谈不久。
ガン タン ブー ディウ

□ 何年も交際しています。

Jiāo le hǎo jǐ nián le.
交了好几年了。
ディアオラ ハオ ヂー ニィエンラ

※交（付き合う）

□ 何人とも付き合ったけれど、全部駄目でした。

Tán le hǎo jǐ ge dōu méi chéng.
谈了好几个都没成。
タン ラ ハオ ヂー ガ ドウ メイ チェン

※没成（結婚に至らなかった）

□ どうして駄目になったのですか？

Wèi shén me dōu méi chéng?
为什么都没成？
ウエイ シェン マ ドウ メイ チェン

□ お互いに相手のことが気に入らなくて。

Bú shì tā kàn bú shang wǒ,
不是他看不上我，
ブー シー ター カン ブー シァン ウオ

jiù shi wǒ kàn bú shang tā.
就是我看不上他。
ディウ シー ウオ カン ブー シァン ター

※看不上（相手とつり合わない）

第10章 男女交際編

結婚相手の紹介

□ どんな条件がありますか？

Nǐ de tiáo jiàn shì shén me?
你的条件是什么？

Nǐ yǒu shén me tiáo jiàn?
你有什么条件？

Nǐ xiǎng zhǎo shén me yàng de?
你想找什么样的？

※找（探す；求める）

□ 私の条件は身長180センチ以上の人です。

Yào shēn gāo yì mǐ bā yǐ shàng de.
要身高一米八以上的。

□ 私の条件は容姿です。

Yào zhǎng de hǎo kàn de.
要长得好看的。

※好看（きれい；格好いい）男女を問わない。

Yào zhǎng de shuài de.
要长得帅的。

※长得帅（格好いい）男性のみに使う。

□ 私の条件は優しい人です。

Yào xìng gé wēn róu de.
要性格温柔的。

※温柔（優しい）

Yào huì tǐ tiē rén de.
要会体贴人的。

※体贴（優しくできる；面倒見のいい）

□ 私の条件は大卒の人です。

Yào dà xué bì yè de.
要大学毕业的。

□私の条件は博士号を持っている人です。	Yào bó shì bì yè de. **要博士毕业的。**	

□私の条件はお金持ちです。
Yào yǒu qián de.
要有钱的。

□私の条件はできる人です。
Yào yǒu néng lì de.
要有能力的。

Yào yè wù hǎo de.
要业务好的。
※业务好（仕事ができる）

□条件が高すぎるのではありませんか？
Nǐ yāo qiú tài gāo le.
你要求太高了。

□いい人を探してあげますよ。
Wǒ bāng nǐ wù sè wù sè.
我帮你物色物色。
※物色（探してあげる）

Yǒu hé shì de wǒ bāng nǐ jiè shào yí ge.
有合适的我帮你介绍一个。

□お2人はなかなかお似合いと思いますよ。
Wǒ kàn nǐ men liǎng ge tǐng bān pèi.
我看你们俩个挺般配。
※般配（お似合いである）

□まず会ってみましょう。
Xiān jiàn ge miàn ba.
先见个面吧。

□あの人はいかがでしたか？
Nèi ge rén zěn me yàng?
那个人怎么样？

- ごめんなさい。
  ちょっと駄目ですね。

  Shí zài duì bu qǐ, wǒ bú tài mǎn yì.
  实在对不起，我不太满意。

馴れ初め　　　　　　　　　　　　Disc 2　46

- お2人の馴れ初めは？

  Nǐ men liǎng ge shì zěn me rèn shi de?
  你们俩个是怎么认识的？

  Nǐ men liǎng ge zài nǎr rèn shi de?
  你们俩个在哪儿认识的？

  ※认识(知り合う) 男女の関係を問わず使える。

- 私たちは幼なじみです。

  Wǒ men liǎng ge cóng xiǎo jiù rèn shi.
  我们俩个从小就认识。

  Wǒ men liǎng ge shì qīng méi zhú mǎ.
  我们俩个是青梅竹马。

  ※青梅竹马(幼なじみ)

- 私たちは高校の同級生です。

  Wǒ men liǎng ge shì gāo zhōng de tóng xué.
  我们俩个是高中的同学。

- 私たちは大学の
  クラスメートです。

  Wǒ men shì dà xué de tóng bān tóng xué.
  我们是大学的同班同学。

- 私たちは社内恋愛です。

  Wǒ men liǎng ge zài yí ge dān wèi.
  我们俩个在一个单位。

  Wǒ men liǎng ge zài yí ge gōng sī.
  我们俩个在一个公司。

□ 私たちはお見合いです。

Wǒ men liǎng ge shì rén jia jiè shào de.
我们俩个是人家介绍的。

※介绍（紹介する；お見合い）

□ 私たちは結婚紹介所で
知り合いました。

Wǒ men liǎng ge shì zài
我们俩个是在
hūn yīn jiè shào suǒ rèn shi de.
婚姻介绍所认识的。

デートの誘い　　　　　　　　　　　　　　　　　Disc 2　47

□ 今晩、空いていますか？

Jīn tiān wǎn shang yǒu kòng ma?
今天晚上有空吗？

□ 今晩、お時間がありますか？

Jīn tiān wǎn shang yǒu shí jiān ma?
今天晚上有时间吗？

□ 今晩、用事がありますか？

Jīn tiān wǎn shang yǒu shìr ma?
今天晚上有事儿吗？

□ 食事に招待したいのですが。

Wǒ qǐng nǐ chī fàn.
我请你吃饭。

※请（招待する；奢る）

□ 一緒に映画を見に
行きませんか？

Zán men yì qǐ qù kàn diàn yǐng ba.
咱们一起去看电影吧。

□ 一緒に公園に行きませんか？

Zán men yì qǐ qù gōng yuán zěn me yàng?
咱们一起去公园怎么样？

第10章　男女交際編

☐ どこで待ち合わせしましょうか？	Zài nǎr jiàn miàn? **在哪儿见面？** ヅァイ ナール ヂィエン ミィエン
☐ いつものところで 　待っています。	Wǒ zài lǎo dì fang děng nǐ. **我在老地方等你。** ウオ ヅァイラオ ディーファン デン ニー ※老地方（いつもの場所；例の場所）
☐ 来るまで待っています。 　きっとですよ。	Bú jiàn bú sàn.　Yì yán wéi dìng. **不见不散。一言为定。** ブー ヂィエンブーサン　　イー イエンウエイディン ※約束をする際によく用いる言葉で、「何があっても必ず行く」という意味。

告白　　　　　　　　　　　　　　　　　　　　Disc 2　48

☐ 私はあなたのことが好きです。	Wǒ xǐ huan shang nǐ le. **我喜欢上你了。** ウオ シー ホゥアン シァン ニー ラ
☐ 私はあなたを愛しています。	Wǒ ài shang nǐ le. **我爱上你了。** ウオ アイ シァン ニー ラ
☐ 私はあなたに一目ぼれです。	Wǒ yì yǎn jiù kàn shang nǐ le. **我一眼就看上你了。** ウオ イー イエンヂィウカン シァン ニー ラ Wǒ duì nǐ shì yí jiàn zhōng qíng. **我对你是一见钟情。** ウオ ドゥイ ニー シー イー ヂィエンヂォンチィン ※一见钟情（一目ぼれ）四字熟語
☐ 付き合ってくれませんか？	Wǒ men jiāo ge péng you ba. **我们交个朋友吧。** ウオ メン ヂィアオガ ペン イオウバ

失恋

- 私たちは別れました。

    Wǒ men liǎng fēn shǒu le.
    我们俩分手了。
    ウオ メン リィアン フェン シォウラ

    ※分手（別れる）男女の関係に使う。

- 私は彼に振られました。

    Tā gēn wǒ chuī le.
    他跟我吹了。
    ター ゲン ウオ チュイラ

    ※吹（別れる）男女の関係に使う。

- 彼女は失恋して、とても落ち込んでいます。

    Tā shī liàn le, fēi cháng tòng kǔ.
    她失恋了，非常痛苦。
    ター シー リィエンラ フェイ チャン トゥン クゥー

- あの男は新しい相手ができました。

    Nèi ge nán rén lìng yǒu xīn huān le.
    那个男人另有新欢了。
    ネイ ガ ナン レン リン イオウ シィン ホゥアンラ

    ※新欢（新しい相手）

- 彼は彼女を捨てました。

    Tā bǎ tā shuǎi le.
    他把她甩了。
    ター バー ター シゥアイラ

- 別れたら次の人を探せばいいのです。大したことではありません。

    Chuī le zài zhǎo, méi shén me liǎo bu qǐ de.
    吹了再找，没什么了不起的。
    チュイラ ヅァイ ヂャオ メイ シェンマ リィアオ ブーチー ダ

- 無理やりにくっ付いてもうまくいきません。

    Qiáng niǔ de guā bù tián.
    强扭的瓜不甜。
    チィアン ニィウ ダ グゥア ブー ティエン

    ※無理にもいだ瓜は美味しくない。物事を無理やりに運んでもうまくいかないたとえ。

第10章 男女交際編

失恋の慰め

Disc 2　50

☐ 悲しまないでください。

Bié nán guò le.
别难过了。
ピィエ ナン グゥオ ラ

※难过（悲しい；悲しむ）

Bié shāng xīn le.
别伤心了。
ピィエ シァン シィン ラ

※伤心（悲しい；傷つく）

☐ 落ち込まないでください。

Bié chuí tóu sàng qì de.
别垂头丧气的。
ピィエ チゥイトウ サン チー ダ

※垂头丧气（頭を垂れて；元気がない）

☐ 世の中には良い男［女］はいくらでもいます。

Shì jiè shang hǎo nán rén [nǚ rén]
世界上好男人［女人］
シー ディエ シァン ハオ ナン レン ［ ニュイ レン ］

duō de shi.
多的是。
ドゥオ ダ シー

☐ 別れても別の人がいますよ。

Bié zài yì kē shù shang diào sǐ.
别在一颗树上吊死。
ピィエ ヅァイ イー カー シュー シァン ディアオ スー

※「1人のみにしがみ付かない」という意味。

☐ 心配しないで。きっといい人が見つかりますよ。

Huáng dì de nǚ ér bù chóu jià.
皇帝的女儿不愁嫁。
ホゥアンディーダ ニュイアル ブー チョウ ヂィア

※直訳では、「皇帝の娘は嫁ぎ先に困らない」。必ず相手が見つかるという意味。女性に使う。

セクシャル・ハラスメント

- [ ] セクハラに遭いました。

Yù dào xìng sāo rǎo.
遇到性骚扰。

※性骚扰（セクハラ）

Shòu dào xìng sāo rǎo.
受到性骚扰。

- [ ] セクハラに遭いましたが、どうすればいいでしょうか？

Shòu dào xìng sāo rǎo, gāi zěn me bàn?
受到性骚扰，该怎么办？

- [ ] 彼は下品です。

Tā hěn xià liú.
他很下流。

- [ ] 彼は下ネタが好きです。

Tā xǐ huan shuō xià liú huà.
她喜欢说下流话。

- [ ] 彼はストーカーです。

Tā lǎo chán zhe wǒ.
他老缠着我。

※缠（付きまとう）

- [ ] 私はどうすればいいと思いますか？

Nǐ shuō wǒ gāi zěn me bàn hǎo ne?
你说我该怎么办好呢？

- [ ] 相談に乗ってもらえますか？

Nǐ gěi wǒ chū chu zhǔ yi ba.
你给我出出主意吧。

※出出主意（方法を探す）

第10章　男女交際編

2 結婚と夫婦

プロポーズから結婚式、夫婦生活の話題に対応できるフレーズの数々です。

プロポーズ

Disc 2 　52

□ 僕と結婚してください。

Jià gěi wǒ ba.
嫁给我吧。
ヂィア ゲイ ウオ バ

※嫁给（～に嫁ぐ）

Zán men jié hūn ba.
咱们结婚吧。
ヅァン メン ヂィエ ホゥン バ

Gēn wǒ jié hūn ba.
跟我结婚吧。
ゲン ウオ ヂィエ ホゥン バ

□ 私たち、結婚しましょうか？

Wǒ men gāi jié hūn le ba?
我们该结婚了吧？
ウオ メン ガイ ヂィエ ホゥン ラ バ

Wǒ men shì bu shì gāi jié hūn le?
我们是不是该结婚了？
ウオ メン シー ブー シー ガイ ヂィエ ホゥン ラ

□ もう二人とも若くないから、そろそろ結婚しましょうか？

Wǒ men liǎng ge dōu bù xiǎo le.
我们俩个都不小了。
ウオ メン リィアンガ ドウ ブー シィアオラ

Gǎn kuài bǎ hūn jié le ba.
赶快把婚结了吧。
ガン クゥアイバー ホゥンヂィエラ バ

※赶快（急いで；速く）

□ 必ず幸せにします。

Wǒ yí dìng ràng nǐ xìng fú.
我一定让你幸福。
ウオ イー ディンラン ニー シィン フゥー

※让（～させる）

□ ちょっと考えさせてください。	Ràng wǒ kǎo lǜ kǎo lǜ. **让我考虑考虑。** ラン ウオ カオ リュイ カオ リュイ	

※考虑（考える）

□ まだ結婚したくありません。

Wǒ hái bù xiǎng jié hūn.
我还不想结婚。
ウオ ハイ ブー シィアンディエ ホゥン

□ 結婚はまだ考えていません。

Wǒ hái méi yǒu kǎo lǜ guo jié hūn de shì.
我还没有考虑过结婚的事。
ウオ ハイ メイ イオウ カオ リュイ グゥオ ディエ ホゥン ダ シー

※動詞＋过（〜したことがある）経験を表す。

結婚式で　　　　　　　　　　　　　　　　　　Disc 2　53

□ どうぞ、末長くお幸せに。

Zhù nǐ men yǒng yuǎn xìng fú.
祝你们永远幸福。
ヂゥー ニー メン イヨン ユアンシィン フゥー

Zhù nǐ men bái tóu xié lǎo.
祝你们白头偕老。
ヂゥー ニー メン バイ トウ シィエ ラオ

※白头偕老（末永く幸せである）

□ 早く子宝に恵まれますように。

Zhù nǐ men zǎo shēng guì zǐ.
祝你们早生贵子。
ヂゥー ニー メン ヅァオ ション グゥイ ツー

※贵子（子供を指す）

第10章　男女交際編

279

☐ 本当にお似合いですね。

Nǐ men liǎng zhēn shì láng cái nǚ mào.
你们俩真是郎才女貌。
ニー メン リィアン ヂェン シー ラン ツァイ ニュイ マオ

※郎才女貌（才能溢れる新郎と美貌の新婦）

Nǐ men liǎng zhēn shì tiān shàng de yí duì,
你们俩真是天上的一对，
ニー メン リィアン ヂェン シー ティエン シァン ダ イー ドゥイ

dì shàng de yì shuāng.
地上的一双。
ディー シァン ダ イー シゥアン

※「とても似合っているカップル」という意味。

Wǒ kàn tā men liǎng tǐng mén dāng hù duì de.
我看他们俩挺门当户对的。
ウオ カン ター メン リィアン ティン メン ダン ホウ ドゥイ ダ

※门当户对（双方の家柄などがぴったり合う）

結婚　　　　　　　　　　　　　　　　Disc 2　54

☐ 私たちは結婚しました。

Wǒ men jié hūn le.
我们结婚了。
ウオ メン ヂィエ ホゥン ラ

Wǒ men bàn xǐ shì le.
我们办喜事了。
ウオ メン バン シー シー ラ

※喜事（おめでたいこと）

Wǒ men yǐ jing dēng jì le.
我们已经登记了。
ウオ メン イー ヂィン デン ヂー ラ

※登记（本来は登録という意味。ここでは「結婚の手続きをする」）

Wǒ men yǐ jing lǐng zhèng le.
我们已经领证了。
ウオ メン イー ヂィン リィン ヂェン ラ

※领证（本来は証明書をもらうという意味。ここでは「政府から婚姻届をもらう」）

Wǒ men yǐ jing bàn shǒu xù le.
我们已经办手续了。
ウオ メン イー ヂィン バン シォウ シュイ ラ

☐ おめでとうございます	Gōng xǐ gōng xǐ. **恭喜恭喜。** ゴゥン シー ゴゥン シー
☐ いつキャンディを食べさせて くれるのですか？	Shén me shí hou chī nǐ men de xǐ táng a? **什么时候吃你们的喜糖啊？** シェンマ シー ホウ チー ニー メン ダ シー タン ア ※吃喜糖（結婚式で来賓にキャンディを配る習慣があることから）
☐ そろそろおめでたいお酒を 飲ませてくれるのでしょうね？	Gāi hē nǐ men de xǐ jiǔ le ba. **该喝你们的喜酒了吧。** ガイ ハー ニー メン ダ シー ヂィウラ バ ※喝喜酒（結婚式などでのおめでたいお酒は「喜酒」と言う）
☐ 来月、私たちは結婚します。	Wǒ men xià ge yuè jié hūn. **我们下个月结婚。** ウオ メン シィア ガ ユエ ヂィエ ホゥン
☐ 来月、私たちは結婚式を 挙げます。	Wǒ men xià ge yuè jǔ xíng hūn lǐ. **我们下个月举行婚礼。** ウオ メン シィア ガ ユエ ヂュイシィン ホゥン リー Wǒ men xià ge yuè qǐng kè. **我们下个月请客。** ウオ メン シィア ガ ユエ チィン カー ※请客（披露宴を催す） Wǒ men xià ge yuè bàn xǐ shì. **我们下个月办喜事。** ウオ メン シィア ガ ユエ バン シー シー

第10章 男女交際編

夫婦

Disc 2 — 55

☐ あの夫婦はとても仲がいいです。

他们夫妻俩个感情很好。
Tā men fū qī liǎng ge gǎn qíng hěn hǎo.

他们夫妻俩个相亲相爱。
Tā men fū qī liǎng ge xiāng qīn xiāng ài.

※相亲相爱(相思相愛) 四字熟語

他们夫妻俩个相敬如宾。
Tā men fū qī liǎng ge xiāng jìng rú bīn.

※相敬如宾(お互いに尊敬し合う) 四字熟語

他们夫唱妇随。
Tā men fū chàng fù suí.

※夫唱妇随(妻が夫に従う) 四字熟語

他们形影不离。
Tā men xíng yǐng bù lí.

※形影不离(2人がいつも一緒にいる)

☐ 彼は私のことを本当に大事にしてくれるのです。

他对我特别好。
Tā duì wǒ tè bié hǎo

浮気・離婚

Disc 2 — 56

☐ 私たちはうまくいっていません。

我们感情破裂了。
Wǒ men gǎn qíng pò liè le.

※破裂(破裂する)

☐ 私たちはもう愛情がなくなりました。

我们没有感情了。
Wǒ men méi yǒu gǎn qíng le.

□ 私たちは喧嘩ばかりです。	Wǒ men jīng cháng chǎo jià. **我们经常吵架。**
□ 私たちはもう別居しました。	Wǒ men yǐ jing fēn jū le. **我们已经分居了。**
□ 私たちは別居してまもなく3年になります。	Wǒ men fēn jū kuài sān nián le. **我们分居快三年了。**
□ 私たちはとっくに別居しました。	Wǒ men zǎo jiù fēn jū le. **我们早就分居了。** ※早就（早い段階で）
□ 私たちは離婚しました。	Wǒ men lí hūn le. **我们离婚了。**
□ どうして離婚するのですか？	Nǐ men wèi shén me yào lí hūn ne? **你们为什么要离婚呢？**
□ 私たちは性格不一致です。	Wǒ men xìng gé bù hé. **我们性格不合。**
	Wǒ men méi yǒu gòng tóng yǔ yán. **我们没有共同语言。** ※没有共同语言（話が合わない）
□ 彼は離婚調停中です。	Tā zhèng zài dǎ lí hūn. **他正在打离婚。** ※打离婚（離婚を調停する）

第10章 男女交際編

☐ 彼は浮気をしています。

Tā yǒu wài yù le.
他有外遇了。
ター イオウ ワイ ユイ ラ

※外遇(浮気相手)

Tā yǒu qíng rén le.
他有情人了。
ター イオウ チィン レン ラ

※情人(恋人)

Tā gǎo hūn wài liàn.
他搞婚外恋。
ター ガオ ホゥン ワイ リィエン

※婚外恋(不倫)

☐ 彼は浮気性です。

Tā zhèi ge rén xǐ xīn yàn jiù.
他这个人喜新厌旧。
ター ヂェイガ レン シー シィン イエン ヂィウ

※喜新厌旧(古いものを嫌って、新しいものを好む)
浮気のたとえ。

☐ 彼女は愛人です。

Tā shì dì sān zhě chā zú.
她是第三者插足。
ター シー ディー サン ヂァー チァー ヅゥ

※第三者(浮気相手を指す)
※第三者插足(他人の家庭に入り込む)

☐ 彼女は妻のいる男性を
　好きになりました。

Tā ài shang le yǒu fù zhī fū.
她爱上了有妇之夫。
ター アイ シァンラ イオウ フゥー ヂー フゥー

☐ 彼は夫のいる女性を
　好きになりました。

Tā ài shang le yǒu fū zhī fù.
他爱上了有夫之妇。
ター アイ シァンラ イオウ フゥー ヂー フゥー

☐ 彼女は浮気をしています。

Tā gēn bié rén xiā gǎo.
她跟别人瞎搞。
ター ゲン ビィエレン シィア ガオ

※瞎搞(猥らな行為をする)

第11章

医療・健康編

体調を崩して医者にかかるときには、自分の容態を正確に伝えることが大切です。医師とのやりとりで使うフレーズを詳しく紹介します。他に薬局で薬を求めるときの表現や、お見舞いに出かけたり、マッサージを受けたりするときの会話も収録しています。

1 病院に行く

病気になったら、まず病状をお医者さんに伝えるのが基本です。身体の部位の単語も紹介します。

不調を訴える　　　Disc 2　57

☐ 少し体調が悪いです。

我有点儿不舒服。
Wǒ yǒu diǎnr bù shū fu.
ウオ イオウディエル ブー シューフー

※不舒服（体調が悪い）

☐ 病院に行って
　見てもらいたいです。

想去医院看一看。
Xiǎng qù yī yuàn kàn yi kàn.
シィアン チュイ イーユアン カン イー カン

※病院に行くことは中国語で「去医院」または「看病」と言います。つまり、「看病」は病院に行って医者に病状を診てもらう意味です。日本語の「看病」の意味と違うので注意が必要です。日本語の「看病」は中国語では「照顾病人」（病人の面倒を見る・世話をする）と言います。

☐ 病院へ連れていってください。

请带我去医院。
Qǐng dài wǒ qù yī yuàn.
チン ダイ ウオ チュイ イー ユアン

☐ 外国人向けの病院へ
　連れていってください。

请带我去给外国人看病的医院。
Qǐng dài wǒ qù gěi wài guó rén kàn bìng de yī yuàn.
チン ダイ ウオ チュイ ゲイ ワイ グゥオ レン カン ビン ダ イー ユアン

☐ 医者を呼んでもらえますか？

请叫一下医生。
Qǐng jiào yí xià yī shēng.
チン ディアオ イー シィア イー ション

※叫（呼ぶ）

☐ 医者を呼んで
　いただけませんか？

请帮我叫一下医生。
Qǐng bāng wǒ jiào yí xià yī shēng.
チン バン ウオ ディアオ イー シィア イー ション

医師との会話

Disc 2　58

医師

- □ どうしましたか?
  どこが悪いのですか?

  Nǐ zěn me le?　Nǎr bù shū fu?
  你怎么了？哪儿不舒服？

- □ 少し頭[お腹/喉]が痛いです。

  Wǒ yǒu diǎnr tóu téng [dù zi téng / sǎng zi téng].
  我有点儿头疼[肚子疼/嗓子疼]。

- □ 少しめまいがします。

  Wǒ yǒu diǎnr tóu yūn.
  我有点儿头晕。

  ※头晕（めまい）

- □ 少し風邪をひいた
  [夏ばてした]ようです。

  Wǒ hǎo xiàng gǎn mào le [zhòng shǔ le].
  我好像感冒了[中暑了]。

- □ お腹が下って、
  丸1日になります。

  Wǒ lā dù zi, yǐ jing yì tiān le.
  我拉肚子，已经一天了。

  ※拉肚子（お腹が下る）

- □ 熱があります。

  Wǒ fā shāo le.
  我发烧了。

  ※发烧（熱を出す）

- □ 体温を測りましたが、
  38度あります。

  Shì guò biǎo le, sān shí bā dù.
  试过表了，３８度。

第11章　医療・健康編

☐ 頭痛に加え、体もだるいです。	Chú le tōu téng yǐ wài, **除了头疼以外，** チューラ トウ テン イー ワイ hái hún shēn méi jìnr. **还浑身没劲儿。** ハイ ホゥン シェン メイ ヂール ※浑身（全身） ※没劲儿（だるい）
☐ 少し気持ちが悪く、 吐き気がします。	Wǒ yǒu diǎnr ě xīn, xiǎng tù. **我有点儿恶心，想吐。** ウオ イオウ ディエル エー シィン シィアントゥー ※恶心（吐き気を催す；気持ちが悪い）
☐ 食欲がまったくありません。 何も食べたくないのです。	Wǒ yì diǎnr wèi kǒu dōu méi you, **我一点儿胃口都没有，** ウオ イー ディエル ウエイコウ ドウ メイ イオウ bù xiǎng chī dōng xi. **不想吃东西。** ブー シィアン チー ドゥン シ ※胃口（食欲） ※东西（食べ物；品物） 「东西」の発音に注意しましょう。「西」が軽声として発音されると「东西」は「食べ物；物」の意味です。「西」が第一声として発音されると「东西」は方向の「東西」の意味を表します。
☐ 息が苦しいです。	Wǒ chuǎn bu shàng qì. **我喘不上气。** ウオ チゥアンブー シァン チー ※喘（あえぐ；息を切らす）
☐ 胸がどきどきします。	Wǒ xīn huāng de lì hai. **我心慌得厉害。** ウオ シィン ホゥアンダ リー ハイ ※心慌（動悸がする）
☐ いつからですか？	医師 Cóng shén me shí hou kāi shǐ de? **从什么时候开始的？** ツォン シェンマ シー ホウ カイ シー ダ

□ 昨日からです。	Cóng zuó tiān kāi shǐ de. **从昨天开始的。** ツォン ヅゥオ ティエン カイ シー ダ
□ どのくらい続いていますか?	医師 Jǐ tiān le? **几天了?** ジー ティエン ラ
□ 3日です。	Sān tiān le? **三天了。** サン ティエン ラ
□ 今朝はおかゆ、 昼は北京ダックを食べました。	Jīn tiān wǒ zǎo shang hē le zhōu, **今天我早上喝了粥,** ヂン ティエン ウオ ヅァオ シァン ハー ラ ヂォウ zhōng wǔ chī de Běi jīng kǎo yā. **中午吃的北京烤鸭。** ヂォン ウー チー ダ ベイ ヂィン カオ ヤー
□ 足を捻挫したので、 足首がとても痛いです。	Wǒ de jiǎo niǔ shāng le, jiǎo bó zi téng. **我的脚扭伤了,脚脖子疼。** ウオ ダ ディアオ ニゥ シァン ラ ディアオ ボーヅ テン ※脚脖子(足首)
□ 脚[手/腰]を怪我しました。	Wǒ de jiǎo [shǒu / yāo] shòu shāng le. **我的脚 [手 / 腰] 受伤了。** ウオ ダ ディアオ [シォウ / ヤオ] シォウ シァン ラ
□ 手[腕]をナイフで切って 怪我をしました。	Wǒ de shǒu [gē bo] **我的手 [胳膊]** ウオ ダ シォウ [ガー ボー] bèi dāo zi huá pò le. **被刀子划破了。** ベイ ダオ ヅ ホゥア ポー ラ ※被(〜される)受け身表現のマーカー。
□ 腰を捻ってしまったので、 動くと痛いです。	Wǒ de yāo niǔ le, yí dòng jiù téng. **我的腰扭了,一动就疼。** ウオ ダ ヤオ ニゥ ラ イー ドゥン ヂゥ テン ※一〜就〜(〜するとすぐ〜)

第11章 医療・健康編

☐ 昨日転んでしまったので、動くとここが痛いです。

Zuó tiān shuāi le yì jiāo,
昨天摔了一跤，
zhèr yí dòng jiù téng.
这儿一动就疼。

※摔（倒れる；転ぶ）

☐ アレルギー性鼻炎にかかっています。

Wǒ huàn yǒu guò mǐn xìng bí yán.
我患有过敏性鼻炎。

☐ 血圧が高くて心臓も良くないです。

Wǒ yǒu gāo xuè yā, xīn zàng yě bù hǎo.
我有高血压，心脏也不好。

☐ 喘息を患っています。

Wǒ yǒu xiào chuǎn bìng.
我有哮喘病。

☐ 特に薬のアレルギーはありません。

Wǒ duì yào wù bú guò mǐn.
我对药物不过敏。

☐ 抗生物質は飲めない体質です。

Wǒ bù néng chī kàng shēng sù.
我不能吃抗生素。

☐ 現在、薬などは飲んでいません。

Wǒ xiàn zài shén me yào dōu méi chī.
我现在什么药都没吃。

☐ 現在、特に何の薬も飲んでいません。

Wǒ xiàn zài méi chī bié de yào.
我现在没吃别的药。

※别的（別の）

☐ 現在、血圧を下げる薬を飲んでいます。

Wǒ xiàn zài chī zhe jiàng yā yào.
我现在吃着降压药。

□ 毎日、喘息の薬を飲んでいます。	Wǒ měi tiān chī yù fáng xiào chuǎn de yào. **我每天吃预防哮喘的药。**

医師の診断　　　　　　　　　　　　　　Disc 2　59

□ 熱を下げる薬と痛み止めを処方します。	医師 Wǒ gěi nǐ kāi diǎnr tuì shāo yào hé zhǐ téng piàn. **我给你开点儿退烧药和止疼片。** ※退烧(熱が下がる；熱を下げる)
□ 抗生物質を処方します。なるべく水をたくさん飲んでください。	医師 Gěi nǐ kāi diǎnr xiāo yán yào. Nǐ yào duō hē shuǐ. **给你开点儿消炎药。你要多喝水。**
□ 漢方薬と西洋薬、どちらにしますか？	医師 Nǐ xiǎng chī zhōng yào, hái shì xī yào? **你想吃中药，还是西药？**
□ 漢方薬[西洋薬]をお願いします。	Wǒ xiǎng chī zhōng yào [xī yào]. **我想吃中药[西药]。**
□ 何か気をつけることがありますか？	Wǒ yīng gāi zhù yì shén me? **我应该注意什么？**

第11章　医療・健康編

□ 水を多めに飲んでよく休み、睡眠を十分に取ることです。	**医師** Duō hē shuǐ, duō xiū xi, **多喝水，多休息，** bǎo zhèng shuì mián. **保证睡眠。**
□ 病名は何ですか？	Wǒ dé de shì shén me bìng? **我得的是什么病？**
□ 風邪です。ただし、インフルエンザではありません。	**医師** Nǐ dé de shì gǎn mào, **你得的是感冒，** dàn bú shì bìng dú xìng gǎn mào. **但不是病毒性感冒。**
□ 流行性の風邪です。	**医師** Nǐ dé de shì liú xíng xìng gǎn mào. **你得的是流行性感冒。**
□ 点滴が必要です。	**医師** Nǐ xū yào shū yè. **你需要输液。**
□ 一晩入院して観察する必要があります。	**医師** Nǐ xū yào zhù yuàn guān chá yì tiān. **你需要住院观察一天。**
□ 食事を取ってはいけません。絶食の必要があります。	**医師** Nǐ bù néng chī dōng xi, xū yào jìn shí. **你不能吃东西，需要禁食。**

熱を下げる注射をします。	**医师** Gěi nǐ dǎ yì zhēn tuì shāo zhēn. **给你打一针退烧针。**
まず通常検査をしましょう。	**医师** Xiān zuò cháng guī jiǎn chá. **先做常规检查。**
血圧を測ってみましょう。	**医师** Liáng yí xià xuè yā. **量一下血压。** ※量（計る）
パッチテストをしましょう。	**医师** Gěi nǐ zuò ge pí xià cè shì. **给你做个皮下测试。**
骨折の疑いがありますので、レントゲンを撮りましょう。	**医师** Nǐ kě néng gǔ zhé le, **你可能骨折了，** gěi nǐ zhào ge X guāng. **给你照个X光。**

支払い

Disc 2　60

医療費はどこで支払うのですか？	Zài nǎr fù yī yào fèi? **在哪儿付医药费？**
医療費の支払いは1階の1番の窓口です。	**病院** Yī yào fèi zài yī lóu yī hào chuāng kǒu fù. **医药费在一楼1号窗口付。**

第11章　医療・健康編

薬は1階の3番の窓口でもらってください。	【病院】 Qǔ yào zài yī lóu sān hào chuāng kǒu. **取药在一楼3号窗口。** チュイ ヤオ ツァイ イー ロウ サン ハオ チュアン コウ
医療費の領収書は英文でお願いします。	Yī yào fèi de fā piào qǐng kāi Yīng wén de. **医药费的发票请开英文的。** イー ヤオ フェイ ダ ファー ピアオ チン カイ イン ウエン ダ
明日、また来る必要がありますか？	Míng tiān hái yòng lái ma? **明天还用来吗？** ミィン ティエン ハイ イヨン ライ マ
来なくても結構です。3日分の薬を出してありますので。	【病院】 Bú yòng le, zhèi shì sān tiān de yào. **不用了，这是三天的药。** ブー イヨン ラ ヂェイ シー サン ティエン ダ ヤオ
この病院は保険が使えますか？	Zhèi ge yī yuàn néng yòng bǎo xiǎn ma? **这个医院能用保险吗？** ヂェイ ガ イー ユアン ネン イヨン バオ シィエン マ
私は日本人です、私が持っている保険は使えますか？	Wǒ shì rì běn rén. **我是日本人，** ウオ シー リー ベン レン wǒ de bǎo xiǎn néng yòng ma? **我的保险能用吗？** ウオ ダ バオ シィエン ネン イヨン マ

お見舞い　　　　　　　　　　　　　　　　　　Disc 2　61

良くなりましたか？	Hǎo yì diǎnr le ma? **好一点儿了吗？** ハオ イー ディエル ラ マ
どうですか？	Gǎn jué zěn me yàng? **感觉怎么样？** ガン ヂュエ ヅェン マ ヤン

□ 大分良くなりました。	Wǒ jué de hǎo duō le. **我觉得好多了。** ウオ ヂュエダ ハオ ドゥオ ラ
□ 大分良くなったようですね。	Nǐ hǎo xiàng hǎo duō le. **你好像好多了。** ニー ハオ シィアンハオ ドゥオラ ※好像(〜のようだ)
□ 熱がまだありますか。	Hái fā shāo ma? **还发烧吗？** ハイ ファーシァオ マ
□ 熱はもうないです。	Bù shāo le. **不烧了。** ブー シァオ ラ
□ 良かったですね。 顔色も大分良くなりましたね。	Tai hǎo le, liǎn sè yě bú cuò. **太好了，脸色也不错。** タイ ハオ ラ リィエンスァ イエ ブー ツゥオ ※脸色(顔色)
□ 病院に行きましたか。	Qù yī yuàn le ma? **去医院了吗？** チュイ イー ユアンラ マ
□ 焦らずにゆっくり休んでください。	Bié zháo jí, hǎo hāor xiū xi. **别着急，好好儿休息。** ビエ ヂャオヂー ハオ ハオル シィウ シー ※着急(焦る)
□ 何も心配しないで、 まず病気を治してください。	Nǐ jiù ān xīn yǎng bìng ba. **你就安心养病吧。** ニー ヂィウ アン シィン ヤン ビン バ ※养病(病気を治す)
□ どうぞ安心して安静にしてください。	Qǐng ān xīn liáo yǎng. **请安心疗养。** チィン アン シィン リィアオ ヤン

第11章 医療・健康編

病院の食事はどうですか？	Yī yuàn de huǒ shí zěn me yàng? **医院的伙食怎么样？**
まあまあです。	Hái xíng. **还行。**
ほしいものがあれば、遠慮せずに言ってくださいね。	Xū yào shén me, jìn guǎn shuō. **需要什么，尽管说。**
食べたいものはありますか？	Xiǎng chī yì diǎnr shén me? **想吃一点儿什么？**
いつ退院できますか？	Shén me shí hou kě yǐ chū yuàn? **什么时候可以出院？**
お医者さんによれば、来週、退院できるそうです。	Yī shēng shuō xià xīng qī kě yǐ chū yuàn. **医生说下星期可以出院。**
そろそろ失礼します、どうぞお大事に。	Wǒ zǒu le, nǐ duō bǎo zhòng. **我走了，你多保重。** ※保重（大事にする）
時間のあるときにまた来ます。	Yǒu shí jiān wǒ zài lái kàn nǐ. **有时间我再来看你。** ※看（見舞う）
お見舞いに来ていただいて、ありがとうございます。	Xiè xie nǐ [nǐ men] lái kàn wǒ. **谢谢你[你们]来看我。**

2 薬局とマッサージ

市販薬を購入するときに役立つフレーズです。マッサージの表現も紹介します。

薬局で

Disc 2　62

□ すみませんが、風邪薬［解熱剤］はありますか？

请问，
Qǐng wèn,

有感冒药［退烧药］吗？
yǒu gǎn mào yào [tuì shāo yào] ma?

□ 下痢止めはどれですか？

哪种是治拉肚子的？
Něi zhǒng shì zhì lā dù zi de?

□ 痛み止めの薬はありますか？

有去［止］疼片吗？
Yǒu qù [zhǐ] téng piàn ma?

□ 絆創膏はありますか？

有创口贴吗？
Yǒu chuàng kǒu tiē ma?

□ 2種類ありますが、どちらにしますか？

［薬局］

这两种都是，你要哪种？
Zhèi liǎng zhǒng dōu shì, nǐ yào něi zhǒng?

□ この2種類の薬はどう違いますか？

这两种药有什么不一样？
Zhèi liǎng zhǒng yào yǒu shén me bù yí yàng?

□ 効き目はほぼ同じで、メーカーが違うだけです。

［薬局］

都差不多，只是厂家不一样。
Dōu chà bu duō, zhǐ shì chǎng jiā bù yí yàng.

※厂家（メーカー）

第11章　医療・健康編

腫れを押さえる[かゆみを押さえる]湿布はありますか？	Yǒu xiāo zhǒng de [zhǐ yǎng de] gāo yào ma? **有消肿的[止痒的]膏药吗？**
体温計はありますか？	Yǒu tǐ wēn biǎo ma? **有体温表吗？**
これは漢方薬ですか、それとも西洋薬ですか？	Zhèi shǐ zhōng yào, hái shì xī yào? **这是中药，还是西药？** ※中药（漢方薬）
この薬の製薬会社はどこですか？	Zhèi ge yào shì nǎr shēng chǎn de? **这个药是哪儿生产的？**
こちらは処方せんです。	Zhèi shì chù fāng. **这是处方。**
この薬はどう飲みますか？	Zhèi ge yào zěn me chī? **这个药怎么吃？**
この薬は1日3回飲みます。	〔薬局〕 Zhèi ge yào yì tiān chī sān cì. **这个药一天吃三次。**
この薬は必ず食後に飲んでください。	〔薬局〕 Zhèi ge yào yí dìng yào fàn hòu chī. **这个药一定要饭后吃。**
この薬は1回1錠を飲んでください。	〔薬局〕 Zhèi ge yào měi cì chī yí piàn **这个药每次吃一片。**

- [ ] この薬は熱のある[痛む]ときに飲んでください。

薬局

Zhèi ge yào shāo de [téng de] shí hou chī.
这个药烧的[疼的]时候吃。
ヂェイガ ヤオ シアオダ [テンダ] シーホウチー

※烧（熱がある）

- [ ] この薬は4時間おきに飲んでください。

薬局

Zhèi ge yào yào měi gé
这个药要每隔
ヂェイガ ヤオ ヤオ メイガー

sì xiǎo shí chī yí cì.
四小时吃一次。
スー シアオシー チー イー ツー

※每隔（〜おきに）

- [ ] この薬は、成人は1回に2錠、子供はその半分飲んでください。

薬局

Zhèi ge yào dà rén chī liǎng piàn,
这个药大人吃两片，
ヂェイガ ヤオ ダーレン チー リィアンピィエン

xiǎo háir jiǎn bàn.
小孩儿减半。
シィアオハール ヂィエンバン

- [ ] この薬は飲んだ後に、眠くなりますか？

Zhèi ge yào chī le huì bu huì fā kùn?
这个药吃了会不会发困？
ヂェイガ ヤオ チーラ ホゥイブ ホゥイファークン

※发困（眠くなる）

- [ ] 少し眠気がします。

薬局

Kě néng huì yǒu yì diǎnr.
可能会有一点儿。
カーネン ホゥイイオウイー ディエル

- [ ] この薬は副作用がありますか？

Zhèi ge yào yǒu shén me fù zuò yòng ma?
这个药有什么副作用吗？
ヂェイガ ヤオ イオウシェンマ フゥーヅゥオイヨンマ

- [ ] 通常、副作用はあまりありません。

薬局

Yì bān méi yǒu shén me fù zuò yòng.
一般没有什么副作用。
イーバン メイ イオウシェンマ フゥーヅゥオイヨン

第11章 医療・健康編

□ この薬は血圧に影響が 　ありますか？	Zhèi ge yào duì xuè yā yǒu yíng xiǎng ma? **这个药对血压有影响吗？** ヂェイガ　ヤオ　ドゥイ　シュエ　ヤー　イオウ イン　シィアン マ
□ 少しありますが、 　それほど強くないです。	薬局 Yǒu yì diǎnr,　dàn bú tài dà. **有一点儿，但不太大。** イオウ イー　ディエル　　ダン　ブー　タイ　ダー

◆ ミニ知識 ◆

中国の薬局は大きく分けて2種類あります。1つは日本と同様の薬局で風邪薬などの日常薬を販売します。もう1つは食品店あるいは茶屋と同じ店舗にあり、「医食同源」思想のもとで食品とともに保健・養生を目指す栄養薬品、主に漢方薬を販売します。使用目的に合わせて薬局を利用しましょう。

単語コラム

身体

xīn zàng **心脏** ……… 心臓 シィン ヅァン	cháng **肠** ………… 腸 チャン	bí zi **鼻子** ………… 鼻 ビーヅ
gān zàng **肝脏** ……… 肝臓 ガン ヅァン	tóu **头** ………… 頭 トウ	ěr duo **耳朵** ……… 耳 アル ドゥオ
shèn zàng **肾脏** ……… 腎臓 シェン ヅァン	liǎn **脸** ………… 顔 リィエン	bó zi **脖子** ……… 首 ボーヅ
fèi **肺** ………… 肺 フェイ	zuǐ **嘴** ………… 口 ヅゥイ	xiōng bù **胸部** ……… 胸 シィオン ブー
wèi **胃** ………… 胃 ウエイ	yǎn jing **眼睛** ……… 目 イエン ディン	dù zi **肚子** ……… 腹 ドゥーヅ

マッサージ

Disc 2 63

□ マッサージルームはどこですか？

Qǐng wèn, àn mó fáng zài nǎr?
请问，按摩房在哪儿？

□ 全身[頭部/足裏]マッサージは1時間いくらですか？

Quán shēn [tóu bù / jiǎo dǐ] àn mó
全身[头部/脚底]按摩

yí ge xiǎo shí duō shao qián?
一个小时多少钱？

□ 費用は時間単位ですか、分単位ですか？

Àn mó fèi àn xiǎo shí shōu fèi,
按摩费按小时收费，

hái shì àn fēn zhōng shōu fei?
还是按分钟收费？

※收费（金額を請求する）

□ 訪問マッサージはいくらですか？

Shàng mén àn mó duō shao qián?
上门按摩多少钱？

※上门（出張；訪問）

□ 事前に予約する必要はありますか？

Xū yào tí qián yù yuē ma?
需要提前预约吗？

□ 予約が要ります。

店員
Xū yào.
需要。

□ 力の加減はどうですか、痛いですか？

マッサージ師
Zěn me yàng, téng bu téng?
怎么样，疼不疼？

第11章 医療・健康編

□ もう少し力を入れてください。	Qǐng zài yòng yì diǎnr jìnr. **请再用一点儿劲儿。** _{チン ツァイ イヨン イー ディエル ヂール}	

□ もう少しゆっくりやって
　ください。
Qǐng qīng yì diǎnr.
请轻一点儿。
_{チン チン イー ディエル}

□ ちょうどいいです。
　このままでお願いします。
Zhèng hǎo, xiàn zài zhèi yàng jiù kě yǐ.
正好，现在这样就可以。
_{ヂェン ハオ シィエン ツァイ ヂェイヤン ヂィウカー イー}

□ 背中［腰/肩］の方を
　よく揉んでください。
Qǐng duō àn mó yí xià
请多按摩一下
_{チン ドゥオ アン モー イー シィア}
bèi [yāo / jiān bǎng].
背［腰/肩膀］。
_{ベイ [ヤオ / ヂィエンパン]}

□ ここに力を入れてください。
Qǐng zài zhèr shǐ diǎnr jìnr.
请在这儿使点儿劲儿。
_{チン ツァイ ヂァール シー ディエル ヂール}

□ 目の疲れが解消するところを
　よく揉んでください。
Qǐng duō àn mó yí xià yǎn jing zhōu wéi.
请多按摩一下眼睛周围。
_{チン ドゥオ アン モー イー シィア イエンヂン ヂォウウエイ}

□ 痛いです。もう少しゆっくり
　やってください。
Téng, qǐng màn yì diǎnr.
疼，请慢一点儿。
_{テン チン マン イー ディエル}

□ そこが痛いので、
　力を入れてください。
Zhèr téng, qǐng zài yòng diǎnr jìnr.
这儿疼，请再用点儿劲儿。
_{ヂァール テン チン ツァイ イヨン ディエル ヂール}

□ ちょうどいいです、
　とても気持ちがいいです。
Zhèi yàng tǐng hǎo, gǎn jué hěn shū fu.
这样挺好，感觉很舒服。
_{ヂェイヤン ティン ハオ ガン ヂュエヘン シュー フゥー}

単語コラム

時間表現【日・時間】

中国語	ピンイン	日本語
前天 (チィエン ティエン)	qián tiān	一昨日
昨天 (ツゥオ ティエン)	zuó tiān	昨日
今天 (ヂンティエン)	jīn tiān	今日
明天 (ミィンティエン)	míng tiān	明日
后天 (ホウティエン)	hòu tiān	明後日
什么时候 (シェン マ シー ホウ)	shén me shí hou	いつ
一天 (イーティエン)	yì tiān	1日間
两天 (リィアンティエン)	liǎng niān	2日間
三天 (サンティエン)	sān tiān	3日間
几天 (ヂーティエン)	jǐ tiān	何日間
你在北京呆几天？ (ニーツァイ ベイ ヂン ダイ ヂーティエン)	Nǐ zài Běi jīng dāi jǐ tiān?	あなたは北京に何日滞在しますか？
上午 (シァン ウー)	shàng wǔ	午前
中午 (ヂォン ウー)	zhōng wǔ	昼
下午 (シィア ウー)	xià wǔ	午後
早上 (ヅァオ シァン)	zǎo shang	朝
中午 (ヂォン ウー)	zhōng wǔ	昼
晚上 (ウアン シァン)	wǎn shang	夜
傍晚 (バン ウアン)	bàng wǎn	夕方
夜里 (イエ リ)	yè li	夜中
一个小时 (イーガ シィアオ シー)	yí ge xiǎo shí	1時間
两个小时 (リィアン ガ シィアオ シー)	liǎng ge xiǎo shí	2時間
三个小时 (サン ガ シィアオ シー)	sān ge xiǎo shí	3時間
几个小时 (ヂー ガ シィアオ シー)	jǐ ge xiǎo shí	何時間

第11章 医療・健康編

単語コラム

時間表現【曜日】

xīng qī
星期 曜日
シィン チー

xīng qī yī	xīng qī èr	xīng qī sān	xīng qī sì	xīng qī wǔ
星期一	**星期二**	**星期三**	**星期四**	**星期五**
月曜日	火曜日	水曜日	木曜日	金曜日

xīng qī liù	xīng qī rì	xīng qī tiān	xīng qī jǐ
星期六	**星期日** or	**星期天**	**星期几**
土曜日	日曜日	日曜日	何曜日

shàng ge xīng qī
上个星期 先週
シァン ガ シィン チー

xià ge xīng qī
下个星期 来週
シィア ガ シィン チー

zhèi ge xīng qī
这个星期 今週
ヂェイ ガ シィン チー

shén me shí hou
什么时候 いつ
シェン マ シー ホウ

時間表現【月・週】

shàng ge yuè
上个月 先月
シァン ガ ユエ

yí ge xīng qī
一个星期 1週間
イー ガ シィン チー

zhèi ge yuè
这个月 今月
ヂェイ ガ ユエ

liǎng ge xīng qī
两个星期 2週間
リィアン ガ シィン チー

xià ge yuè
下个月 来月
シィア ガ ユエ

sān ge xīng qī
三个星期 3週間
サン ガ シィン チー

jǐ ge xīng qī
几个星期 何週間
ヂー ガ シィン チー

Wǒ qù Běi jīng chū chāi yí ge xīng qī.
我去北京出差一个星期。 私は北京へ1週間出張します。
ウオ チュイ ベイ ヂィン チゥー チャイ イー ガ シィン チー

第12章

感情表現編

感謝する・褒める・願う・詫びる・悲しむ・怒るといったさまざまな感情を相手に伝えるフレーズをまとめて紹介します。定型表現はそのまま覚えましょう。

1 感謝する・褒める・願う

ポジティブな感情を表すフレーズをまとめて紹介します。

感謝する

□ ありがとうございます。

Xiè xie.
谢谢。
シィエ シィエ

Xiè xie nǐ.
谢谢你。
シィエ シィエ ニー

□ 本当にありがとうございます。

Tài gǎn xiè nǐ le.
太感谢你了。
タイ ガン シィエ ニー ラ

Duō xiè, duō xiè.
多谢，多谢。
ドゥオ シィエ ドゥオ シィエ

Fēi cháng gǎn xiè.
非常感谢。
フェイ チャン ガン シィエ

Xiè le xiè le.
谢了谢了。
シィエ ラ シィエ ラ

☐ ご招待いただき、ありがとうございます。	Xiè xie nín de yāo qǐng. **谢谢您的邀请。** シィエ シィエ ニン ダ ヤオ チィン ※邀请(招き；招待)
	Fēi cháng gǎn xiè nǐ de shèng qíng kuǎn dài. **非常感谢你的盛情款待。** フェイ チャン ガン シィエ ニー ダ ション チィン クゥアンダイ ※盛情(厚意)
	Fēi cháng gǎn xiè nǐ de rè qíng zhāo dài. **非常感谢你的热情招待。** フェイ チャン ガン シィエ ニー ダ ラー チィン ヂャオダイ ※热情(熱情)
☐ お越しいただき、ありがとうございます。	Xiè xie nín de guāng lín. **谢谢您的光临。** シィエ シィエ ニン ダ グゥアンリン ※光临(いらっしゃる)
	Xiè xie nín kěng shǎng guāng. **谢谢您肯赏光。** シィエ シィエ ニン ケン シァン グゥアン ※赏光(お越しいただく)
☐ ご見学にお越しいただき、ありがとうございます。	Gǎn xiè nín lái zhèr cān guān. **感谢您来这儿参观。** ガン シィエ ニン ライ ヂァール ツァン グゥアン
☐ ご協力いただき、ありがとうございます。	Xiè xie nǐ de bāng zhù. **谢谢你的帮助。** シィエ シィエ ニー ダ バン ヂゥー ※帮助(助け；支援)
	Duō kuī le nǐ de bāng zhù, tài gǎn xiè le. **多亏了你的帮助,太感谢了。** ドゥオ クゥイラ ニー ダ バン ヂゥー タイ ガン シィエラ ※多亏(〜のお陰である)
	Duì nǐ de bāng zhù, shí zài tài gǎn xiè le. **对你的帮助,实在太感谢了。** ドゥイ ニー ダ バン ヂゥー シー ヅァイタイ ガン シィエラ

第12章 感情表現編

おめでたい

- [ ] お誕生日、おめでとうございます。

Zhù nǐ shēng ri kuài lè.
祝你生日快乐。
※生日（誕生日）

- [ ] お引っ越し、おめでとうございます。

Zhǔ nǐ qiáo qiān xīn jū.
祝你乔迁新居。
※乔迁（引っ越す）

- [ ] 新年、明けましておめでとうございます。

Xīn nián kuài lè.
新年快乐。

Xīn nián hǎo.
新年好。

Gōng hè xīn nián.
恭贺新年。

- [ ] お子さんの誕生、おめでとうございます。

Tīng shuō nǐ shēng le yí ge ér zi, gōng xǐ nǐ a.
听说你生了一个儿子，恭喜你啊。

- [ ] 大学入学、おめでとうございます。

Kǎo shàng dà xué la, hǎo hāor xué xí a.
考上大学啦，好好儿学习啊。

- [ ] 就職、おめでとうございます。

Tīng shuō yǒu gōng zuò le, gōng xǐ nǐ a.
听说有工作了，恭喜你啊。

Yǒu gōng zuò le, hǎo hāor gàn.
有工作了，好好儿干。

☐ 還暦、おめでとうございます。	Gōng xǐ nín liù shí dà shòu. **恭喜您六十大寿。** ゴゥン シー ニン リウ シー ダー シォウ
☐ いつまでも 　お元気でいてください。	Duō bǎo zhòng shēn tǐ. **多保重身体。** ドゥオ バオ ヂォン シェン ティー
	Hǎo hāor　bǎo zhòng. **好好儿保重。** ハオ ハオル　バオ ヂォン

嬉しい　　　　　　　　　　　　　　　　　　　　　　　Disc 2　66

☐ 本当に嬉しいです。	Wǒ zhēn de hěn gāo xìng. **我真的很高兴。** ウオ ヂェンダ ヘン ガオ シィン
	Wǒ tè bié gāo xìng. **我特别高兴。** ウオ タァービエ ガオ シィン
☐ 本当に良かったです。	Zhēn shì tài hǎo le. **真是太好了。** ヂェンシー タイ ハオ ラ

羨ましい　　　　　　　　　　　　　　　　　　　　　　Disc 2　67

☐ 羨ましいです。	Zhēn xiàn mù nǐ. **真羡慕你。** ヂェン シィエン ムー ニー ※羡慕（羨ましい）
☐ お仕事、本当に羨ましいです。	Nín de gōng zuò zhēn ràng rén xiàn mù. **您的工作真让人羡慕。** ニン ダ ゴン ヅゥオ ヂェン ラン レン シィエン ムー
☐ 素敵なご主人がいて、 　本当に羨ましいです。	Zhēn xiàn mù nín yǒu ge hǎo zhàng fu. **真羡慕您有个好丈夫。** ヂェン シィエン ムーニン イオウガ　ハオ ヂャン フゥー ※丈夫（夫；主人）

第12章　感情表現編

- [ ] いい上司がいて
  本当に羨ましいです。

  Zhēn xiàn mù nǐ yǒu ge hǎo shàng si.
  真羡慕你有个好上司。
  ヂェン シィエン ムー ニー イオウガ ハオ シァンス

  ※上司（上司）

- [ ] お金も時間も両方あって、
  本当に羨ましいです。

  Zhēn xiàn mù nǐ yòu yǒu qián
  真羡慕你又有钱
  ヂェン シィエン ムー ニー イオウイオウ チィエン

  yòu yǒu shí jiān.
  又有时间。
  イオウイオウ シー ヂィエン

- [ ] よく旅行に出かけるあなたが
  本当に羨ましいです。

  Zhēn xiàn mù nǐ jīng cháng wài chū lǚ yóu.
  真羡慕你经常外出旅游。
  ヂェン シィエン ムー ニー ヂィン チャンワイ チゥー リュイ イオウ

  ※经常（たびたび）

- [ ] スタイルが良くて、
  本当に羨ましいです。

  Zhēn xiàn mù nǐ yǒu ge hǎo shēn cái.
  真羡慕你有个好身材。
  ヂェン シィエン ムー ニー イオウガ ハオ シェンツァイ

  ※身材（スタイル）

褒める　　　　　　　　　　　　　　　Disc 2　68

- [ ] とてもすばらしい。

  Zhēn hǎo.
  真好。
  ヂェン ハオ

  Tài hǎo le.
  太好了。
  タイ ハオ ラ

  Tài bàng le.
  太棒了。
  タイ バン ラ

  ※棒（すばらしい；能力が優れている）

  Bú cuò, bú cuò.
  不错，不错。
  ブー ツゥオ ブー ツゥオ

  Hǎo jí le.
  好极了。
  ハオ ヂー ラ

□ よくがんばりました。	**你干得真好。** ニー ガンダ ヂェンハオ ※干(する；やる)
□ よくやったね。	**你干得不错。** ニー ガンダ ブー ツゥオ

願う　　　　　　　　　　　　　　　　　Disc 2　69

□ 万事順調でありますように。	**祝你万事如意。** ヂゥーニー ウアンシー ルゥーイー
□ ご健康でありますように。	**祝你身体健康。** ヂゥーニー シェンティー ヂィエンカン
□ 願いが成就しますように。	**祝你心想事成。** ヂゥーニー シィンシィアンシーチェン
□ ご家族の幸せを 　お祈りいたします。	**祝您全家和睦。** ヂゥーニン チュアンヂィア ハームー ※和睦(むつまじい；仲がよい)
□ お仕事が順調でありますように。	**祝您工作顺利。** ヂゥーニン ゴゥンヅゥオ シゥンリー ※工作(仕事)
□ 商売繁盛をお祈りいたします。	**祝您生意兴隆。** ヂゥーニン ションイー シィンロン ※生意(商売)
□ ご学業が成功しますように。	**祝您学业有成。** ヂゥーニン シュエイエ イオウチェン

第12章　感情表現編

恥ずかしい・謙遜

☐ お恥ずかしいです。

Bù hǎo yì si.
不好意思。

Zhēn nán wéi qíng.
真难为情。

☐ とんでもございません
（褒められて）。

Guò jiǎng le, guò jiǎng le.
过奖了，过奖了。

Méi shén me, méi shén me.
没什么，没什么。

Bù xíng, bù xíng, hái chà de yuǎn ne.
不行，不行，还差的远呢。

☐ いろいろと勉強させて
ください。

Qǐng gěi wǒ yí cì xué xí de jī huì.
请给我一次学习的机会。

2 詫びる・慰める・怒る

お詫びやクレームの表現を中心に、旅行や生活でよく使うフレーズが中心です。

詫びる Disc 2 71

☐ すみません。

对不起。
Duì bu qǐ.

很抱歉。
Hěn bào qiàn.
※抱歉（申し訳ない；すまない）

☐ 本当に申し訳ありません、どうかお許しください。

对不起，请多多原谅。
Duì bu qǐ, qǐng duō duō yuán liàng.
※原谅（許す）

真对不起，请多多包涵。
Zhēn duì bu qǐ, qǐng duō duō bāo hán.
※包涵（大目にみる；諒とする）

☐ 本当に申し訳ありません、以後気をつけます。

对不起，下次一定注意。
Duì bu qǐ, xià cì yí dìng zhù yì.
※一定（必ず）

对不起，下不为例。
Duì bu qǐ, xià bù wéi lì.
※下不为例（以後の例とせず、今回に限り融通を利かせる）

☐ 本当に申し訳ありません、どうか許してください。

非常抱歉，请原谅。
Fēi cháng bào qiàn, qǐng yuán liàng.

第12章　感情表現編

悲しみ・落胆

- 悲しい気持ちです。

难过极了。
Nán guò jí le.

※难过(苦しい；つらい；悲しい)

特别伤心。
Tè bié shāng xīn.

- 祖母を亡くして、悲しみに沈んでいます。

祖母过世了，
Zǔ mǔ guò shì le,

我特别难过[伤心]。
wǒ tè bié nán guò [shāng xīn].

- 落ち込んでいます。

情绪不高。
Qíng xù bù gāo.

情绪低落。
Qíng xù dī luò.

- やる気が出ません。

心情不好，没心思。
Xīn qíng bù hǎo, méi xīn si.

- 試験に不合格で、落ち込んでいます。

考试不及格，心情不好。
Kǎo shì bù jí gé, xīn qíng bù hǎo.

- お別れするのは寂しいです。

真舍不得离开你。
Zhēn shě bu dé lí kāi nǐ.

要分开了，心里真不好受。
Yào fēn kāi le, xīn li zhēn bù hǎo shòu.

お悔やみ　　　　　　　　　　　　　　　　　　　　Disc 2　73

□ お悔やみ申し上げます。

Jié āi shùn biàn, duō bǎo zhòng.
节哀顺便，多保重。
ディエ アイ シゥン ビィエン ドゥオ バオ ヂォン

□ 気を落とさないでください。

Bié tài nán guo le.
别太难过了。
ビエ タイ ナン グゥオ ラ

Qǐng duō bǎo zhòng.
请多保重。
チィン ドゥオ バオ ヂォン

慰める　　　　　　　　　　　　　　　　　　　　Disc 2　74

□ 大丈夫です。

Méi guān xi.
没关系。
メイ グゥアン シー

Bú yào jǐn.
不要紧。
ブー ヤオ ヂン

※要紧（大事である；重要である）

□ ご遠慮しないでください。

Bié kè qi.
别客气。
ビエ カー チー

□ 焦らないでください。

Bié zháo jí.
别着急。
ビエ ヂャオ ヂー

※着急（焦る；いらいらする）

□ 焦らないでください。
　きっと解決の方法があります。

Bié zháo jí, huì yǒu bàn fǎ de.
别着急，会有办法的。
ビエ ヂャオ ヂー ホゥイ イオウ バン ファー ダ

□ あまり悲しまないでください。
　お身体に気をつけてください。

Bié tài nán guò le, zhù yì shēn tǐ.
别太难过了，注意身体。
ビエ タイ ナン グゥオ ラ ヂゥー イー シェン ティー

第12章 感情表現編

315

☐ あまり悲しまないでください、お大事に。	Qǐng nín jié āi, duō bǎo zhòng. **请您节哀，多保重。** チィン ニン ヂィエアイ　ドゥオ バオ ヂォン	

※节哀（悲しみを抑える）

☐ 大丈夫です。解決の方法を考えましょう。

Bú yào jǐn, zài xiǎng xiang bàn fǎ.
不要紧，再想想办法。
ブー ヤオ ヂン　ヅァイ シィアン シィアン バン ファー

※办法（方法；手段；やりかた）

☐ 緊張しないでください。どうぞゆっくり話してください。

Bié jǐn zhāng, màn mānr shuō.
别紧张，慢慢儿说。
ビエ ヂン ヂャン　マン マール　シゥオ

☐ 心配しないでください。

Bié dān xīn.
别担心。
ビエ ダン シィン

※担心（心配する；懸念する）

☐ 心配しないで、きっと大丈夫です。

Bié dān xīn, bú huì chū shì de.
别担心，不会出事的。
ビエ ダン シィン　ブー ホゥイ チゥーシー ダ

※出事（事故が起きる；事故が発生する）

Bié dān xīn, yí dìng méi shìr.
别担心，一定没事儿。
ビエ ダン シィン　イー ディン メイ シール

Bié dān xīn, bú huì yǒu wèn tí de.
别担心，不会有问题的。
ビエ ダン シィン　ブー ホゥイ イオウ ウエン ティ ダ

怒る　　　　　　　　　　　　　　　Disc 2　75

☐ 怒っています。

Wǒ shēng qì le.
我生气了。
ウオ ションチー ラ

※生气（腹が立つ）

☐ 機嫌が良くないです。

Wǒ bù gāo xìng le.
我不高兴了。
ウオ ブー ガオ シィン ラ

□ うんざりです。	Fán sǐ le. **烦死了。** ファン スー ラ ※烦（苦悩する；いらだつ）	

□ 本当に嫌いです。

Zhēn tǎo yàn.
真讨厌。
ヂェンタオ イエン

※讨厌（嫌だ；愛想が尽きる）

□ おかしいです。

Shén jīng bìng.
神经病。
シェン ヂィン ビン

□ 話にならないよ。

Bù kě lǐ yù.
不可理喻。
ブー カー リー ユイ

※不可理喻（理屈で納得させることができない；道理を説いても受けつけない）

□ もういいです。

Xíng le, xíng le.
行了，行了。
シィン ラ　シィン ラ

□ もう黙ってくださいよ、あなた。

Shǎo shuō liǎng jù ba, nǐ.
少说两句吧，你。
シァオ シゥオ リィアン ヂュイ バ　ニー

□ 一体どうしたいのですか？

Nǐ dào dǐ xiǎng gàn shén me ya?
你到底想干什么呀？
ニー ダオ ディー シィアン ガン シェン マ　ヤ

※到底（いったい）

□ どうしてくれるのよ。

Zěn me gǎo de?
怎么搞的？
ツェン マ　ガオ ダ

※搞（する；やる）

□ こんなの、ありえないよ。

Méi nǐ (men) zhè yàng de.
没你（们）这样的。
メイ ニー （メン）ヂァーヤン ダ

第12章　感情表現編

相手のことを怒る

すべての責任をとってもらうよ。

Yí qiè hòu guǒ yóu nǐ fù zé.
一切后果由你负责。
イー チィエ ホウ グゥオ イオウ ニー フゥー ヅゥ

※后果（後の結果）
※负责（責任を負う；責任を持つ）

どうするつもり？

Nǐ shuō zěn me bàn ba.
你说怎么办吧。
ニー シゥオ ヅェンマ バン バ

※办（する；やる；処理する；取り扱う）

もう知らないよ、勝手にして。

Wǒ bù guǎn le, nǐ kān zhe bàn ba.
我不管了，你看着办吧。
ウオ ブー グゥアンラ ニー カン ヂャ バン バ

※管（管理する；担当する）

冗談じゃない。ふざけないで。

Kāi shén me wán xiào.
开什么玩笑。
カイ シェンマ ウアンシィアオ

※开玩笑（冗談を言う）

私は本気ですよ。

Wǒ kě shì rèn zhēn de.
我可是认真的。
ウオ カー シー レン ヂェンダ

※认真（真面目である）

冗談ではないよ、本気だよ。

Méi gén nǐ kāi wán xiào.
没跟你开玩笑。
メイ ゲン ニー カイ ウアンシィアオ

うるさい、
大声を出すのをやめなさい。

Tài chǎo le, qǐng bú yào dà shēng xuān huá.
太吵了，请不要大声喧哗。
タイ チャオラ チンブー ヤオ ダー ション シュアン ホゥア

※吵（うるさい）
※喧哗（がやがやとやかましい；騒がしい）

文句・クレーム

□ ショッピングの環境は最低です。

Gòu wù huán jìng tài zāo gāo le.
购物环境太糟糕了。
ゴウ ウー ホゥアン ヂィン タイ ヅァオ ガオ ラ

※糟糕(最悪の；最低の)

□ ここの環境は悪すぎる。

Zhèr de huán jìng tài chà le.
这儿的环境太差了。
ヂァール ダ ホゥアン ヂィン タイ チァー ラ

※差(劣る；まずい；悪い；規格に合わない)

Huán jìng shì zài bù hǎo.
环境实在不好。
ホゥアン ヂィン シー ヅァイ ブー ハオ

※实在(本当に)

□ 衛生面が非常に悪い。

Wèi shēng tiáo jiàn tài chà le.
卫生条件太差了。
ウエイ ション ティアオ ヂィエン タイ チァー ラ

Wèi shēng tiáo jiàn tài bù hǎo le.
卫生条件太不好了。
ウエイ ション ティアオ ヂィエン タイ ブー ハオ ラ

□ サービスが悪い。

Fù wù tài dù bù hǎo.
服务态度不好。
フゥー ウー タイ ドゥー ブー ハオ

※服务态度(サービスの態度)

Fù wù tài dù bù zěn me yàng.
服务态度不怎么样。
フゥー ウー タイ ドゥー ブー ヅェンマ ヤン

□ 交通がとても不便です。

Jiāo tōng tài bù fāng biàn le.
交通太不方便了。
ヂィアオ トゥン タイ ブー ファン ビィエン ラ

※方便(便利である)

Jiāo tōng bù hǎo zǒu.
交通不好走。
ヂィアオ トゥン ブー ハオ ヅォウ

第12章 感情表現編

- [ ] ちっとも良くない。

Yì diǎnr dōu bù hǎo.
一点儿都不好。
イー ディエル ドウ ブー ハオ

- [ ] ちっとも好きじゃない。

Yì diǎnr dōu bù xǐ huan.
一点儿都不喜欢。
イー ディエル ドウ ブー シー ホゥアン

- [ ] だまされた。

Shàng dàng le.
上当了。
シァン ダン ラ

※上当（わなにはまる；だまされる）

- [ ] 紹介されたものと全然違います。

Hé jiè shào de yì diǎnr dōu bù yí yàng.
和介绍的一点儿都不一样。
ハー ヂィエ シァオ ダ イー ディエル ドウ ブー イー ヤン

- [ ] 値段と全然釣り合わないです。

Yì diǎnr dōu bù zhí.
一点儿都不值。
イー ディエル ドウ ブー ヂー

※值（値する；値打ちがある）

- [ ] 選び間違えました。

Xuǎn cuò le.
选错了。
シュエン ツゥオ ラ

疲れた　　　　　　　　　　　　　　　Disc 2　78

- [ ] 少し疲れました。

Yǒu diǎnr lèi le.
有点儿累了。
イオウ ディエル レイ ラ

- [ ] くたくたです。

Lèi sǐ le.
累死了。
レイ スー ラ

Shí zài tài lèi le.
实在太累了。
シー ヅァイ タイ レイ -ラ

日本語逆引き索引

あ

相変わらずお元気ですね。 27
相変わらずです。 27
あいにく明日の2時は
ほかの商談と重なりますので、
4時ではいかがでしょうか? 206
あいにく明日は出張なので、
来週に変更させていただけませんか? 206
あいにく明日は
ちょっと都合がつかないです。 206
あいにく明日は用がありますので、
明後日はいかがですか? 206
あいにく5日はちょっと都合が
悪いのですが、6日なら大丈夫です。 206
あいにく急用で
出かけなければなりませんので、
ひとまず切らせていただきます。 218
あいにくですが、
今週はちょっと忙しいです。 212
赤ワインをください。 129
明後日[来週の火曜日]です。 179
朝早くに申し訳ないです。 194
明日朝7時に
モーニングコールをお願いします。 142
明日の朝9時5分の便を
確かにご予約されています。 158
明日の午後には仕上げられます。 143
明日の午後の取締役会議に
出席するようお願いします。 247
明日の午前の北京から上海までの
便を確かにご予約されています。 158
明日の午前はお客さんのところへ
直行しますので、出社は午後になります。 244
明日のCA925便です。 156
明日の清明節は、父母の墓参りをします。 35

明日の日程をご確認ください。 243
明日の日帰りコースをキャンセルします。
よろしくお願いします。 172
明日の分の割引切符はありますか? 148
明日は風が強いです。 71
明日は彼女とデートです。 68
明日、また来る必要がありますか? 294
脚[手/腰]を怪我しました。 289
味はいかがでしょうか? 84
味は悪くありません。 84
足を捻挫したので、
足首がとても痛いです。 289
明日1日[半日]借り切りたいのですが。 162
預け入れ荷物はいくつですか? 122
明日ご自宅に必ず配達いたします。 117
焦らずにゆっくり休んでください。 295
焦らないでください。 315
焦らないでください。
きっと解決の方法があります。 315
遊びに来てください。大歓迎ですよ。 30
温かいうちに食べましょう。 53
アップルジュースをください。 128
あと1年で卒業です。 40
後はよろしくお願いします。 245
あなたたちに会うと、20年前、
一緒に勉強した時のことを思い出します。 96
あなたね。最近はどうですか? 190
あなたの意見に賛成です。 262
あなたの意見を支持します。 262
あなたの十八番は何ですか? 95
あなたの長所を述べてください。 258
あなたの番ですよ。 95
あなたの免許証番号は京F3342ですね。 164
あなたは歌が
とても上手だと聞きましたが。 94
あなたは何料理が好きですか? 87
あなたは何を飲みますか? 91

あなたは何人家族ですか？	42
あなたは何番目ですか？	43
あなたは華達会社の運転手ですね？	164
あの男は新しい相手ができました。	275
あの人はいかがでしたか？	271
あの夫婦はとても仲がいいです。	282
油を少なめにしてください。	81
アポをとっていないのですが、海外部の人に会わせてもらえませんか？	221
アポを取っています。今日の10時です。	220
アポを取りましたか？	220
天津までの新幹線は何時間に1本ありますか？	147
あまり悲しまないでください。お身体に気をつけてください。	315
あまり悲しまないでください、お大事に。	316
あまりぴったりだと困ります。	110
改めてお礼を申し上げます。	264
ありがとう、元気です。	28
ありがとうございました、今後ともご連絡をよろしくお願いします。	215
ありがとうございます。	20, 306
ありがとう。これを下げてください。	54
あります。赤ワインも白ワインもあります。	79
あります。毎日早朝の6時にホテルから出発します。	174
アレルギー性鼻炎にかかっています。	290

い

いいえ、結構です。	98
いいえ、これで結構です。	78
いいえ、これは手荷物です。	122
いいえ、追加料金はありません。	75
いい上司がいて本当に羨ましいです。	310
いいのがあったら買いたいです。	103
いい人を探してあげますよ。	271
家から会社まで遠いですか？	39

家は市内です。	38
いかがお過ごしですか？	26
息が苦しいです。	288
行きましょう。	60
行きます、乗ってください。	155
いくらですか？	137
遺失物の届けをお願いしたいのですが…	177
医者を呼んでいただけませんか？	286
医者を呼んでもらえますか？	286
いずれにしても、お誘いありがとうございます。	265
急ぎの件ですが。	214
痛いです。もう少しゆっくりやってください。	302
痛み止めの薬はありますか？	297
1時間後にお電話して大丈夫でしょうか？	199
1時間テレビを見ました。	70
1日借り切るといくらになりますか？	162
1日に1回だけです。	187
1日に何回上映しますか？	185
1日に4回上映します。	187
1日の費用はどのくらいですか？	175
1日も早いご回復をお祈りします。	24
一番遅い時間［早い時間］の上映は何時ですか？	185
一番遅い［早い］時間の切符を2枚ください。	185
一番早い時間帯の切符をお願いします。	148
1番早いのは10時、遅いのは6時です。	187
一番早い道でお願いします。	161
1枚いくらですか？	186
1枚125元で、全部で250元です。	188
いつお帰りになるのでしょうか？	198
1階［2階］の座席をお願いします。	186
1階のチケットはもうないです、あるのは2階だけです。	187
1回の両替額はいくらまでですか？	181

一括で払います。	183
いつから出社できますか？	261
いつからですか？	288
いつキャンディを食べさせてくれるのですか？	281
1曲どうぞ。	95
いつ頃お電話をさしあげればよろしいでしょうか？	199
いつごろ卒業しましたか？	39
いつごろ卒業しますか？	40
いつごろ出来上がりますか？	111
いつごろ配達していただけますか？	117
1週間後に控えを持ってお越しください。	112
1週間前です。	132
1週間のお試し期間もございます。	231
一緒に映画を見に行きませんか？	273
一緒にカラオケに行きませんか？	94
一緒に公園に行きませんか？	273
いつ退院できますか？	296
一体どうしたいのですか？	317
いつ中国を離れますか？	179
いつでもよろしいですよ。	212
いつなくなったと気づきましたか？	178
いつまでもお元気でいてください。	309
いつものところで待っています。	274
今、お時間のほうは大丈夫ですか？	192
今お出しになりますか？	143
今おっしゃったのは、「明日の日程を取り消したい」ということでよろしいですか？	209
今、お話をしても大丈夫ですか？	192
今、彼女はお風呂なので、もう少ししてからかけ直してもらえますか？	197
今、ご都合は大丈夫ですか？	192
今、付き合っている人がいます。	268
今付き合っている人がいますか？	45
今どこにいますか？(勤務先を聞く)	27
今何をしているのですか？(仕事を聞く)	27
今、何時ですか？	68
今の議題についてちょっと意見を言いたいのですが。	251
今は会議中です。後ほど折り返し電話します。	193
今はちょっと忙しいです。	213
今はちょっと忙しいので、30分後にもう一度お願いします。	194
今は手が空いていません。5分後にもう一度かけ直してください。	193
今話し中なので、しばらくしてからもう一度お願いします。	198
いらっしゃる前に私に電話してください。ロビーまで出迎えに行きます。	212
入口のサービスカウンターです。	89
医療費の支払いは1階の1番の窓口です。	293
医療費の領収書は英文でお願いします。	294
医療費はどこで支払うのですか？	293
いろいろと勉強させてください。	312

う

上は男の子、下は女の子です。	64
後ろの建物を入れて撮ってください。	173
打ち合わせの時間を変更させていただいてもよろしいでしょうか？	207
うちは子供はまだです。	46
雨天でも行きますか？	171
羨ましいです。	309
うるさい、大声を出すのをやめなさい。	318
うんざりです。	317

え

営業は得意です。	258
営業部3課の高橋と申します。	223
英語以外に、日本語も少しできます。	258
英語がかなりできます。	258

英語版の地図はありますか？	166
衛生面が非常に悪い。	319
AG社で広告を担当しております。	224
ええ、その通りです。	263
液体のものをお持ちでしょうか？	123
SP型は、現在在庫がありますか？	235
SP型は現在2000個だけ在庫があります。	235
SP型は生産中止になりました。	236
干支は何ですか？	37
N社との商談用の資料はどこにありますか？	241
選び間違えました。	320
エレベーターはフロントの左側にあります。	138

お

お会いするのは2年ぶりでしょうか？	26
お会いできて、光栄です。	26
お会いできて、私も光栄です。	26
お集まりの皆さん、これより会議を開始いたします。	248
美味しいなら、また作るわよ。	53
お医者さんによれば、来週、退院できるそうです。	296
お忙しいでしょうか？ちょっと相談したいことがあるのですが。	192
お忙しいところ、申し訳ないです。	194
お急ぎでしたら、特別便で送ります。	236
お伺いしますが、頤和園にはどうやって行きますか？	167
お伺いしますが、日本語の音声ガイドはありますか？	172
お伺いしますが、日本語のガイドはいますか？	172
王が帰りましたら、お伝えします。失礼します。	217
王さん、これについてどう思いますか？	249
王さん、自己紹介を兼ねて一言お願いいたします。	249
王さんにおつなぎいたします。少々お待ちください。	196
王さんはいつお帰りですか？	200
王さんはいつ会社にいらっしゃいますか？	200
王さんは会議に参加するために今回わざわざ上海から来てくださいました。	248
王は食事に出かけました。携帯にかけてみてください。	197
王は部長と話し中です。ご伝言をどうぞ。	198
オーダーメイドのチャイナドレスを取りに来ました。	112
お帰りですか？	31
お陰様ですっかりくつろぎました。	264
お陰様でまた提携することになりました。	265
おかけになった電話番号は何番でしょうか？	203
おかけ間違いですね。こちらの番号は3498-3865ですが。	203
おかしいです。	317
お金も時間も両方あって、本当に羨ましいです。	310
お体に気をつけてください。	34
お体を大事にしてください。	24
起きたの。	48
起きなさい。	49
お決まりになりましたら、ご連絡ください。	208
お客様の座席はすでに確保されています。	158
お客様は9号がよろしいかと思います。	106
お気をつけてください。	33
お口に合いますか？	85
お悔やみ申し上げます。	315
贈り物までいただいて、ありがとうございます。	62
遅れる場合には、どうやって連絡すればいいですか？	172

お元気ですか?	28
お子さんの誕生、おめでとうございます。	308
お子さんはいますか?	45
お子さんは何歳ですか?	65
お子さんは何人いますか?	64
お越しいただき、ありがとうございます。	307
怒っています。	316
お先に失礼します。	246
お砂糖とミルクは必要ですか?	129
お仕事が順調でありますように。	311
お仕事、がんばってください。	23
お仕事ですか?	30
お仕事は順調ですか?	27
お仕事、本当に羨ましいです。	309
お支払い方法は現金ですか、それともクレジットカードですか?	139
お邪魔しました。	64
お邪魔しました。失礼します。	217
お世話になりました。ありがとうございます。	174
遅いよ!	31
遅くなりました、すみません。	32
お大事に。	24
お互いに相手のことが気に入らなくて。	269
お宅はどこですか?	38
お尋ねします。	22
お誕生日、おめでとうございます。	308
落ち込まないでください。	276
落ち込んでいます。	314
落ち着いてください。すぐに調べてみます。	134
お茶をどうぞ。	63
お疲れ様です。	22
おっしゃる通りです。	262
おつまみは何にしましょうか?	92
おつりは要りません。	162
お出かけですか?	30
お手数ですが、写真を撮っていただけませんか?	173
お手元にある資料をご確認ください。	249
お電話をありがとうございました。失礼します。	215
お電話をお待ちしておりますとお伝えください。	201
男の子ですか、それとも女の子ですか?	45
大人2枚、子供1枚ください。	185
お腹が下って、丸1日になります。	287
お名前はどのように書きますか。	211
お名前は何と言いますか?	36
お名前は何とおっしゃいますか?	36
お名前を聞き取れなかったので、もう一度お願いします。	210
お名前を存じあげています。	26
お荷物の特徴は何ですか?	134
お荷物はしっかりと置いてください。	126
お荷物は棚の中に入れてください。	126
お荷物は何色ですか?	134
お姉ちゃん、いくつなの?	37
お恥ずかしいです。	312
おはようございます。	32, 48
お久しぶりです。	26
お引っ越し、おめでとうございます。	308
お1人様500元でお願いします。	75
お1人ですか?	132
お2人の馴れ初めは?	272
お2人はなかなかお似合いと思いますよ。	271
お待たせして申し訳ありませんでした。	31
お待たせしました。	22
お待たせしました、田中です。	196
お待たせしましたね?	31
お待ちください。おつなぎいたします。	196

お見舞いに来ていただいて、ありがとうございます。	296
おめでとうございます	281
お目にかかりたいのですが、ご都合はいかがですか？	205
お別れするのは寂しいです。	314
終わりそうもないので、残業することになるでしょう。	256
御社の経営内容に大変興味を持っているからです。	258
御社のご協力に感謝しております。	266
御社のご住所と電話番号をお願いいたします。	234
御社の仕事の内容が好きだからです。	257
御社の社名を聞き取れなかったので、もう一度お願いします。	210

か

会議室の予約をとっておいてください。	247
会議の時間が聞き取れなかったので、もう一度お願いします。	211
会議の出席者への連絡を担当しています。	247
会議の進行役は田中さんです。	247
会議は5階の507号室で行います。	246
会議は2時から4時までを予定しています。	246
会議は2時間の予定です。	246
外国人向けの病院へ連れていってください。	286
外国人割引チケットはありますか？	186
外国人割引はありません。	188
会社からのお帰りですか？	31
会社名とお名前をお願いいたします。	234
回線がよくないようなので、もう一度かけ直します。	210
買い物ですか？	30
顔を洗いなさい。	50
価格についてはこれでよろしいですね。	255
価格についてはまた別の機会に協議しましょう。	255
カギをきちんとかけてください。	61
学生割引チケットはありますか？	186
学生割引はあります。	188
確認のため、ご注文の商品と数量を繰り返します。	237
隠れんぼをして遊びます。	67
かけ間違いですよ。	203
かけ間違ったようですね。	203
かしこまりました。何名様でしょうか？	74
カシミヤ素材のものはありますか？	104
風邪です。ただし、インフルエンザではありません。	292
片づけるのを手伝いましょうか？	54
カタログをお送りいたします。	233
課長の判子をもらってから回覧に回してください。	245
悲しい気持ちです。	314
悲しまないでください。	276
必ず幸せにします。	278
必ず締め切りを守ってください。	262
必ずそうしましょう。	211
彼女のご自宅に電話を差し上げてもよろしいでしょうか？	214
彼女は愛人です。	284
彼女は浮気をしています。	284
彼女は失恋して、とても落ち込んでいます。	275
彼女は妻のいる男性を好きになりました。	284
鞄は何色ですか？	178
鞄をホテルに[タクシーの中に]忘れてしまいました。	177
かまいません。	21
かまいません、いま来たばかりです。	31
髪を梳かします。	50
カメラをなくしてしまいました。	177

火曜日の午前でいかがでしょうか？	207
彼は浮気性です。	284
彼は浮気をしています。	284
彼は夫のいる女性を好きになりました。	284
彼は彼女を捨てました。	275
彼は下品です。	277
彼は下ネタが好きです。	277
彼はストーカーです。	277
彼は食べることにこだわりがあります。	87
彼はとても食欲があります。	87
彼は離婚調停中です。	283
彼は労務管理を専門にしています。	253
彼は私のことを本当に大事にしてくれるのです。	282
変わっていませんね。	27
観光地図はありますか？	166
観光です。	131
環状3号線を行ってください。	161
勘定は別々にしてください。	89
がんばってください。	23
漢方薬[西洋薬]をお願いします。	291
漢方薬と西洋薬、どちらにしますか？	291
還暦、おめでとうございます。	309

き

効き目はほぼ同じで、メーカーが違うだけです。	297
機嫌が良くないです。	316
生地と加工代を合わせて750元です。	111
貴社のますますのご盛栄をお慶び申し上げます。	266
技術部の張局長にお会いしたいのですが。	220
きちんと布団を掛けてね。	51
切符売り場はどこにありますか？	185
切符売り場は左側[右側]にあります。	187
切符[映画のチケット/京劇のチケット/雑技のチケット]を2枚ください。	185
切符が見つかりません。	177
切符は1枚いくらですか？	148
切符はどこで買えますか？	185
機内で免税品を売っていますか？	127
機内持ち込み禁止のものはありますか？	124
気になるところがありましたら、無料でお直しできます。	112
昨日からです。	289
昨日転んでしまったので、動くとここが痛いです。	290
キャンセルは、どれくらい前にすればいいですか？	172
急用があるので、ちょっと急いでください。	161
急用ですが、おつなぎいただけないでしょうか？	200
急用ではありませんので、時間があったら電話くださるようお伝えください。	201
今日から課長を務めることになり、皆さんと一緒に仕事をすることになります。	226
今日ご紹介したいのは、こちらの製品です。	230
今日中に終わりますか？	256
兄弟はいますか？	43
兄弟は何人ですか？	43
郷土料理はありますか？	77
今日のおかずはおいしいです。	52
今日のおかずは全部好きです。	53
今日の会議の資料は用意できましたか？	241
今日の午後の、北京から天津までの新幹線の切符はありますか？	146
今日の午前中に計画書を提出してください。	245
今日の午前中にこれを終わらせてください。	245
今日のサービス品は何ですか？	77

今日の10時に張局長を訪問する アポを取っております。	221
今日の天気はどうですか？	71
今日のレートを教えてください。	180
今日は暑くもなく、寒くもなく、 ちょうどいいです。	71
今日はあなたの手料理を 食べさせていただきます。	63
今日は1割引きの セールをやっています。	125
今日は一緒に買い物に行きませんか？	59
今日はSP型携帯の価格について 協議いたします。	254
今日はおかずが多いですね。	52
今日はお休みですか？	31
今日は会社の急用で行けなくなりました。 申し訳ございません。	213
今日は金曜日です。	68
今日はここまでにしましょう。 会議を終了いたします。	252
今日は3月10日です。	68
今日は渋滞はなかったです。	32
今日は新製品の見本を持ってきました。	222
今日はすごくいい天気です。	71
今日はセールをやっているので、 人が多いですね。	56
今日は掃除をしなくちゃ。	58
今日は定時で上がらせてください。	244
今日は天気がいいから、 布団を干しましょう。	55
今日はどうしましょうか？	59
今日はどこかに遊びに行きましょうか？	59
今日は何月何日ですか？	68
今日は何曜日ですか？	68
今日は品質管理を中心に 議論してもらいたいのですが。	249
今日は2つお買いあげいただきますと、 1つサービスいたします。	125
今日は豚肉が安いので、 買って帰りましょう。	57
今日はぶらぶらしましょうか？	59
今日は弊社について ご紹介したいと思います。	222
今日は部屋をきれいに掃除しなさい。	58
今日はよく晴れています。	71
今日は私のおごりですよ。	89
今日、B社の李さんが見えますので、 準備をお願いします。	244
業務部の李さんですか？　こんにちは！	196
気を落とさないでください。	315
金額を確認してください。	183
銀行で働いています。	46
緊張しないでください。 どうぞゆっくり話してください。	316

く

空室はありますか？	137
9月11日の航空券です。	155
9月18日の西安行きのフライトです。	155
9時5分の出発です。	156
薬は1階の3番の窓口で もらってください。	294
くたくたです。	320
ぐっすり寝ちゃった。	49
グッチの専門店はありますか？	102
クラブ[手袋／靴]の 貸し出しはありますか？	175
来るまで待っています。きっとですよ。	274
車の番号は京B6784です。	164
クレジットカードで支払います。	139, 183
黒です。	178
黒のトランクと 焦げ茶のボストンバッグです。	134

け

携帯電話を持っていますか？ 番号は何番ですか？	179

今朝はおかゆ、昼は北京ダックを食べました。	289
化粧品をお持ちでしょうか？	123
血圧が高くて心臓も良くないです。	290
血圧を測ってみましょう。	293
結構ですが、不足分の100元を追加料金でいただきます。	116
結構です。パスポートをお返しします。	133
結構ですよ。	211
結構です。用意はできております。	263
結構ですよ、問題ありません。	211
結婚のため休暇を取りたいのですが。	257
結婚はまだ考えていません。	279
欠席させていただきます。誠に申し訳ありません。	213
下痢止めはどれですか？	297
研究開発の部署を希望しております。	259
現金で支払います。	139, 183
現在、薬などは飲んでいません。	290
現在、血圧を下げる薬を飲んでいます。	290
現在、特に何の薬も飲んでいません。	290

こ

ご安心ください。問題ないです。	25
ご一緒したいのですが、仕事がまだありまして。	265
航空券[列車の切符／船の切符]を1枚ください。	146
交際が始まったばかりです。	269
広州行きのフライトです。	156
杭州行きの列車は5番ホームで乗車するのですか？	152
抗生物質は飲めない体質です。	290
抗生物質を処方します。なるべく水をたくさん飲んでください。	291
高速道路を使ってください。	161
高速を使えば40分くらいです。	136
紅茶とチョコレートケーキをください。	99
交通がとても不便です。	319
合否の通知をお待ちください。	261
ご遠慮しないでください。	315
コートを見たいのですが。	103
コーヒーのお代わりをください。	129
コーヒーをください。	129
コーヒーをどうぞ。	63
コーヒーを2杯、301号室に持ってきてください。	144
コーラの中をください。	99
氷を入れますか？	92
ゴールデンウイークを楽しんでね。	35
ご学業が成功しますように。	311
ご家族の幸せをお祈りいたします。	311
故宮・天壇の日帰りコースはありますか？	170
故宮博物館まであと3駅です。	155
ご協力いただき、ありがとうございます。	307
ご協力をありがとうございます。	256
ご協力をよろしくお願いします。	254
国外[国内]発行のカードは使えますか？	183
ご苦労さま。	23
ご結婚なさったそうですね？	30
ご結婚なさっているのですか？	45
ご見学にお越しいただき、ありがとうございます。	307
ご健康でありますように。	311
ご健康をお祈りします。	24
ここ以外に、ほかにはありますか？	176
ここから遠くない[それほど遠くない]です。	153
ここからとても遠い[近い]です。	153
ここで302番のバスに乗って頤和園で降りてください。	169
ここで10分間の休憩を取りましょう。	251
ここで食べます。	100

日本語	ページ
ここでちょっと待っていただけませんか？	162
ここでちょっと待ってください。	161
ここで召し上がりますか？それともお持ち帰りですか？	100
ここにお名前、なくした時間と場所、連絡先をご記入ください。	178
ここにサインしてください。	181
午後2時の会議は3時に変更になりました。	242
ここに力を入れてください。	302
ここの海鮮料理は絶品です。	85
ここの環境は悪すぎる。	319
ここの料理が気に入ったので、また来ましょう。	87
ここの料理は味はいまいちだけど、安いです。	86
ここの料理は美味しいけれど、ちょっと高いです。	86
ここの料理は経済的です。	86
ここの料理は経済的ではありません。	86
ここの料理は見た目はいいけれど、美味しくないですね。	86
ここの料理は安くて美味しいです。	86
ここはぼったくりですね。	86
ここへ行ってください。	160
ここよりまっすぐ行って、2番目の信号で右に曲がってください。	169
ここを押せば大丈夫です、ありがとう。	173
5時15分までに52番ゲートの搭乗口までいらしてください。	123
個室と普通席、どちらがご希望でしょうか？	74
個室は別料金がかかりますか？	74
個室をお願いします。	75
ご住所と電話番号をご記入ください。	117
52番ゲートからご搭乗ください。	123
ご出身はどちらですか？	38
ご紹介させていただきます	25
ご紹介します。こちらは販売部の部長です。	253
ご招待いただき、ありがとうございます。	307
腰を捻ってしまったので、動くと痛いです。	289
ご成功をお祈りします。	34
小銭がありますか？	137
ご注文はお決まりでしょうか？	77
ご注文は2階の販売部で承ります。	234
ご注文をいただき、ありがとうございました。	237
ご注文をどうぞ。	98
こちらから御社にお伺いしたいのですが、よろしいでしょうか？	205
こちらこそ、どうぞよろしくお願いします。	26
こちらにはそのような者はおりません。	203
こちらにはそのような者はおりませんが。	203
こちらは一番の売れ筋製品です。	232
こちらは技術畑の者です。	253
こちらは処方せんです。	298
こちらは生産部門の者です。	253
こちらは全部ディオールの口紅です。	125
こちらは田中さんです。	25
こちらは品質管理の専門家です。	253
こちらは見本と見積もりです。	223
こちらは私の同僚で、営業課長です。	253
ご都合の良い時で結構ですよ。	212
ご都合の良いときにお目にかかりたいのですが。	205
骨折の疑いがありますので、レントゲンを撮りましょう。	293
ご到着をお待ちしております。	212
今年おいくつになりますか？	37
今年でいくつですか？	37
今年でおいくつですか？	36
子供の面倒を見ます。	67

子供をあやします。	67
子供をおんぶします。	67
子供を抱っこします。	66
子供を連れて外に遊びに行きます。	67
来なくても結構です。 3日分の薬を出してありますので。	294
この案は全員一致で可決されました。	251
このイヤホンは使えません。 取り替えてもらえませんか?	128
このお酒はちょっと強いですね。	91
このカードは使えますか?	183
この価格なら納得できます。	255
この価格は 合理的ではないと思いますが。	254
この価格は少し安い[高い]のでは ないかと思います。	255
この薬の製薬会社はどこですか?	298
この薬は1日3回飲みます。	298
この薬は1回1錠を飲んでください。	298
この薬は必ず食後に飲んでください。	298
この薬は血圧に影響がありますか?	300
この薬は、成人は1回に2錠、 子供はその半分飲んでください。	299
この薬はどう飲みますか?	298
この薬は熱のある[痛む]ときに 飲んでください。	299
この薬は飲んだ後に、眠くなりますか?	299
この薬は副作用がありますか?	299
この薬は4時間おきに飲んでください。	299
この化粧品は 機内に持ち込むことはできません。	124
この項目は何の費用ですか?	184
この子は言うことを聞かないですね。	66
この子はいたずらっ子ですね。	66
この子はおとなしいですね。	65
この子はしっかりしています。	66
この子は少し人見知りします。	65

この子はとても愛嬌があります。	65
この子は本当に可愛いですね。	65
このサイズは何号ですか?	105
この先にあります。	152
この先にありますよ。	152
この先にはありません。	152
この先の交差点で曲がりますか?	167
この条件では契約はできません。	254
この資料は3部ずつコピーしてください。	240
この資料は 持ち出し禁止です[持ち帰り禁止]。	241
この資料を処分してください。	240
この資料を日本語に翻訳してください。	240
この資料をファクスで B社に送ってください。	240
この資料を部長[会議室]に 届けてください。	240
このスーパーがすごく安いんですよ。	56
この製品には きっとご満足いただけると思います。	231
この製品には すばらしい特徴がたくさんあります。	232
この製品は小型、軽量で持ち運びに 便利という特徴を持っています。	232
この製品は他社の類似製品より お安くなっています。	233
この製品は弊社の中でも 特に環境に配慮した製品です。	232
この度はお招きに預かり、 ありがとうございます。	264
このたびはご迷惑を おかけいたしました。	239
この近くにはありません。	152
この地図に 印を付けていただけませんか?	168
この提案に賛成[賛成/反対]の方は 手を挙げてください。	251
このデザインのセーターは 他にどんな色がありますか?	106

このトラベラーズチェックを現金にしてください。	141
この2種類の薬はどう違いますか？	297
この病院は保険が使えますか？	294
この方向ですか？	167
このホテルに日本語を話せるスタッフはいますか？	142
このまままっすぐ歩けば着きます。	168
このまままっすぐ行って大丈夫ですか？	167
この店のお勧めは何ですか？	76
この店の得意料理を勧めてくれませんか？	77
この道ではないです。	163
この道はメディアセンター行きの道ではないです。	163
この問題は片づいたと思いますので、次の議題に行きましょうか？	252
この洋服は洗濯するたびにアイロンをかけないと。面倒ですね。	56
この洋服はとてもおしゃれですね。	108
この洋服は私にはちょっと老けているかしら？	109
この洋服は私にはちょっと若いかしら？	109
この料理はどうですか？	53
この料理をもう1つ追加してください。	82
ご飯ができましたよ。	52
ご飯ですよ。	52
ご飯は最後にしてください。	81
ご飯はでき上がりましたか？	51
ご飯を食べていってください。	63
5分ほどかかります。	100
湖北会館に行ってください。（ホテルには）戻りません。	160
ご迷惑をおかけしました。	21
ごめんなさい、渋滞に遭っちゃって。	32
ごめんなさい。ちょっと駄目ですね。	272
ご来店をお待ちしております。さようなら。	76
ご利用ありがとうございました。	158

ご両親と一緒に住んでいるのですか？	44
ご両親によろしくお伝えください。	34
ご両親はお元気でしょうか？	28
ゴルフ場行きの専用バスはありますか？	174
ゴルフ場はここから遠いですか？	175
これから出かけますので、手短にお願いします。	193
これから弊社の製品についてご説明いたします。	232
これが私のパスポートと航空券です。	121
これでいかがでしょうか？	111
これと交換したいです。	116
これとこれ、それからこれをください。	77
これとこれ、それからこれを持ち帰ります。	88
これについては販売部に聞いてください。	244
これはあなたの荷物ですか？	135
これはいくらですか？	106
これは一番大きいサイズです。	106
これはウールです。	104
これはH社の最新の見積もりです。	242
これはお客様の控えです。どうぞお持ちください。	111
これは教えてもらったものなの、どう？	53
これは快速なので停まりません。	154
これは漢方薬ですか、それとも西洋薬ですか？	298
これは機密資料です、厳重に保管してください。	241
これは国際的な慣例です。	262
これはコットンです。	104
これは今年の新作です。とても人気がありますよ。	125
これは宿泊カードです。ご記入をお願いいたします。	138
これは出張精算書ですが、サインをお願いします。	243

見出し	ページ
これはシュレッダーにかけてから処分してください。	242
これは商品のリストです。課長、どうぞお目を通してください。	243
これはシルクです。	104
これは繊細ですね。	107
これはダサいですね。	108
これはチャイナドレスの生地です。ごらんください。	110
これは注文していません。	184
これは張部長からあなたへと言われたものです。どうぞお納めください。	222
これはちょっと高いです。	108
これはちょっとやぼったいですね。	107
これは何の素材でしょうか?	104
これは荷物の控えです。	122
これは弊社の主力製品P型モデルです。	231
これは弊社の新製品のサンプルです。どうぞごらんになってください。	231
これは弊社の中国向け輸出製品です。	232
これは弊社の中でも特に優れた商品です。	232
これは弊社を紹介するパンフレットです。	222
これは部屋のカギです。どうぞ。	138
これはホテルに戻る道ではないです。	163
これは本社からのお知らせです。貼り出してください。	242
これはもう飽きちゃったよ。	52
これはもう不要なので、処分してください。	241
これはレシートです。どうぞ。	140
これはY社からの請求書です。	243
これは私にはちょっと大きいです。少し細身のものはありますか?	105
これは私にはちょっと小さいですね。	108
これは私にぴったりです。これにします。	108
これは私のサインではありません。	184
これは私の名刺です。どうぞ。	222
これは悪くありませんね。	107
これも預けるのですか?	122
これもお持ち帰りですか?	88
これより少し薄い色はありますか?	106
これより第2の議題に入ります。	251
これを交換したいのですが。	115
これを試着してもいいですか?	108
これをどう思いますか?	109
これを配達していただけますか?	117
これをやっておいてください。	245
怖い夢を見た。	49
今回のわれわれの提携は大成功でした。	266
今回は入札の状況確認のためにまいりました。	223
今月中にご契約いただけると助かります。	255
今月は残業の申請をしていないです。	256
今後ともよろしくお願いいたします。	256
今後皆さんと一緒に仕事をすることになります、よろしくお願いいたします。	225
こんな時間に電話をかけないでください。	204
こんなところであなたに会うとは思いませんでした。	29
こんなの、ありえないよ。	317
こんにちは。	20
こんにちは、いらっしゃいませ。	102
こんにちは。写真を撮っていただけませんか?ありがとう。	173
こんにちは、田中です。	196
今晩、空いていますか?	273
今晩、お時間がありますか?	273
今晩J社の部長と食事会があります。	242
今晩、用事がありますか?	273

さ

さあ、お入りください。	61
サービスカウンターにご連絡ください。	144
サービスが悪い。	319
最近の天気予報は当たりませんよ。	72
最終便は何時ですか?	147
最初に皆さんにゲストの王さんをご紹介いたします。	248
サイズを測らせていただきます。	110
最大の長所は仕事に対して真面目なことです。	259
済南行きの列車はどこで乗車するのですか?	151
財布[パスポート]がなくなりました。	177
採用していただければ、一生懸命がんばります。	261
先にお支払いをお願いできますか?	111
先に寝てください。	50
先に寝ます。	50
さしつかえなければ、彼女の携帯の番号を教えていただけますか?	214
座席を元の位置にお戻しください。	126
さっき店で使ったばかりです。	177
佐藤さん、まだ発言していませんね。	250
さようなら。	22, 33
3元と5元の地図があります、どちらにしますか?	166
3元の地図をください。	167
「賛成しない」ということですか?	209
3000個お願いします。SP型です。	235
3000個ですね。少々お待ちください。在庫の状況を調べます。	236
サンドイッチとホットミルクをください。	99
残念ですが、今回は不採用となりました。	261
3泊しかしていません。4泊ではありません。	184

し

G社からの手紙[メール/電話記録]をもう一度ご確認願いします。	243
シートベルトをお締めください。	126
シェフの得意料理は何ですか?	77
次回の会議の日程については追ってご連絡いたします。	253
次回の会議はいつ頃がよろしいでしょうか?	252
4月1日付で営業部に着任いたしました。	224
4月から営業部の部長を務めることになりました。	225
時間があったら、ご連絡ください。	34
時間がありません。	70
時間が経つのは本当に早いですね。	97
時間が足りません。	70
時間通りの出発ですか?	123
時間と場所をもう一度お願いします。	211
時間のあるときにまた来ます。	296
時間はたくさんあります。	70
至急、足りない分をそちらにお送りします。	239
試験に不合格で、落ち込んでいます。	314
仕事が変わったそうですが。	29
仕事です。	132
仕事の後で一杯飲みに行きませんか。	264
仕事の進捗状況はどうですか?	261
資生堂の化粧品売り場はどこですか?	102
事前に予約する必要はありますか?	301
支度ができましたか?	59
自宅に帰ったのと同じようにおくつろぎください。	63
試着室はどこですか?	108
市内なら明日配達できます。	117
市内に住んでいます。	38
市内の交通案内図はありますか?	166

市内の交通案内図を1枚ください。	166
品物が到着してからお支払いをお願いします。	237
品物は1週間後に届きます。	236
品物はいつ届きますか？	236
支払い方法は着払いです。	237
自分のペースで飲みましょう。	93
締め切りに間に合いますか？	262
社交関係は得意です。	258
シャツにアイロンをかけます。	56
社内で一度相談してからお返事申し上げます。	263
上海支店よりまいりました。	224
上海行きのフライトです。	156
15番のバスに乗ってください。	169
15分後に戻ります。	162
就職、おめでとうございます。	308
渋滞でなければ50分ですかね。	136
渋滞なので、遠回りをしてください。	161
12時過ぎです。	69
宿泊するホテルのランクは？	171
出張です。	132
10%のサービス料をちょうだいします。	75
出発は午後の1時半で到着は現地時間の午後4時ですね？	157
趣味は何ですか？	41
春節は1週間休みを取れます。	257
準備ができたら出かけます。	60
紹介されたものと全然違います。	320
障害を乗り越えられればと思いますが。	263
試用期間中の給料はいくらですか？	260
試用期間中の給料は20%減です。	260
試用期間はありますか？	260
条件が高すぎるのではありませんか？	271
詳細資料のご請求は、私まで直接ご連絡をお願いします。	233
詳細の資料はこちらからお届けいたします。	233
少々お待ちください。	22
少々お待ちください。今、取ってまいります。	112
少々お待ちください。調べてきます。	105
冗談じゃない。ふざけないで。	318
冗談ではないよ、本気だよ。	318
承知しました。	25
焼酎はいかがでしょうか？	91
承徳でどのような観光地に行きますか？	170
承徳の1泊2日コースはありますか？	170
商売繁盛をお祈りいたします。	311
上半身だけでも大丈夫です。	174
商品開発の部署で開発の仕事をしていました。	260
商品名、型番と個数をお願いします。	235
商品名をお願いいたします。	234
職業は何ですか？	46
食事代、交通費、コース代は全部含まれていますか？	175
食事に招待したいのですが。	273
食事はお済みでしょうか？	129
食事を取ってはいけません。絶食の必要があります。	292
食堂車の近くの切符を2枚お願いします。	149
食欲がまったくありません。何も食べたくないのです。	288
ショッピングの環境は最低です。	319
書類は机の上に置いておきました。	246
申告するものはありますか？	133
寝台車の上段ベッドの切符を1枚ください。	149
寝台車の上段を1枚、下段を1枚ください。	149
新天地までお願いします。	160
新入社員の高橋と申します。	224
新年、明けましておめでとうございます。	35, 308

335

心配しないで。
きっといい人が見つかりますよ。..................276
心配しないで、きっと大丈夫です。................316
心配しないでください。................................316
人物は小さめでも大丈夫です。.......................173
新聞をご覧になる方、
いらっしゃいますか?.....................................127
人民元に替えてください。...............................180

す

ずいぶんお会いしていませんね。......................26
ずいぶん変わりましたね。.................................28
スーツを買いたいのですが。...........................103
スーパードライです。..79
スーパーは買い物客でいっぱいです。..............56
好きならたくさん食べてね。..............................53
好きなら、また作るわよ。..................................53
すぐそこです。..152
すぐにお持ちします。......................................129
すぐ寝ちゃった。...48
少し頭[お腹/喉]が痛いです。.........................287
少しありますが、それほど強くないです。.....300
少しお湯を足してください。.............................83
少し風邪をひいた[夏ばてした]
ようです。...287
少し気持ちが悪く、吐き気がします。............288
少し体調が悪いです。......................................286
少し小さいものに交換できれば。...................116
少し疲れました。..320
少し眠気がします。..299
少し前です。
朝ホテルを出た時にはまだありました。....178
少し待ってください。..52
少しめまいがします。......................................287
少しゆっくり言ってください。.........................24
少しよろしいですか。......................................250
スタイルが良くて、本当に羨ましいです。...310

スタンダードルームは1泊いくらですか?..137
スタンダードルームを
予約したいのですが。....................................137
スタンダードルームを予約しています。......137
頭痛に加え、体もだるいです。......................288
素敵なご主人がいて、
本当に羨ましいです。....................................309
すべてが順調に行くように祈ります。.............34
すべての責任をとってもらうよ。..................318
すみません。..21, 313
すみません、売り切れです。..........................104
すみません、お茶をください。........................83
すみません、お待たせいたしました。
小林です。...196
すみませんが、
一番安い道でお願いします。.........................161
すみませんが、今おっしゃったことが
聞き取れませんでした。................................210
すみませんが、今仕事中です。......................204
すみませんが、今話し中です。
少々お待ちください。....................................198
すみませんが、お客さんが見えまして、
後でこちらからかけ直させてください。......218
すみませんが、
お話がよくわからないのですが。..................204
すみませんが、
風邪薬[解熱剤]はありますか?.....................297
すみませんが、956便の荷物は
どこで受け取るのでしょうか?.....................133
すみませんが、
今日は用事があるので残業できません。...244
すみません、かけ間違えました。..................204
すみませんが、このホテルに
日本食レストランはありますか?.................141
すみませんが、
5万円を人民元に両替してください。..........141
すみませんが、これは返品できますか?......114
すみませんが、市内へ行くには、
何号線の地下鉄に乗りますか?.....................136

すみませんが、
シャングリラ・ホテルへ行ってください。 160

すみませんが
新幹線のホームはどちらですか？ 151

すみませんが、
先約がありますので
また次の機会ということで。 213

すみませんが、
タクシーを呼んでくれませんか？ 142

すみませんが、
近くにコーヒーショップはありますか？ 98

すみませんが、
中国語があまりできないもので、
ゆっくり話していただけますか？ 209

すみませんが、
張が急病のため、今日の会議を
キャンセルさせてください。 213

すみませんが、
張課長はいらっしゃいますか？ 192

すみませんが、
張課長をお願いしたいのですが。 192

すみませんが、朝食は何時からですか？ 140

すみませんが、ちょっとお伺いします。
長城ホテルへの行き方を
教えてください。 167

すみませんが、どちら様でしょうか？ 195

すみませんが、
どちらにおかけでしょうか？ 203

すみませんが、
どなたへおかけでしょうか？ 195

すみませんが、
どのようなご用件でしょうか？ 196

すみませんが、
何とお呼びしたらよろしいですか？ 36

すみませんが、
もう一度繰り返していただけますか？ 208

すみませんが、
李は今日は外出で会社にいません。 199

すみませんが、領収書をください。 150

すみませんが、私は日本人です。
ゆっくり話していただけますか？ 209

すみません、勘定はどこでするのですか？ 89

すみません、勘定をお願いします。 88

すみません、現在在庫が切れておりますが、
来週には入荷する予定です。 236

すみません、これを返品したいのです。 114

すみません、
これを持ち帰りにしてください。 88

すみません、催促してください。 83

すみません、
資生堂の化粧品を扱っていますか？ 102

すみません、支払いはどこですか？ 114

すみません、所長は今、会議中ですが、
どんなご用件でしょうか？ 198

すみません、李は接客中ですが。 198

すみません。そろそろ失礼します。 33

すみません、退社の時間なので、
明日にお願いできますか？ 218

すみません、
近くにスターバックスはありますか？ 98

すみません、ちょっとお伺いします。
駅はここから遠いですか？ 151

すみません、ちょっとお伺いします。
近くに空港線はありますか？ 151

すみません、天安門駅に着いたら
教えていただけませんか？ 154

すみません、
電車が遅れましたので遅刻します。 245

すみません。当店では値引き交渉を
お断りしております。 107

すみません、メニューを見せてください。 76

すみません、持ち帰りをお願いします。 88

すみません、レジはどこですか？ 114

せ

西安から桂林までの航空券を
1枚お願いします。 146

性格は明るいほうです。 259

西単に行ってから香山に
行ってください。 160

生年月日は1985年7月15日です。 157

製品についての説明資料は英語版、
中国語版、日本語版を揃えています。 233

清明節はお墓参りをします。 35

セクハラに遭いました。 277

セクハラに遭いましたが、
どうすればいいでしょうか？ 277

背中［腰/肩］の方をよく揉んでください。 ... 302

ぜひいらしてください。 211

ぜひご一緒させてください。 265

ぜひご出席をお願いしたいのですが、
ご出席できませんか？ 247

全員大人です、子供はいないです。 158

全員揃いましたね。
それでは始めましょう。 248

前菜を1つください。 92

前日からです。 176

先日はご馳走様でした。 264

全身［頭部/足裏］マッサージは
1時間いくらですか？ 301

喘息を患っています。 290

洗濯が終わりました。 55

洗濯しなくちゃ。 55

洗濯物がありますが、
いつ仕上がりますか？ 143

洗濯物がいっぱい溜まっています。 55

洗濯物を畳んでおきましょう。 56

洗濯物を中に取り込んでおきましょう。 55

洗濯物を干します。 55

全部でいくらですか？ 186

専用バスで1時間くらいです。 175

そ

相談に乗ってもらえますか？ 277

そうですか、ではまたそのうちに。 214

そうですか、どうもありがとう。 197

そうですか？　私はいのししです。 37

そうです、それです。
ありがとうございます。 135

そう願っております。 263

そこが痛いので、力を入れてください。 302

そこの日本人の方、
故宮博物館に着きましたよ。 155

そこまでどのくらいの時間が
かかりますか？ 168

そちらの電話番号は6688-1145ですか？ 204

そちらは中鉄会社ではないでしょうか？ 204

そちらもお撮りしましょうか？ 174

祖母を亡くして、悲しみに沈んでいます。 314

それから、これもください。 78

それから左に曲がってください。 169

それでは、明日お会いしましょう。必ず。 211

それでは明日午後2時、
会社でお待ちしております。 212

それでは明日午後2時に
会社でお待ちしております。 207

それでは遠慮なく頂戴いたします。 264

それでは会議の内容を
まとめさせていただきます。 252

それでは火曜日にお伺いします。 208

それでは火曜日の午後か
水曜日の午前ではいかがでしょうか？ 207

それでは、今日の午後と明日の午前、
どちらがよろしいでしょうか。 208

それでは、
この問題について採決をします。 251

それでは26日で結構です。 208

それでは本題に入りましょうか。 254

それではまた明日ご連絡いたします。
失礼します。 216

それでは見積もり表を修正してから
すぐ送ります。 256

それは結構です。 88

それほど遠くありません、1時間程度です。 ... 39

そろそろおめでたいお酒を
飲ませてくれるのでしょうね？ 281

そろそろ失礼します、どうぞお大事に。 296

そろそろ寝ましょう。 50

そんなにうまくはありません。趣味ですよ。......94

た

体温計はありますか？......298
体温を測りましたが、38度あります。......287
大学入学、おめでとうございます。......308
大学の専攻は経営管理でした。......259
大したもんです。......23
大丈夫です。......315
大丈夫です。解決の方法を考えましょう。...316
大丈夫ですよ。......51
大丈夫ですよ、どうぞ。......193
大丈夫ですよ。どんな用件ですか。......193
大丈夫、一人でできます。......54
大星会社の佐々木と申します。......223
だいたい1時間かかります。......60
大分良くなったようですね。......295
大分良くなりました。......295
大変お世話になっております。
誠にありがとうございます。......265
大連乗り継ぎの
北京行きのフライトです。......156
高橋と言います、
名前のピンイン表記はGao qiaoです。......157
高橋と申しますが、
張課長はいらっしゃいますか？......191
たくさん買って豚の角煮を作ります。......57
タクシーでも行けます。......175
竜年です。......37
食べたいものはありますか？......296
だまされた。......320

ち

チェックアウトをしたいのですが。......139
チェックインは何時からですか？......139
チェックインをしたいのですが。......139
近くにゴルフ場はありますか？......174
近くに(室内)サッカー場はありますか？...176

近くに乗馬場[スキー場]はありますか？...176
力の加減はどうですか、痛いですか？......301
チキンバーガーセットをください。......99
地図を描いていただけませんか？......168
父、母、1人の姉と私です。......43
ちっとも好きじゃない。......320
ちっとも良くない。......320
チャイナドレスの
オーダーメイドができますか？......110
チャイナドレスを
オーダーメイドしたいのですが。......109
着払いで不良品を
返送していただけませんか？......239
中国側の張部長の紹介でまいりました。....221
中国銀行に行ってから
ホテルに戻ってください。......160
中国語と日本語の契約書に
それぞれサインをお願いします。......263
中国語の雑誌はありますか？......127
中国語の雑誌を1冊ください。......127
中国での国内調達です。......262
中国の営業を担当しております。......225
中国へ来た目的は何ですか？......131
中国への輸出業務を
担当する高橋と申します。......225
中秋節、おめでとうございます。......35
昼食はお弁当ですか、
それともレストランですか？......171
注文したのは4箱ではなく、10箱です。......237
注文したものがまだ届きません。......238
注文したものと違うものが届きました。......238
注文したものの数が足りません。......238
注文したものの型番と
違うものが届きました。......238
注文した料理はまだですか？......83
注文をお願いしたいのですが。......234
張課長、何か補足することがありますか。..250

張局長に連絡していただけませんか？ 用がありお目にかかりたいのですが。	220
張局長より今日の10時に打ち合わせを したいとのことでお伺いしたのですが。	220
張さんじゃありませんか？	29
朝食代は宿泊費に 含まれているのではないですか？	184
朝食にはどんな料理が出るのですか？	140
朝食のレストランは何階ですか？	140
朝食は朝7時から9時までです。	140
朝食はバイキング方式で、和、中、洋、 何でもあります。	140
朝食を食べなかった日が1日あります。	184
ちょうどいいです。 このままでお願いします。	302
ちょうどいいです。 とても気持ちがいいです。	302
ちょうど30元です。	162
張は旅行に行っています。 来週、戻ります。	197
張亮さんに ちょっと用事があるのですが。	191
張亮は今、食事中ですが、 呼びますのでちょっと待ってください。	191
張亮はいません、出かけています。	191
張亮は出かけたばかりです、 携帯のほうにかけていただけますか。	191
ちょっといい靴を買いたいです。	103
ちょっとお伺いしますが、 威海行きの搭乗口はどちらですか。	152
ちょっとお伺いしますが、 故宮まであと何駅ですか？	154
ちょっとお伺いしますが、 国内［国際］線の搭乗口はどちらですか。	152
ちょっとお伺いしますが、 国家体育場に行くには どこで降りればいいですか？	154
ちょっとお伺いしますが、 この先にバス停はありますか？	150
ちょっとお伺いしますが、 このバスは空港に行きますか？	153
ちょっとお伺いしますが、 このバスは市内のどこまで行きますか？	154
ちょっとお伺いしますが、 このバスは動物園に行きますか？	153
ちょっとお伺いしますが、 このバスは図書大厦に停まりますか？	153
ちょっとお伺いしますが、 5番ホームはどちらですか？	151
ちょっとお伺いしますが、 市内に行くにはこのバスでいいですか？	154
ちょっとお伺いしますが、 タクシー乗り場はどちらですか？	150
ちょっとお伺いしますが、 近くにタクシー乗り場はありますか？	150
ちょっとお伺いしますが、 近くに地下鉄はありますか？	151
ちょっと行ってすぐ戻ります。	162
ちょっとお願いしたいことがあります。	25
ちょっと考えさせてください。	279
ちょっと手伝っていただけますか。	25
ちょっと太りましたね。	28
ちょっと見ているだけです。	103
ちょっと痩せましたね。	28
ちょっとよろしいですか？	217
陳さん、お電話です。	196
青島、燕京、 それから日本のビールもあります。	78

つ

通勤は便利ですか？	39
通常、副作用はあまりありません。	299
付き合っている人がいますか？	268
付き合ってくれませんか？	274
次の会議は3月12日に開きます。	252
次の機会にまたよろしくお願いします。	265
次のバスは何時発ですか？	147
次は故宮博物館です。	155
着きましたよ、どうぞ降りてください。	155

て

ディオールの化粧品を
買いたいのですが。......124
手[腕]をナイフで切って
怪我をしました。......289
テーブルを拭いてもらえますか？......54
テーブルを元の位置にお戻しください。...127
できるだけ早く彼からの
お電話をお願いします。......214
できるだけ早く
彼に連絡をとりたいのですが。......214
できれば予約したほうがいいですね。......176
手数料はいくらですか？......181
デスクワークが得意です。......259
手伝いましょうか？......51
手荷物と預け入れ荷物を
分けてください。......122
では、お言葉に甘えて。......89
では、お言葉に甘えてご馳走になります。......63
では会議に入りましょうか。......248
では、そういうことで。......34
では、どうぞ召し上がってください。......92
では、後ほど。......33
では、私たちの集まりのために乾杯。......92
では、私たちの友情のために乾杯。......92
手短にお願いします。......251
天気予報によると、午後は雨が降ります。......71
天気予報はよく当たりますね。......72
伝言をお願いします。......200
点滴が必要です。......292
電話をくださるよう
王様にお伝えください。......200

と

どういたしまして。......21
東京にどれくらい住んでいるのですか？......39
東京本社から転勤してきた
佐藤と申します。......223
どうしてくれるのよ。......317
どうしてこんなに時間がかかるのですか？...83
どうして駄目になったのですか？......269
どうして遅刻したんですか？......32
どうして離婚するのですか？......283
どうしましたか？　どこが悪いのですか？...287
搭乗手続きはあちらです。ご案内します。...120
搭乗手続きは10時半からです。......120
搭乗手続きはどちらですか？......120
搭乗手続きは何時からですか？......120
搭乗は5時15分からです。......122
搭乗は何時からですか？......122
どうするつもり？......318
どうぞ安心して安静にしてください。......295
どうぞ、おかけください。......61
どうぞおかまいなく。......63
どうぞ、お乗りください。......136
どうぞ、お許しください。......22
どうぞご安心ください、
早急に善処いたします。......238
どうぞ、ご遠慮なくおかけください。......62
どうぞ、末長くお幸せに。......279
どうぞ手ぶらでいらしてください。......62
どうぞ、道中ご無事で。......34
どうぞもう一度お考えください。......244
道中の時間はどのくらいかかりますか？......170
どうですか？......294
動物園行きのバスは5番です。......155
当分、休暇を取れそうにありません。......257
当ホテルには、日本料理、中華料理、
フランス料理のレストランがあります。......141
どうもありがとうございます。......199
遠くないです。歩いて10分くらいです。......153
得意なことは何ですか？......42
得意料理は何ですか？......42
特に薬のアレルギーはありません。......290

どこから来ているのですか？	38
どこから来ましたか？	131
どこで働いていますか？	46
どこで曲がりますか？	167
どこで待ち合わせしましょうか？	274
どこに行くの？	30
どこに住んでいるのですか？	38
どこの方ですか？	38
途中で入れます。	188
途中で入れますか？	187
どちらにお出かけですか？	29
どちらの国の方ですか？	38
どちらの大学を卒業したのですか？	39
どちらへおかけでしょうか？私は高橋ですが。	204
突然お電話して大変申し訳ありません。	194
とてもいいです。ありがとうございます。	174
とてもお似合いだと思いますよ。	109
とてもすばらしい。	310
届いた品物に不良品があります。	238
どなたから発言しますか。	249
どのくらいかかりますか？	100
どのくらい時間がかかりますか？	60
どのくらい滞在する予定ですか？	132
どのくらい続いていますか？	289
どのホテルに泊まる予定ですか？	132
どのようなご用件でしょうか？	142
トマトケチャップをもう1つください。	100
ドライヤーはありますか？ちょっとお借りしたいのです。	144
トラベラーズチェックを現金にしたいのですが。	180
とりあえずビールをください。	91
どれに交換されたいのですか？	116
とんでもございません（褒められて）。	312
どんな歌が好きですか？	94
どんな家族構成ですか？	43
どんな条件がありますか？	270
どんなホテルに宿泊しますか？	170
どんな用件ですか、おっしゃってください。	193

な

長い休暇を取るのは難しいです。	257
なかなか眠れなくて。	49
何かあったら、遠慮なく言ってください。	34
何かありましたらまたご連絡します。それでは失礼します。	216
何か気をつけることがありますか？	291
何も心配しないで、まず病気を治してください。	295
何をお探しでしょうか？	103
何をお飲みになりますか？	128
何を飲みますか？	62
何を勉強しましたか？	40
鍋をサービスします。	107
名前の英字表記はTAKAHASHIです。	157
生ビールはありますか？	78
生ビールをください。	91
南京行きの列車の切符を2枚ください。	146
何時から入場できますか？	186
何時間テレビを見ましたか？	70
何時頃に市内に戻りますか？	170
何時に来られますか？	75
何時に出発しますか？どこで乗車しますか？	170
何時に出かけますか？	60
何でもいいですよ。	62
何でもお似合いですよ。	109
何日前から予約できますか？	176
何人とも付き合ったけれど、全部駄目でした。	269
何年も交際しています。	269

何番の到着ロビーに着陸しますか？ 158

に

2種類ありますが、どちらにしますか？ 297
日中産業の佐々木ですが、
李主任はいらっしゃいますか？ 192
日中貿易商社の者ですが。 221
日中貿易の田中と申します。
電話があったことを
所長にお伝えください。 201
日程を確認してから
ご連絡を差し上げます。 207
日本円3万円を両替します。 180
日本円で支払うことができますか？ 183
日本から来ました。 131
日本側はこれについて
いかがでしょうか？ 255
日本語[英語]での
発言をお許しください。 250
日本語のガイドは1時間いくらですか？ 172
日本語のガイドは1時間150元です。 172
日本語の新聞はありますか？ 127
日本語版の地図はありますか？ 166
日本の会社で
3年間働いたことがあります。 260
日本のビールの銘柄は何ですか？ 79
日本のビールはありますか？ 128
日本の野菜は高くて買えません。 57
日本の野菜は本当に高いですね。 57
荷物が見つかりません。 177
荷物をこちらに置いてください。 121
荷物を拝見させてください。 124
荷物を私の部屋に運んでください。 138
入園[入館]は午後4時までです。 188
入国カードにご記入ください。 131

ね

願いが成就しますように。 311
値段と全然釣り合わないです。 320

熱があります。 287
熱がまだありますか。 295
熱はもうないです。 295
熱を下げる薬と痛み止めを処方します。 291
熱を下げる注射をします。 293
寝坊してしまいました。 33
年度末までにご契約いただければ
割引が適用されます。 231
念のため、おっしゃったことを
繰り返させてください。 209
年俸は3万元くらいを希望しております。 260

の

ノートパソコンや金属製のものなどは
トレイに入れてください。 124
ノートパソコンをお持ちでしょうか？ 123
後ほどまたかけます。 197
飲み物は着いてから注文します。 76
飲み物は何がよろしいでしょうか？ 78

は

はい、受付です。
だれにおつなぎしましょうか？ 195
はい、営業部です。 195
はい、こちらは王部長のオフィスです。 195
はい、こちらは周部長席です。 195
はい、こちらは中星会社です。 194
はい、下げてください。 130
配達業務はいたしておりません。 117
はい、停まりますよ。 154
はい、日本語を話せるスタッフが
24時間サービスを提供しております。 142
はい、まだ少しありますが。 235
白菜を買って、今晩は鍋にしましょう。 57
走っている方向が間違っています。 163
はじめまして、
どうぞよろしくお願いします。 26
バスは送迎バスですか？ 175

パスポートと航空券を見せてください。......121
パスポートと搭乗券をお見せください。...125
パスポートの提示をお願いします。..............181
パスポートを見せてください。......................131
パッチテストをしましょう。.......................293
800元です。...175
話がまとまり、とても嬉しく思います。...263
話にならないよ。...317
話の途中ですが、
これで失礼いたします。...............................218
早かったですね。..32
早く行かないと遅れちゃうわよ。................60
早く起きなさい。..49
早く子宝に恵まれますように。..................279
早く寝ましょう。..50
腫れを押さえる［かゆみを押さえる］
湿布はありますか？...................................298
歯を磨きなさい。..49
ハンガーを持ってきてください。................55
万事順調でありますように。.....................311
絆創膏はありますか？.................................297
反対の方向へ走っています。.....................163
半年後に
30%値下げすることは可能です。...................255
ハンバーガーとコーヒーをください。
それから、フライドポテトの中をください。..99
販売しております。
しばらくしたら販売をいたします。.................127
販売の仕事をしています。..........................221
販売部は2階の312号室です。.....................234
半分ずつ持ちましょうか？..........................57

ひ

ビールはどんなものがありますか？................78
ビールをください。......................................129
ビールをもう1本追加してください。..........83
冷えているのがありますか？........................79

冷えているものとそうでないもの、
両方あります。..79
冷えているものをください。........................79
日帰りコースの料金に昼食代は
含まれていますか？..171
東便門から行ってください。.....................161
飛行機の便［列車］は
1日に何便ありますか？...................................147
久しぶりに映画でも見に行きましょうか？....59
秘書や広報の仕事を
したことがあります。......................................260
引っ越したと聞きましたが。........................29
必要なものは全部持ちましたか？..............60
人に対してとても誠実です。.....................259
一晩入院して観察する必要があります。.....292
1人、いくらでしょうか？..............................75
1人です。...132
100元札を10元札10枚に
くずしていただけますか？.............................180
100元をお返しします。................................116
病院に行きましたか。.................................295
病院に行って見てもらいたいです。..........286
病院の食事はどうですか？........................296
病院へ連れていってください。.................286
費用には保険料は入っていますか？...........171
費用は時間単位ですか、分単位ですか？...301
病名は何ですか？..292
品質管理について
話し合うためにまいりました。......................223
便名はMU516です。....................................156

ふ

ファクスで会議の日程を送ります。..................247
武漢行きの直行便です。.............................156
婦人服は何階ですか？................................102
2人います。男の子と女の子です。............64
2人です。2人とも男性［女性］です。.............158
2人並んで座れる席をお願いします。.......149

2人部屋ですか、
それとも1人部屋ですか？ 171

普通運賃はいくらですか？ 148

フライトの時間は
朝の9時5分でいいですか？ 157

フライドポテトは
少々お時間がかかりますが。 99

ブランドのバッグを買いたいです。 103

ブルーのものはありますか？ 106

分割で払います。 183

へ

閉園は何時ですか？ 187

閉館は何時ですか？ 187

弊社の工場を見学されませんか？ 231

弊社の詳細についてはここにあります、
どうぞお目を通してください。 228

弊社の商品は
主にアメリカに輸出しています。 227

弊社の新商品について
説明したいのですが。 222

弊社のホームページもごらんください。 228

弊社は主に日本に輸出する
冷凍食品を製造しています。 228

弊社は海外においても
知名度があります。 230

弊社は携帯電話の
組み立てをしています。 227

弊社はこの業界において
すばらしい業績を持っています。 230

弊社はこの領域の業務に携わって
すでに30年になります。 230

弊社はコンピュータソフトを
製作しています。 227

弊社は中規模の製紙会社です。 226

弊社は中国政府に
奨励されたことがあります。 230

弊社は鉄道信号装置の設計と
生産をする会社です。 227

弊社は販売会社で、
主に家庭用電化製品を販売しています。 227

弊社は150人の社員を持つ
中小企業です。 229

弊社は輸入業務が中心で
主に衣料品を輸入しています。 228

弊社を希望する動機を教えてください。 257

北京から杭州まで
列車で何時間かかりますか？ 148

北京から南京まで
飛行機で何時間かかりますか？ 147

北京支社の社長をしております。 225

北京発東京行きのフライトです。 156

北京飯店に行きますか？ 136

北京飯店に行ってください。 136

北京飯店に着きました。 137

北京飯店に泊まる予定です。 132

北京飯店までどのくらいかかりますか？ 136

別の電話が入ってきました。
ちょっと待ってください。 217

紅さんのお宅でしょうか。
紅さんはいますか？ 190

紅はいません、
友達の家に遊びに行ったのですが。 197

部屋が汚いです。 58

部屋が散らかっています。 58

部屋のカギは
自分で持っていてもいいですか？ 138

部屋番号をお教えください、
すぐに取りにうかがいます。 143

勉強、がんばってください。 23

返品できますか？ 237

ほ

方向が間違っています。 163

訪問マッサージはいくらですか？ 301

他に何か？ 98

他に何かありますか。 250

他に何かご意見はありますか。 250

ほかの遺失物取扱所にも
お問い合わせください。 179

他はよろしいですか？	78
僕と結婚してください。	278
ほしいものがあれば、遠慮せずに言ってくださいね。	296
ホテルがどこにあるかわからなくなりました。	168
本日は私用のため、休ませていただきたいです。	246
本日は何個ご注文されますか？	235
本題から逸れないようにお願いします。	251
虹橋空港ですか、それとも浦東空港ですか？	158
本当ですね。だって、子供はすでに大学生ですよ。	96
本当ですね。20年があっと言う間ですね。	97
本当にありがとうございます。	89, 306
本当に嬉しいです。	309
本当に美味しいですね。	85
本当にお似合いですね。	280
本当に嫌いです。	317
本当に申し訳ありません、以後気をつけます。	313
本当に申し訳ありません、どうかお許しください。	313
本当に申し訳ありません、どうか許してください。	313
本当に良かったです。	309
ほんの気持ちです。	62

ま

まあまあです。	27, 84, 296
まあまあですね。	39
毎日、喘息の薬を飲んでいます。	291
マイホームを買ったそうですね？	30
前の会社では管理の仕事をしていました。	260
前の会社では何をしていましたか？	259
前の方[後ろの方]の座席をお願いします。	186
誠に申し訳ありません、すぐ原因を調べます。	238
まず会ってみましょう。	271
まず営業部の田中さんが発言していただけませんか？	249
まず生地をお選びください。	110
まず中国側の代表、張局長に話をしていただきます。	254
まず通常検査をしましょう。	293
まず飲み物を持ってきてください。	81
まずひげを剃って、トイレに行きたい。	50
ますますきれいになりましたね。	28
まず料理を持ってきてください。	81
まずレジで代金をお支払いになってから、商品を取りに来てください。	114
また、明日。	33
またお会いしましたね。	96
またお電話いたします。失礼します。	216
まだ結婚したくありません。	279
またこれですか？	52
まだ大丈夫ですよ。せっかくいらしたのに。	64
また次の機会にということにいたしましょう。	213
また電話しますとお伝えください。	201
まだ眠いよ。	49
またのお越しをお待ちしております。	140
またのご協力をよろしくお願いいたします。	266
またのご注文をお待ちしております。	237
またのご利用をお待ちしております。	159
またのご連絡をお待ちしています。失礼します。	217
まだ早いですよ。	69
マッサージルームはどこですか？	301
まっすぐ行くとすぐです。	153
まっすぐ行っていいですか？	167
窓側[通路側]の座席をお願いします。	148

窓側の座席と通路側の座席、
どちらがよろしいですか？ 121
窓側の座席をお願いします。 121
窓をきれいに拭きなさい。 58
窓をちゃんと閉めてください。 61
ままごと遊びをします。 67
丸1日あります。 70
丸1日かけてやっと終わりました。 70

み

右に曲がりますか？ 168
右に曲がりますか、
それとも左に曲がりますか？ 168
未使用なら返品可能です。 115
水割りにしますか？ 92
水を多めに飲んでよく休み、
睡眠を十分に取ることです。 292
道が違います。 162
道に迷ってしまいました。 168
道の左側に見えます。 169
3日です。 289
見つけたらすぐお知らせします。 179
皆さん、ありがとうございました。 253
みなさん、こんにちは。 20
皆さん、
どうぞよろしくお願いいたします。 226
皆さんのご意見を
お聞きしたいのですが。 250
皆さんのご意見を
まとめさせていただきます。 252
皆さんはどう思いますか。 250
ミニ枕をください。 127
身分証証明は持っていません、
パスポートを待っているだけです。 181
身分を証明するものをお持ちですか？ 181
土産物店は何階ですか？ 142
ミルクだけでいいです。ありがとう。 129

む

胸がどきどきします。 288
無理やりにくっ付いても
うまくいきません。 275
無料で配達させていただきます。 117
無料の交通地図はありますか？ 166
無理をしないでください。 24

め

明細を見せてください。 184
名刺を1枚いただけませんか。 222
メーターが回っていません。 163
メーターを使っていませんね。 163
メールでこれを全社員に
送ってください。 245
メールを送りましたので、
ご確認をお願いします。 246
目覚まし時計をセットしました。 51
目覚まし時計をセットしましたか？ 51
メッセージは社長に申し伝えます。
失礼します。 216
メディアセンターへ行ってください。 160
メニューはありますか？ 76
メニューをもう一度見せてください。 82
目の疲れが解消するところを
よく揉んでください。 302
メリークリスマス。 35

も

もう歩けるようになりました。 65
もういいです。 317
もう一度言ってください。 23
もう一度ご説明いただけますか？ 209
もう一度シートベルトをご確認ください。 126
もう一度商談会の出席者名簿を
確認しましょう。 243
もう1枚お願いします。 173
もう1泊したいのですが。 139

もう遅いからお風呂に入りましょう。..............50
もう遅いので、そろそろ帰ります。.....................64
もうこれ以上は飲めませんよ。..........................93
もうこんな時間ですか？.....................................69
もう知らないよ、勝手にして。...........................318
申し訳ありませんが、
SP型の在庫はありません。.............................235
申し訳ありませんが、
ご購入からずいぶん時間が
経ちましたので、返品はできません。...........115
申し訳ありませんが、ございません。............102
申し訳ありませんが、
これはすでに使用されましたので、
返品はできません。..115
申し訳ありませんが、部屋のカギは
フロントに預けてください。............................138
申し訳ありませんが、本日は満室です。.......139
申し訳ありません、
すぐにお取り替えいたします。........................128
申し訳ないのですが、
明日のフライトが早いものでして。................265
もうすぐ12時です。..68
もうすぐ着きます。...153
もうすぐできますよ。..52
もう少し時間がかかりそうです。....................256
もう少し小さいサイズのものは
ありますか？...105
もう少し力を入れてください。.........................302
もう少し安くしてもらえませんか？................107
もう少しゆっくりやってください。..................302
もう黙ってくださいよ、あなた。.......................317
もうちょっと寝たい。...49
もう話せるようになりました。............................65
もう二人とも若くないから、
そろそろ結婚しましょうか？...........................278
毛布をください。..127
もし行けない場合には
返金してもらえますか？..................................171

もし採用していただければ、
光栄に思います。...261
もしもし。...190
もしもし、明日の夜、予約したいのですが。....74
もしもし、こんにちは!......................................190
もしもし、どなたですか？................................190
もしもし、中星会社ですが。............................195
もしもし、李さん、何かご用ですか？............190
持ち帰ります。..100
持ち込み禁止のものはありますか？.............133
もちろん、楽しみにしています。........................95

や

約10分くらいですね。..168
安田と申します。
太田の後任としてまいりました。
どうぞよろしくお願いいたします。..................224
休みの時には何をしますか？...........................41
休んでください。...51
夜分にお電話して誠に申し訳ありません。194
夜分申し訳ありませんでした。
失礼します。...217
やる気が出ません。...314

ゆ

有給休暇はまだ2週間残っています。.........256
床に掃除機をかけなさい。.................................58
輸入物はありますか？.......................................79

よ

良かったですね。
顔色も大分良くなりましたね。........................295
よくがんばりました。..311
よく聞こえないので、
もう少し大きい声でお願いします。...............210
良くなりましたか？..294
よく寝た？..48
よく寝た。...48
よくやったね。...311

よくやりました。.. 23
よく旅行に出かけるあなたが
本当に羨ましいです。.. 310
予算オーバーです。... 255
4時までに彼に連絡を
とりたいのですが。... 214
4人です。.. 74
世の中には良い男［女］は
いくらでもいます。... 276
予約が要ります。... 301
予約の確認をしたいのですが。....................... 155
予約の必要はありますか？............................... 176
余裕がありすぎると困ります。....................... 110
夜の7時くらいになります。............................... 76
夜の７時の切符をお願いします。................... 148
夜の8時に閉園［閉館］です。.......................... 188
夜の便はありますか？....................................... 147
よろしかったら仕事が終わってから
飲みに行きませんか？....................................... 264
よろしくお願いします。失礼します。.............. 216

ら

来月、有給休暇を取りたいのですが。........... 257
来月よりGM社に
出向することになりました。............................ 226
来月、私たちは結婚式を挙げます。................ 281
来月、私たちは結婚します。............................. 281
来月をもって
定年退職することになりました。................... 226
来週あたりに入荷します。................................ 105
来週から出社できます。.................................... 261
来週中にお目にかかりたいのですが、
いつ頃がよろしいでしょうか？....................... 205
来週の火曜日は給料日です。............................. 68
来週の同窓会に参加しますか？........................ 95
ランコムの化粧品売り場はどこですか？..... 124

り

李紅さんのお宅ではないでしょうか？......... 204
李さんのお宅でしょうか。
李紅さんはいらっしゃいますか？................. 191
李と言います。李と呼んでください。............. 36
李は今日は休みです。
彼女の携帯におかけいただけますか？..... 199
流行性の風邪です。... 292
両替所はフロントの左側です。....................... 141
両替の金額を記入してください。................... 181
両替はどこでできますか？............................... 141
両替をお願いします。....................................... 180
領収書をお願いします。................................... 150
領収書をください。.................................90, 137
領収書をください。
日時は書かないでください。.......................... 150
領収書をもらえますか？................................... 150
料理が足りないので、
1つ追加してください。...................................... 82
料理は塩気を控えめにしてください。............ 81
料理は辛さを控えめにしてください。............ 81
料理はどうしましょうか？................................ 75
料理はどんどん持って来てください。........... 82
料理はゆっくりでお願いします。.................... 82

れ

レシートはまだお持ちでしょうか？.............. 115

ろ

6時15分から入場できます。............................ 188
60歳以上の割引チケットはありますか？.... 186
6番で受け取ります。... 133

わ

ワインにしましょうか？.................................... 91
ワインはありますか？....................................... 79
我が家にようこそ。.. 61
わかりました。どうぞ。................................... 121
わかりました。
後ほどもう一度かけ直します。...................... 199

わかりました。部屋番号をお教えください。	143
わかりました、見てまいります。	84
別れたら次の人を探せばいいのです。大したことではありません。	275
別れても別の人がいますよ。	276
忘れ物をしないでね。	60
私どもは家庭用のプラスチック製品を製造しています。	227
私どもは果物の卸売りをしています。	228
私どもは果物、野菜の加工をしています。	228
私どもはこう見ております。	262
私どもはこれまでB社と3回提携したことがあります。	229
私どもは自社の生産基地と工場を持っています。	229
私どもは15年前から中国と業務関係があります。	229
私どもは済南市に支社があります。	229
私どもは中国の各大都市に事務所を置いております。	229
私が洗いものをしましょうか？	54
私が拭きましょうか？	54
私が持ってあげますよ。	57
私たち、結婚しましょうか？	278
私たちの再会のために乾杯。	97
私たちの友情のために乾杯。	97
私たちはうまくいっていません。	282
私たちは幼なじみです。	272
私たちはお見合いです。	273
私たちは結婚しました。	280
私たちは結婚紹介所で知り合いました。	273
私たちは喧嘩ばかりです。	283
私たちは高校の同級生です。	272
私たちは社内恋愛です。	272
私たちは性格不一致です。	283
私たちは大学のクラスメートです。	272
私たちは年をとっても気持ちは若いです。	96
私たちは年を取りましたね。	96
私たちはとっくに別居しました。	283
私たちは別居してまもなく3年になります。	283
私たちは本当に変わりましたね。	97
私たちはもう愛情がなくなりました。	282
私たちはもう別居しました。	283
私たちは離婚しました。	283
私たちは別れました。	275
私たちは割り勘です。	90
私どもの会社には中国人社員もいます。	230
私どもの立場はこうです。	263
私の家の近くに大きなスーパーがあります。	56
私の携帯に電話くださるよう王さんにお伝えください。	201
私の子供は今年10歳で、小学校3年生です。	66
私の子供はもう大学生です。	66
私のことを覚えていないの？　王です。	29
私の趣味はゴルフです。	41
私の条件はお金持ちです。	271
私の条件は身長180センチ以上の人です。	270
私の条件は大卒の人です。	270
私の条件はできる人です。	271
私の条件は博士号を持っている人です。	271
私の条件は優しい人です。	270
私の条件は容姿です。	270
私の専門はコンピュータ科学です。	40
私の電話番号は8816-1932です。お電話いただきたいのですが。	200
私の時計は5分早いです。	69
私の時計は3分遅いです。	69
私の時計は少し遅れています。	69
私の時計は少し進んでいます。	69

項目	ページ
私の時計は正確ではありません。	69
私の荷物がなくなってしまいました。	134
私の荷物がまだ出てきません。	133
私の荷物が見当たりません。	133
私はあなたに一目ぼれです。	274
私はあなたのことが好きです。	274
私はあなたよりちょうど一回り大きいです。	37
私はあなたを愛しています。	274
私は兄と妹がいます。	43
私はあまりお酒が飲めません。	93
私は一番上です。	43
私は今の流行歌は知りません。	94
私はウール100%のものがほしいのですが、また入荷しますか？	105
私は歌うと音程がずれてしまいます。	95
私はお酒が弱いです。	93
私は音痴ですよ。	95
私は会社の寮に住んでいます。	44
私は辛いのが好きです。	87
私はカラオケに行くのが好きですね。	41
私は彼氏[彼女]がいません。	268
私は彼に振られました。	275
私は広東料理が好きです。	87
私は結婚しています。	45
私は高校の教師です。	46
私は今年、年男(女)です。	37
私は今回の進行役を務めます田中です。	248
私はサッカーファンです。	41
私は賛成できません。	262
私は趣味がありません。	41
私は将棋ができます。	42
私は末っ子です。	44
私は少し飲んだらすぐ顔が赤くなります。	93
私はそちらの都合のいい時間に合わせます。	208
私はちょっと酔ってしまいました。	93
私は田です。田一平と言います。	36
私はどうすればいいと思いますか？	277
私は得意なことがありません。	42
私は独身です。	268
私は何号を着ればいいでしょうか？	106
私は2番目です。	44
私は日本人です、私が持っている保険は使えますか？	294
私は入社したばかりです。	224
私は一人暮らしです。	44
私は一人っ子です。	44
私はフランス料理が好きです。	87
私は古い歌しか知りません。	94
私は北京の人です。	38
私は本気ですよ。	318
私はまだ結婚していません。	45, 268
私はまだ用事がありますので、今度にしましょう。	63
私は4人家族です。	42
私は料理が得意です。	42
私は早稲田大学を卒業しました。	39
私一人でこんなにたくさんは持てませんよ。	57
私もいいと思います。	107
割引切符はありますか？何割安くなりますか？	148
割引切符はいくらですか？	148
我々の共同事業が成功することを祈ります。	254
ワンサイズ大きいものはありますか？	105
王府井まであとどのくらいですか？	161

■ **著者紹介**

郭 海燕(Guo Hai Yan)

北京生まれ。1986年、復旦大学外国語学部日本語科卒業。1995年、お茶の水女子大学大学院人文科学研究科修士課程修了。NHK学園非常勤講師を経て、現在、日本大学理工学部准教授。主な著書に『始めて学ぶ中国語』(神保出版)、『ゼロからスタート 中国語 文法編』、『ゼロからスタート 中国語 文法応用編』、『単語でカンタン！旅行中国語会話』(以上、Jリサーチ出版)がある。

王 丹(Wang Dan)

北京生まれ。1984年、北京第二外国語学院日本語科卒業。1992年、大分大学大学院経済学科修士課程修了。1995年よりNHK報道局「チャイナ・ナウ」番組の直属通訳、NHKスペシャル、衛星ハイビジョン特集番組、「アジア・ナウ」番組の通訳を経て、2001年4月より日本大学理工学部非常勤講師、国士舘大学非常勤講師。主な著書に『始めて学ぶ中国語』(神保出版)、『ゼロからスタート 中国語 文法編』、『ゼロからスタート 中国語 文法応用編』、『単語でカンタン！旅行中国語会話』、『ゼロからスタート 中国語単語』(以上、Jリサーチ出版)がある。

カバーデザイン	滝デザイン事務所
本文デザイン＋DTP	石渡修（㈲フラットデザイン）
本文イラスト	いとう瞳
CDナレーション	梁月軍／李洵／横田砂選
CD録音・編集	英語教育協議会（ELEC）
CD制作	高速録音株式会社

すぐに使える中国語会話ミニフレーズ2000

平成22年(2010年)8月10日　　初版第1刷発行

著　者	郭海燕／王丹
発行人	福田富与
発行所	有限会社　Jリサーチ出版
	〒166-0002
	東京都杉並区高円寺北2-29-14-705
	電話　03-6808-8801(代)／FAX 03-5364-5310
	編集部 03-6808-8806
	URL: http://www.jresearch.co.jp/
印刷所	株式会社シナノパブリッシングプレス

ISBN:978-4-86392-024-8　禁無断転載。乱丁・落丁本はお取り替えいたします。
© Guo Hai Yan, Wang Dan, All rights reserved.